彰国社

現代集合住宅の
リ・デザイン

事例で読む［ひと・時間・空間］の計画

日本建築学会 編

■日本建築学会　建築計画委員会（2009年度）
主査：布野修司（滋賀県立大学）
幹事：宇野 求（東京理科大学）
　　　大原一興（横浜国立大学）
　　　菊池成朋（九州大学）
　　　角田 誠（首都大学東京）
　　　藤井晴行（東京工業大学）

■日本建築学会　建築計画委員会 住宅計画小委員会（2009年度）
主査：髙田光雄（京都大学）
幹事：鈴木雅之（千葉大学）
委員：川崎直宏（市浦ハウジング＆プランニング）
　　　小林秀樹（千葉大学）
　　　定行まり子（日本女子大学）
　　　佐野こずえ（近畿大学）
　　　篠崎正彦（東洋大学）
　　　瀬渡章子（奈良女子大学）
　　　園田眞理子（明治大学）
　　　高井宏之（三重大学）
　　　田中友章（明治大学）
　　　初見 学（東京理科大学）
　　　森保洋之（広島工業大学）
　　　山口健太郎（近畿大学）
　　　山本 理（長谷工総合研究所）

■日本建築学会　建築計画委員会　住宅計画小委員会
　出版ワーキンググループ（2009年度）
主査：佐々木 誠（日本工業大学）
委員：鈴木雅之（千葉大学）
　　　安武敦子（長崎大学）
　　　杉山文香（昭和女子大学）
　　　篠崎正彦（東洋大学）

表紙デザイン・本文レイアウト：ポップ海汐

はじめに

　日本の"集合住宅"には近代化の過程の中で刷り込まれた南面配置やｎLDKなどの定型化、プライバシーやセキュリティ偏重の閉鎖化などの固定概念が内包されている。いまの集合住宅の計画には、このような固定概念、民間デベロッパーの収益構造、多様な法規制による要求条件などの枠組みがある。これらの枠組みを疑ってかからなければ集合住宅の計画は革新的にはならない。本書のタイトルである「集合住宅のリ・デザイン」は、このような集合住宅の枠組みを超え、新しい集合住宅の計画を考えることである。

　集合住宅が日本人の一般的な住まいとなってからかなりの時間が過ぎ、当時計画された集合住宅は、現代の要求に十分に対応しきれていない。当時は、サスティナブルという発想が十分にあったわけではない。新しく計画される集合住宅は、サスティナブルな計画であることが十分に考えられている必要がある。つまり、将来につけを残さない計画が必要になる。このことを考えることが「集合住宅のリ・デザイン」のもう1つのテーマである。

　このように、リ・デザインのあり方を深く探求し、"住みたいと思う集合住宅をつくること"が、画一的な集合住宅にはない新しい計画とモデルをつくり出す可能性を秘めているのである。

　2004年に彰国社から発刊された『事例で読む　現代集合住宅のデザイン』は、集合住宅計画の豊富な事例を紹介しつつ、同時に、住まい方調査等を通じて深く掘り下げた評価情報を示すことで、幅広い読者を得た。特に実務者が企画・設計をする際には重要な参考文献となっている。その発刊から6年が過ぎ、その間に集合住宅をとりまく環境にもさまざまな変化が起き、続編を待望する声が強まった。このような声に応えて、その後から現代までの最新テーマと現代集合住宅の事例を取り上げた本書が生まれた。

　本書の構成は8つのテーマからなり、豊富な事例を対象とし、研究者による調査等を交えて解説している。紙面構成は、概要を簡単に知りたい読者は左頁を読み、より深く検討したい読者は、調査データで解説された右頁を読むことによって有用な情報が得られるようになっている。

　本書は、建築設計者がクライアントである事業主を説得するために大いに役立つだろう。また、集合住宅研究を専門とする学生や、集合住宅の企画や計画についたばかりの新人にも利用されるものとなろう。さらに、集合住宅に関する知識と教養を高めたい建築の専門外の一般読者にも最適である。ここには、先端の研究成果からみた、住みたいと思う集合住宅計画のポイントが語られている。

　本書によって、集合住宅に関わる実務者、学生、そして集合住宅に実際に住むユーザーなどさまざまな人々に読んでいただき、"住みたいと思う"新しい集合住宅のモデルと建築の形が生まれ、日本の集合住宅計画の質が高まっていくことを心から願っている。

日本建築学会　建築計画委員会　住宅計画小委員会
同　出版ワーキンググループ

目次

はじめに………3

序　**集合住宅のリ・デザインへ**………7

01　都市とかかわる個人空間

- 1-1　**ワークスペースを備えた住空間**　SOHO集合住宅の可能性………14
  ◉シティコート目黒（東京都目黒区）
- 1-2　**複数拠点居住**　「1家族＝1住戸」にとらわれない住まい………16
  ◉河田町コンフォガーデン（東京都新宿区）
- 1-3　**都市単身者の住まい**　ワンルームを組み込んだ集住計画へ………18
  ◉同潤会江戸川アパート（現存せず、東京都新宿区）
- 1-4　**単身女性が所有するマンション**　インテリアへのこだわり………20
  ◉パークリュクス本郷（東京都文京区）
- 1-5　**アキハバラに建つ超高層集合住宅**　「個」と「コミュニティ」の2つのライフスタイル………22
  ◉東京タイムズタワー（東京都千代田区）
- コラム01　高級アパートメントのプランニング………24

02　共用空間でつながる住まい

- 2-1　**他人と同居するゲストハウス**　ホテルと賃貸住宅の間にある住まい………26
  ◉ハウスNY（東京都豊島区）
- 2-2　**地域の中で暮らすシェアハウス**　大家参加型ワークショップによる住宅づくり………28
  ◉本郷のシェアードハウス（コミュりゅう）（東京都文京区）
- 2-3　**コレクティブハウス**　集まって住むことで、より豊かに、便利に………30
  ◉コレクティブハウスかんかん森（東京都荒川区）
- 2-4　**ファミリー層の住む超高層住宅**　コミュニティの核としての玄関ロビー………32
  ◉目白プレイス タワー棟（東京都豊島区）
- 2-5　**ソフト重視の大規模集合住宅**　コミュニティ形成の仕掛けづくり………34
  ◉シティア（千葉県我孫子市）
- 2-6　**農地を活用したコーポラティブ住宅**　共同生活における農のある暮らし………36
  ◉さくらガーデン（神奈川県横浜市）
- コラム02　ホームレスと居住のセーフティネット………38

03 サービスを付加した住まい

- **3-1　キッズルームを持つ集合住宅**　子育て支援環境のその後………40
  ●アーベイン朝霞エルディア（埼玉県朝霞市）
- **3-2　シルバーピア住宅**　団らん室のワーデンの役割………42
  ●新砂3丁目住宅（東京都江東区）
- **3-3　「生活の安心」が備わった住まい**　病院と複合した高齢者向け住宅………44
  ●ビバース日進町（神奈川県川崎市）
- **3-4　高齢者専用賃貸住宅**　早めの住替えに対応した住まい………46
  ●グランドマスト町田（神奈川県相模原市）
- **3-5　環境と健康に配慮したコープ住宅**　コーディネーターと住民の協働で実現………48
  ●エコヴィレッジ鶴川・きのかの家（東京都町田市）
- **コラム03　デザイナーズマンションの新たな展開**………50

04 公私境界のデザイン

- **4-1　戸建てコーポラティブ住宅**　コモンを生み出す敷地計画………52
  ●野川エコヴィレッジ（東京都狛江市）
- **4-2　管理規約付き戸建て住宅地**　デザインと住民活動を結び付ける仕組み………54
  ●ロケーションヴィレッジ千葉（千葉県千葉市）
- **4-3　コミュニティ空間を持つ高層高密住棟**　住まいを街に開く公私領域のつくりかた………56
  ●東雲キャナルコートCODAN 中央ゾーン（東京都江東区）
- **4-4　開いた公営住宅**　リビングアクセスとプライバシーの調整………58
  ●仙台市営荒井住宅（宮城県仙台市）
- **4-5　超高層分譲マンションの住戸平面**　住棟形式と販売戦略との関係………60
  ●ザ・トウキョウ・タワーズ（シータワー）（東京都中央区）
- **コラム04①　デザインガイドラインによる街づくり**………62
- **コラム04②　コミュニティ空間を生み出す住棟計画**………63
- **コラム04③　街路のような中廊下**………64

05 時間の経過と住まい

- **5-1　空中公園を持つ高層集合住宅**　居住者特性と利用の経年変化………66
  ●芦屋浜シーサイドタウン高層住区（兵庫県芦屋市）
- **5-2　共用庭と専用庭を持つ低層集合住宅**　経年変化から見た内と外の関係………68
  ●見明川団地（千葉県浦安市）
- **5-3　代替りするコーポラティブハウス**　集住文化の継承と新しい展開………70
  ●ユーコート（京都府京都市）
- **5-4　時間とともに変化する住まい**　居住履歴でたどる住戸の可変性………72
- **コラム05　ヴィンテージ・マンション**………74

06 居住者が育てる居住空間

6-1　DIYによる賃貸住戸のリフォーム　住戸再生のオルタナティブ………76
◉高洲第一団地（千葉県千葉市）

6-2　コアハウジングの増改築　最小限からはじめる住宅………78
◉トゥンソンホン住宅地（タイ）

6-3　都心居住を支えた下駄ばき住宅　商業者家族によるフレキシブルな住みこなし………80
◉馬車道A共同住宅（仮称）（神奈川県横浜市）

6-4　フレキシブルな共用空間の利用　多様な活動と屋外オープンスペース………82
◉チュントゥ団地（ベトナム・ハノイ）

コラム06　仮設住宅のカスタマイズ………84

07 住戸・住棟の再生と活用

7-1　学生シェアによる団地ストック活用　有限責任事業組合（LLP）によるコミュニティビジネス………86
◉西小中台住宅（千葉県千葉市）

7-2　設備一体型インフィルの可変実験　少子高齢化に対応した住まい………88
◉実験集合住宅NEXT21「インフィル・ラボ　GLASS CUBE」（大阪府大阪市）

7-3　住戸改造の空間マネジメント　箱でできたハビタ'67………90
◉ハビタ'67（カナダ・モントリオール）

7-4　歴史的建築物のリノベーション　定期借地権付きコーポラティブ方式による再生………92
◉求道學舍リノベーション（東京都文京区）

7-5　分譲マンションのリモデリング　デザイン価値を付け加えた再生………94
◉ヨンガンアパート（韓国ソウル市）

コラム07　英国の建築遺産である集合住宅の再生………96

08 過去と今をつなぐ建替え

8-1　セミパブリック空間を継承した団地建替え　公と私をつなぐ「生活の庭づくり」………98
◉岡山県営中庄団地（第1期）（岡山県倉敷市）

8-2　記憶を引き継ぐ団地建替え　ネットワーク・愛着・住みこなし………100
◉ヌーヴェル赤羽台（東京都北区）

8-3　人と空間をつなぐ建替え　同潤会アパートにおける居住資源の継承………102
◉アトラス江戸川アパートメント（東京都新宿区）

8-4　コミュニティをつむぐコーポラティブ　団地再生まちづくりにおける多様な住宅供給………104
◉現代長屋TEN（大阪府大阪市）

8-5　コーポラティブ方式による共同建替え　小さな単位での既成市街地の更新………106
◉Jコートハウス（東京都北区）

コラム08　環境資源を継承する団地の再生計画………108

あとがきに代えて………109

序
集合住宅の
リ・デザインへ

集合住宅のリ・デザインへ
集合住宅をめぐる状況は大きく様変わりした

　21世紀に入って10年、集合住宅をとりまく状況は、公共から民間への供給主体の移行、市場原理に委ねようとする規制緩和の促進、超高層マンションの林立、人口減少社会への突入、建替え時期を迎えるストックの増加など、前世紀末の動きの延長上にあり、多くは予想されたシナリオであった。しかし、こうした要因が積み重なった結果、公的な大規模開発や新築のプロジェクトが普通にある、というそれまでの前提は大きく崩れ、集合住宅の革新をもたらす構造が様変わりしてしまっていることに、改めて気づく。このような変化に対して、足下をどう見つめ直したらいいのか、立ち位置を変えるべきなのか、あるいは、一度白紙に戻して改めて未来を描き直すときが来たのか。「リ・デザイン」にはそんな不安や危機感、そして期待が込められている。
　"住みたいと思う集合住宅"をつくるためのデザインの変革とサスティナブルな価値を追求する本書の意義とテーマを概観する。

■大規模な実験的取組みはもう行われないか？

　かつては、**ベルコリーヌ南大沢**や**幕張ベイタウンパティオス**など、公的な大規模開発において数多くの実験的な試みが行われ話題となった。しかし昨今の官から民への流れのなか、**東雲キャナルコートCODAN**を最後に、建替え団地のプロジェクトはあるものの、都市再生機構をはじめ、地方公共団体等による大規模な公的供給は終わろうとしている。
　一方、不動産証券化が登場し海外を含む大量の資金が不動産市場に流入した結果、都心部で賃貸マンションの建設ラッシュが起こった。住戸の商品企画を徹底した民間分譲マンションも大量に供給され、**超高層マンション**をはじめとした大規模供給ではスケールメリットを活かした共用施設の充実で差別化した。
　しかしその後、サブプライムローンに端を発しリーマンショックに至る一連の経済不安により**マンション販売が低迷**した。2005年まで毎年8万戸を超えていたマンションの供給が5万戸前後まで落ち込み、さらに新興デベロッパーが次々と姿を消したことも話題になった。その中でも、建築家を起用した都心における小規模開発は、市場規模は限られながらもコンスタントに続いた。意欲的にデザインされた住戸空間、そして都市に取り残された小さな敷地の悪条件を付加価値に置き換えるなど、そこでは建築家の実験精神は健在であった。しか

ベルコリーヌ南大沢
1980年から入居が開始され1991年に完成した、多摩ニュータウンの丘陵地にある戸数約1,500戸の集合住宅団地。マスターアーキテクトとして建築家・内井昭蔵が参加し、イタリアの山岳都市などをイメージしたランドスケープデザインやデザインコードにもとづくブロックアーキテクトとの調整などが行われた。

幕張ベイタウンパティオス
1995年から入居が開始された千葉市美浜区にある計画戸数約8,900戸の集合住宅団地。都心型集合住宅によるまちづくりを目指し、土地転貸借権付分譲方式、ガイドラインと計画デザイン会議による設計方式、沿道に沿った街区型の配置など、先進的、実験的な開発を大規模かつ総合的に行った。

東雲キャナルコートCODAN（参照：4-3、コラム04 ②）
2003年から入居が開始された東京都心の臨海部（工場跡地）にある戸数約6,000戸の集合住宅団地。14階建ての高密度の都市型集合住宅で、中庭を中心とする6街区で構成される。各街区の建築家チーム、ランドスケープ・照明・サインデザイナー、事業者によるデザイン会議で全体計画が決定され、区画道路沿いの建物高さや壁面線を揃えたり、デザイン調整などが行われた。

超高層マンション（参照：1-5、2-4、4-5）
20階以上の超高層マンションは年間の計画戸数で2003年に1万戸を突破し、2010年以降完成予定で11.4万戸に達する。ただし、2007～2010年をピークに竣工が徐々に減少しつつある。

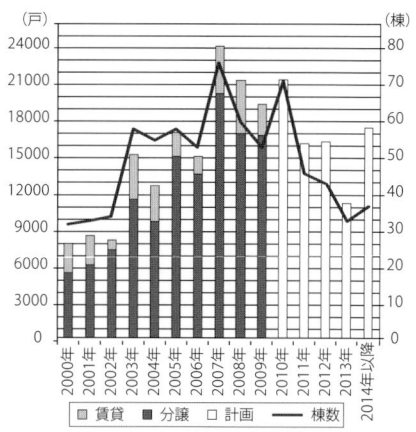

首都圏の超高層マンション竣工・計画工数

（出典：不動産経済研究所、2010年4月）

マンション販売が低迷
首都圏の新築分譲マンション供給は2005年まで7年連続で8万戸を超えていたが、2006年から下降し、2009年には4万戸を割り込んだ。ただし、2010年2月からは5か月連続で回復基調。

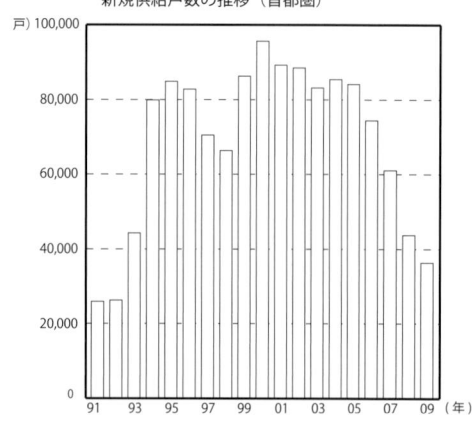

新規供給戸数の推移（首都圏）

し、マーケットの優位性や市場規模が小さく社会的インパクトが小さいなど、実験的な取組みの影響は限定的とならざるを得なかった。

■リアルな関係性の希薄化と単身世帯の増加

インターネットや携帯電話が急速に普及し、コミュニケーションにおける場所への依存度が減るほど、個人は匿名性が高まり近隣・地域から切り離され、リアルな人間同士の関係が失われていく。都市に集まったつながりの希薄な個人は、コンビニエンス・ストアをはじめとしたさまざまな都市機能に生活を委ねる。都市における人や機能の高密度化は、孤立しがちな個人の匿名性をさらに高め、地域社会は不安感を高めることになる。

一方、20世紀の終盤は、バブル経済の崩壊により景気が落ち込み、不良債権処理やITバブルを経て、**格差**が話題に上りはじめるなか21世紀を迎えた。2005年には**人口の減少**がはじまり高齢化が加速しているなか、いまだに**世帯数は増加**を続け、**世帯人員は一貫して減少**している。

その理由は**単身世帯の増加**で、単身世帯と子どものいない夫婦の世帯を合わせると2010年の推計値ですでに半数を超える。子どものいない若い世帯は身軽で余裕があり、情報や文化が集積する都心のライフスタイルが似合う。民間が主体となった住宅供給は、ビジネスチャンスを求めて都市のライフスタイルを受け入れるチャンネルをさらに増やし、豪華なマンション、インテリアや趣味への投資、**マルチハビテーション**など、ユーザーニーズの多様性を許容する幅がさらに広がる勢いである。

■コミュニティへの憧憬

安心感やつながりを求めて他人と暮らす**シェア居住**や**コレクティブハウジング**が徐々に浸透してきている。また、**急増した犯罪**への危機感から**防犯ボランティア**や**自警団が各地で結成**され、近所付合いを見直す**隣人祭**が話題になるなど、コミュニティや地域社会とのつながりを求める、個人の孤立と対照的な動きもある。

地方都市においては、**コミュニティバス**や**LRT**など公共交通機関の利便性を高めて中心市街地に人を集め、自転車や徒歩による生活に重きを置く**コンパクトシティ**を目指した動きも見えはじめた。都心部も地方都市も、合理的に分割して配置してきた住居・商業・業務などの各機能が既存の都市に再び集まり、賑わいを取り戻すとしたら、大都市に限らず**SOHO**や**居住サービスの利用**、住宅と施設の複合など、集積するメリットへのニーズが高まるだろう。効率を求める合理主義とは異なる、多様な居住者によるコミュニティ形成を価値として求める動きである。

格差
2006年の新語・流行語大賞の上位に「格差社会」がランクインした。「一億総中流」が崩れ、所得や教育、情報などの二極化が進んだといわれる。市場原理を優先し規制緩和を進めた小泉政権がもたらしたとの論調も多いが、主要な指標であるジニ係数による他国との比較では必ずしも格差が大きくないとの指摘もある。

人口の減少と世帯数の増加
人口は2005年から減少し、世帯数は2015年頃から減少する

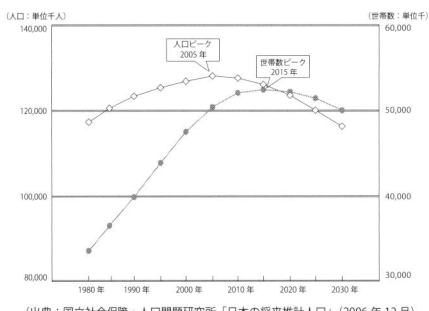

(出典:国立社会保障・人口問題研究所「日本の将来推計人口」(2006年12月)と「日本の世帯数の将来推計」(2008年3月)より)

世帯人員の減少/単身世帯の増加

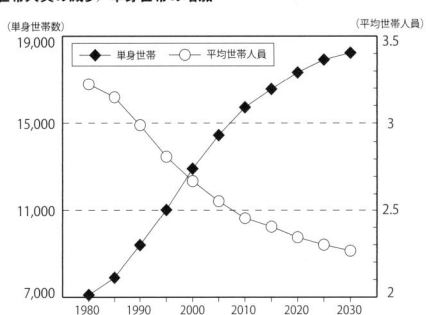

(出典:国立社会保障・人口問題研究所「日本の世帯数の将来推計」2008年3月)

マルチハビテーション(参照 1-2、1-3)
複数の住居を使い分けるライフスタイルのことで、週末には田舎で家族と共に過ごし、ウイークデーは職場から近い集合住宅に住むという、都市機能と田舎の豊かな環境を同時に享受することを指すのが一般的。総務省は「交流居住」、国土交通省は「二地域居住」、農林水産省は「都市と農山漁村の共生」と、それぞれ各省庁が異なる名称で推進している。

シェア居住(参照 2-1、2-2、7-1)
水回り(キッチン、洗面、バス、トイレ)やリビングルームなど、住宅の機能や空間の一部を共用する住まいのかたち。シェアハウス、ルームシェア、ゲストハウスなどをいう。寮やコレクティブハウジングも同様な住まいの形式だが区別される。

コレクティブハウジング(参照 2-3)
生活やその空間の一部を複数の世帯で共同化する住み方で、各世帯はプライベートな居住空間を確保することが前提となる。欧米の先進事例では、一般的に調理および食事を自主的に運営する。居住者同士が密接に触れあい助け合って住む安心感も欠かせない。共同化した生活になじむようにNPOやボランティアによるワークショップが行われることが多い。

■住宅ストック活用は主流になりうるのか？

2009年に空き家が過去最高の756万戸を記録した。さらに2015年ごろには世帯数が減少しはじめ、2046年ごろには人口が1億人を割り込むことが予想される。これらは今後の住宅供給に影響を与えるだろう。すでにリーマンショックの影響下ではあるが、2009年の**新設住宅着工戸数**は前年より25.4％もの大幅な減少を記録し、45年ぶりの80万戸割れとなっている。

一方、住宅ストックの長寿命化や活用を目指す実践は、1990年代から少しずつ行われてきた。また、地球温暖化の問題とその対策が近年の国際政治における主要な議題となり、国内でも環境への配慮というテーマが急浮上した。住宅市場においても、**長期優良住宅**をはじめとするCO_2削減・環境負荷低減に配慮した持続性への社会的圧力は無視できなくなった。

空き家や更新期を迎えた住宅ストックの膨大な量の存在は、従来のスクラップアンドビルドに代わり、再生・活用する方向に活路を見出さざるを得ないだろう。今後、政府の後押しも期待されるが、現状ではそれが目立った動きや社会的動向となっているかというと、必ずしもそうではない。話題となったいくつかの事例以外では、中古マンションの売買やリフォーム産業など一部の市場拡大に端緒が見えるのみで、まだ過渡的段階にとどまっているからだ。

■集合住宅の革新とサスティナブルな価値を目指して

以上のような閉塞感や状況の変化のなかで、集合住宅の革新やサスティナブルな価値を目指す「リ・デザイン」に向けての課題を挙げてみたい。第1に、主役になった民間供給やマーケットをいかに捉えるかである。いまや無視するのでは立ち行かず、むしろうまく付き合わなければならない。新興デベロッパー、**NPO**、**スケルトン住宅（SI住宅）**、**コーポラティブ方式**、ファンドの活用など、積極的なアイデアや実践力が問われる。

第2に、既存の枠をいかに超えるかである。奇抜なかたちを設計するような先鋭的な方法もあるだろうが、現実的なのは、世の中の動向に応じた変化を受け入れる余地や余白を機能や空間にもたせることである。

第3に、つくり手とユーザー（居住者）の関係をいかに捉えるかである。ユーザーの価値観や評価は本来、マーケットでは括れないはずで、つくり手はまずはそこから逃げずに向かい合い、ユーザーから有益な価値観を引き出せるかが問われる。さらに、自由設計やカスタマイズ、自主的なリフォームなど、積極的に空間にかかわる居住者が目立ちはじめるなど、つくり手とユーザーの関係はずいぶん変わってきている。それを計画・設計側がデザインにいかに組み込むかというアイデアも重要になる。

第4に、時間を超える価値を共有できるかである。その時だけのメリットでなく、時間軸を考慮に入れた価値判断や流行を超えた世の中の大きな動きを捉えることだ。たとえば**求道学舎**では、多少割高でも、古くて価値のある建築や空間を

急増した犯罪
一般刑法犯の認知件数は2002年まで7年連続して戦後最多を更新したが、その後、7年連続で減少した。

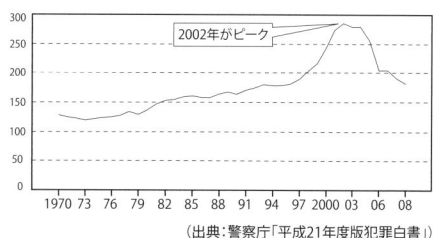

(出典：警察庁「平成21年度版犯罪白書」)

防犯ボランティアや自警団が各地で結成
自主防犯活動を行う地域住民・ボランティア団体は年々増加し、2009年には約42,800団体となった。

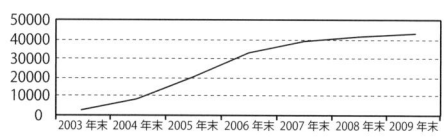

(警察庁：「自主防犯活動を行う地域住民・ボランティア団体の状況について」)

隣人祭（La Fete des Voisins）
1999年パリの小さなアパートで起きた高齢者の孤独死をきっかけに、住民たちが建物の中庭に集まり、交流のための食事会を行ったことから始まったとされる。近隣の住民が食べ物をもち寄って語り合うイベント。現在ではヨーロッパ29か国800万人が参加する市民運動となり、2008年には月刊誌『ソトコト』などの後押しもあって日本でも話題になり、各地で開催されている。

コミュニティバス
地域住民の交通手段として地域内を運行するバス。市街地の交通空白地帯を補完する例や、地域の主要拠点を循環する例などがあり、従来の路線バスを補う公共交通サービスとして全国的に急速に普及した。先駆例として武蔵野市のムーバスが有名である。

LRT（Light Rail Transit／ライトレール）
都市とその近郊で運行する路面電車などの軽量軌道交通のことで、低床式車両（LRV）の導入により、乗降時の段差が解消されバリアフリー化で誰もが利用しやすい。環境負荷の少なさや自動車による交通渋滞の解消、都市内交通の利便性向上など、交通弱者や環境にもやさしい公共交通として再評価され、中心市街地の賑わいにも効果があるとされる。日本では2006年に富山で開業してから、全国的に注目されるようになった。

コンパクトシティ
既存の都市機能を効率よく活用し市街地のスケールを小さく保ち、歩ける範囲を生活圏と捉え、コミュニティの再生や住みやすいヒューマンスケールな職住近接型まちづくりを目指そうとする発想やまちづくり。モータリゼーションの発達による中心市街地の空洞化や衰退を背景に、都市郊外化・スプロール化を抑制するため、交通体系として自動車より公共交通や自転車などの活用を促す。米のニューアーバニズムとも共通点が多い。

SOHO（Small Office/Home Office）（参照：1-1）
スモールオフィス・ホームオフィスの略。一般に、オフィスを兼ねた住宅や小さな事務所、またその事業形態・事業者を指す。デザイナーや会計士などフリーで働く個人事業主などが多い。パソコンなどの情報通信機器を利用する在宅勤務やテレワークなどと同義語で使われる場合もある。通勤時間がかからないため、職住近接の究極の形態ともいえ、昼間に家にいるなど地域との接点が増える。

居住サービスの利用（参照：3-2、3-3）
居住にかかわるさまざまなニーズを外部サービスに依存するライフスタイルが、都市に居住する富裕層に広まりつつある。育児・保育サービスをはじめ、ハウスキーピングやハウスクリーニング、各種取次ぎサービス、給食サービスなどのデリバリー、都市の便利さをお金で購入することで快適な生活を送ることができる。

再生しようという価値観が共有された。あるいは空間に限らず、住まい方やコミュニティ、記憶など、さまざまなものを持続する価値観や評価軸をいかに共有し、デザインにつなげていくかである。

第5に、目前に迫るストック時代にいかに適応するかである。新築よりはるかに手間がかかり、時にはコストアップとなるが、集合住宅は社会に対するインパクトが強く公的な役割があることを意識しつつ、必ずしも容易でないストック活用に対する課題を捉え克服していかなければならない。

つまり、時代を捉え、あるいは時代を超える価値を見通して現実に働きかけ、これらの課題を克服することが、革新とサスティナブルな価値を目指した実践につながる。これこそが本書の考えるリ・デザインの意義なのである。

■8つのテーマによるリ・デザイン

本書の最大の特徴は、居住者を含む完成後の集合住宅に対する評価の集大成であることだ。新たな試みのある集合住宅を紹介するのと同時に、単なる事例紹介にとどまらず、居住後評価を重視している。さらに、過去に話題になった事例を再度評価・検証することで時代を見通す視点を提示している。そうして集めた約40の事例は、革新的な計画、そして時代を超えたサスティナブルな計画を誘発させるような示唆に富んでいる。

さらに8つのテーマを設定して事例を整理し、それぞれの位置付けを試みた。前半の4テーマでは、近年つくられた集合住宅を対象に「個人」を切り口として取り上げた。「1 都市とかかわる個人空間」ではSOHOや単身居住など、「2 共用空間でつながる住まい」では自立した個人が他人と暮らすシェア居住やコレクティブハウジングなど、「3 サービスを付加した住まい」ではキッズルームや病院などの併設、「4 公私境界のデザイン」ではアプローチ空間や住宅群などを扱い、新しくつくられた住宅に居住者がいかに暮らしているかをみた。

後半の4テーマでは、つくられてから一定期間を経過した集合住宅における「時間」を切り口として取り上げた。「5 時間の経過と住まい」では時間を置いて再度調査することによる経年変化や居住履歴など、「6 居住者が育てる居住空間」では居住者自身が空間への働きかけるセルフビルドやカスタマイズなど、「7 住戸・住棟の再生と活用」では既存のストックのリノベーションなど、「8 過去と今をつなぐ建替え」では建替え・更新にからむ諸問題などを扱い、一定期間を経て居住者や環境がいかに変化し、どのように住空間にかかわっているのかを見た。いずれも、設計された空間（ハード）だけでなく、それがいかに使われているかという生活の側面（ソフト）を捉えようとしている。そうしたとき、必然的に都市、制度、金融、市場、ライフスタイルなど、建築以外の領域を考慮することになり、既存の枠を超えることが求められ、新たな価値やかかわるさまざまな専門家の職能も見えてくる。このように、事例を捉えなおすことも本書の考えるリ・デザインである。

新設住宅着工戸数

（出典：国土交通省「住宅着工統計」）

長期優良住宅
住宅を長期にわたり使用することにより、住宅の解体や除却に伴う廃棄物の排出を抑制し、環境への負荷を低減するとともに、建替えに掛かる費用の削減によって住宅に対する負担を軽減し、より豊かで、より優しい暮らしへの転換を図るための措置が講じられた優良な住宅で、「長期優良住宅の普及の促進に関する法律」（2009年6月4日施行）により税制面での優遇措置などがある。

スケルトン住宅（SI住宅）（⇒ p.12　二段階供給を参照）

コーポラティブ方式
（参照：2-6、3-5、4-1、5-3、8-4、8-5、コラム03）
「家を建てたい人々が集まり、住み手が中心となって、自分達が住みたいと思う住宅を一緒につくりあげてゆく住まいづくりの方法」（NPO全国コープ住宅推進協議会）。ユーザーが住まいづくりの主体となるが、住まい手同士のコミュニティのあり方から、住戸の自由設計まで、住まいづくりの多くのテーマを含む。

求道学舎（参照：7-4）
1926年に建てられた学生寮（武田五一設計）に歴史的な建築物としての価値を見出し、リノベーションしてコーポラティブ住宅として再生した貴重な事例。さまざまなストック再生の技術により実現した。

セルフビルド（参照：6-1、6-2）
専門家の手を借りずに、自ら家をつくることをいう。集合住宅では、住まい手のDIY（Do It Yourself）による住戸のリフォーム（⇒ 6-1）から、集合住宅1棟まるごと建てた例（沢田マンション）まである。

カスタマイズ（参照：6-1、6-2、7-2、7-3、コラム06）
既存のものに手を加えて好みのものにつくり変えたり、注文製作することなどをいう。集合住宅では改造やリフォームにより住まい手が空間に積極的にかかわる例が見られ、個性的な表情が目を引く。

リノベーション（参照：7-4、7-5、コラム07）
既存の建物を建て替えずに大規模な改修工事を行い再生・活用すること。機能、性能、価値の向上をめざす。ひとつの住戸から一棟全部までさまざまなレベルで行われる。

■実践と評価、そして情報発信が現実を打開する

　いつの間にか供給は民間が主体となってマーケットが優先され、周囲とのかかわりを断ち切った大規模マンションや超高層マンションがつくられるなど、集合住宅は地域とのつながりを急速に薄めている。本来主役であるべきユーザーとその評価はマーケットによる数字へと安易に置き換えられることで、その存在感は曖昧になってはいないか。あるいは、つくり手側でも新しい計画やよりよい実践を世に送り出そうという実験精神が失われてしまってはいないか。しかし、この責任を政治やマーケットに押し付けても、局面を打開できるとは思えない。

　これからの集合住宅の計画・設計にかかわる当事者が率先して取り組めることがあるとしたら、その1つはやはり実験的な実践である。そしてそのためには実践の場の確保が必要だ。建築家が新興デベロッパーなどと組んで実践の場を得ることが近年目立っており、注目すべき事例も多い。また、他の候補としては、コーポラティブ方式や**住まいにかかわるNPO**のようにマーケットと距離を置いて意味のある価値を追求する人々が主体となって行う住宅供給がある。こうした動きを後押しするためには、税制や融資をはじめとした制度的なサポートが課題となるが、実現できれば、そこでは革新やサスティナブルな価値の追求が主役になれる。それは同時に、実体感の希薄なヴァーチャルなマーケットよりも手強い、リアルなクライアントが相手になるので、つくり手に求められるレベルは自ずと上がるであろう。

　さらに、それらの成果を世に問うことが必要である。建築ジャーナリズムを通した情報発信にももちろん意義はあるが、集合住宅における建築家の提案やアイデア、その試みを評価し位置付け、社会に発信することはより重要である。それにより意味のある実践や提案を行う、建築家をはじめとした当事者の職能や職域を評価することになり、彼らは勇気づけられ、次の実践に結びつくに違いない。またユーザーや社会もその意義を知ることができる。やがて、こうした動きが社会やマーケットを動かし、世の中を変える力になるだろう。

　つまりこれは、実践と研究の両輪が"住みたいと思う集合住宅"の革新やモデルをもたらすということである。たとえばすでに、計画の研究者による**二段階供給**や**つくば方式**のような世に認められモデルとなっている実践もある。また、計画の研究者が実際のプロジェクトに計画者として関与している**仙台市営荒井住宅**のような事例もある。さらに、建築家による**都市部の小規模なコーポラティブ住宅**はかつてのデザイナーズマンションと一線を画す質の高い空間を提供しており、評価が高まりつつある。そして、これからの集合住宅をめぐる社会への情報発信は、建築の専門誌や研究発表だけでなく、マスメディアのいくつものチャンネルや大学の授業、市民との交流など、さまざまな工夫が可能である。もちろん、実践した事例にこそ説得力があるのだが。

（佐々木 誠）

住まいにかかわるNPO（参照：8-5）
非営利団体であるNPOは営利以外の目的をもって活動するため、住宅の供給に関してはマーケットと一線を画する点で興味深い。調査研究、普及啓発、相談支援、事業企画などさまざまなテーマで活動するNPOがあり、コーポラティブ住宅等による住宅供給にかかわる例もあり、今後の展開が期待される。

二段階供給／スケルトン住宅（参照：7-2、7-4）
スケルトン（躯体）とインフィル（設備・内装など）を分離し、それぞれの性質にふさわしい供給方式を組み合わせて供給するという考え方にもとづき、集合住宅を建設・供給する方式を二段階供給方式という。また、その考え方でつくられた集合住宅をスケルトン住宅(SI住宅)という。スケルトン部分は長期間の耐久性能を、インフィル部分は住まい手の生活や社会状況に対応した可変性を重視してつくられる。代表事例として実験集合住宅NEXT21が挙げられる。

つくば方式（スケルトン定借）
耐久性のあるスケルトン住宅（SI住宅）を定期借地権の応用によって建てる住宅供給方式。1996年に第1号が茨城県つくば市に建設された。良質な住宅を低価格で取得でき、経年変化を考慮したさまざまなメリットが得られる。

仙台市営荒井住宅（参照：4-4）
阿部仁史設計のリビングアクセスが特徴の公営住宅。東北大学の小野田泰明は建築計画の立場からプロジェクトに参加し、リビングアクセスやプライバシーの調整など、建築計画研究の成果を反映させている。

都市部の小規模なコーポラティブ住宅（参照：コラム03）
近年、都市部で供給されるコーポラティブ住宅は、ライト型といわれる企業が住まいづくりのプロセスの大部分をコーディネートしてユーザーの手間を軽減し、住戸の自由設計を魅力とする例が目立つ。特に分譲マンションと競合しない接道などの条件がよくない敷地において、10戸にも満たない重層長屋がアトリエ系建築家による特異な設計でつくられる例は、建築の専門誌でも取り上げられる。

01
都市とかかわる個人空間

激動する社会の中で、人々の生き方や生活の価値観が変化している。個人の暮らしを積極的に楽しむ層や独特なライフスタイルを選択する層が増加し、居住形態にも変化が見られるようになった。その結果、計画側が対象とする世帯像は明らかに小さな単位を含むものへと変わっている。

日本の集合住宅づくりは、夫婦と子ども２人という標準世帯への対応としての標準的なプランタイプが長く続いてきた。居住形態が多様化してきているものの、さまざまな個に対応するプランを計画側はまだ十分に提供しきれているとはいえない。また、個の空間の充実だけではなく、ともすると周囲から孤立しがちな集合住宅を、近所やコミュニティにうまくつなぐ工夫も求められるようになっている。

人々に住みたいと思わせるもっと幅広い選択肢が用意される必要がある。居住の価値を提案するために、さまざまな居住形態やライフスタイルを事例から探ってみたい。

ワークスペースを備えた住空間
SOHO集合住宅の可能性

名称：シティコート目黒　所在地：東京都目黒区　完成年：2002年　事業主体：都市再生機構　敷地面積：約16,700㎡　戸数：SOHO住宅11戸（全484戸）　専有面積：63～87㎡

SOHOと呼ばれる新しいビルディングタイプに対するニーズが高くなりつつある。これは、ITの進歩により通勤を必要としない新しいビジネスの誕生や女性や高齢者の社会参加が進んでいることがその背景にある。

いわゆる在宅ワーク（SOHOのうちのHO（ホームオフィス））もそうした形態の1つであり、郊外居住地に拠点を構えるのではなく、都心部という立地と、その利便性を活かしながら事業を行うケースが増加している。

しかしながら、時間にしばられることなく、独自のライフスタイルを確立しつつあるこうした動きに対して、多様なライフスタイルを可能とする器としての住宅はまだまだ少ない。

都市再生機構（旧都市基盤整備公団）は、都心に立地しワークスペースが付属するSOHO向け集合住宅を供給している。これらは、ワークスペースに専用エントランスや大容量のインターネット環境を完備していたり、共用施設である集会室などを会議室としても利用できるなどの特徴を持っている。

一口に在宅ワークといっても、実際の職住の空間要求は多様であるが、設備的工夫や共用施設の設置だけでなく、住戸プランにもさまざまな工夫が見られようになっている。
　　　　　　　　　　　　　　　（藤岡泰寛）

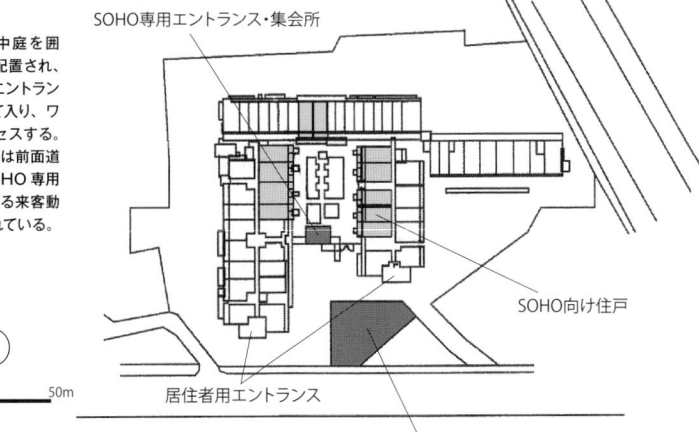

正面にSOHO専用エントランスが見える

SOHO向け住戸は中庭を囲むように1階部分に配置され、来客はSOHO専用エントランスから中庭を経由して入り、ワークスペースへアクセスする。居住者のエントランスは前面道路側に配置され、SOHO専用エントランスを利用する来客動線とは明確に分離されている。

建物配置

●参考事例

船場淡路町の在宅ワーク型住宅（現都市再生機構）平面プラン（1LDK＋Sタイプ）。ワークスペース（図面上はフリールームと表記）とリビングダイニングの間にキッチンが配置され、住戸内での動線の分離が図られている「分離」型プランの例（出典文献3）。

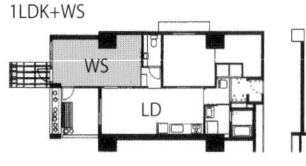
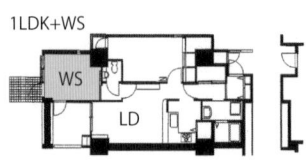
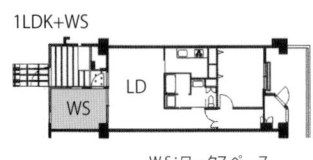

WS：ワークスペース
LD：リビング・ダイニング

SOHO向け住戸プラン

表通りに面して併設された生活支援施設

SOHO専用エントランスに隣接した集会室

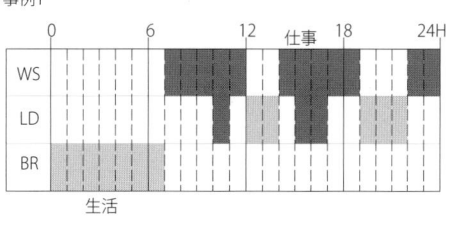

時間帯による諸室の使い分けの様子

2事例共、時間帯によってリビング・ダイニングが仕事の場としても使われている。来客時のトイレ動線による影響が共通して見られる。

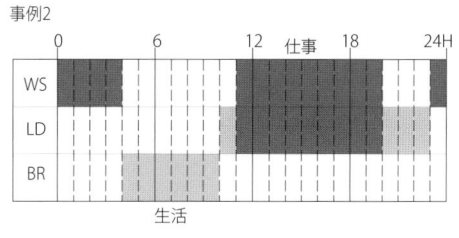

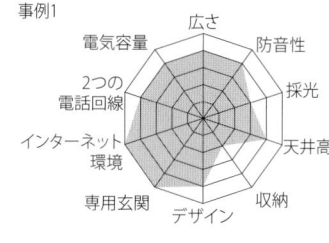

満足度評価

収納性能としての満足度は低いものの専用玄関が設けられていることへの満足度は共通して高い。

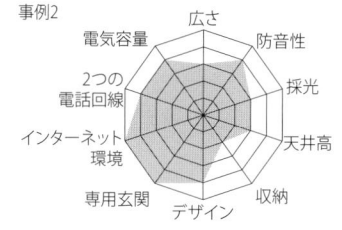

リビング・ダイニング空間（LD）とワークスペース（WS）が隣接配置された「接続」型プラン例

SOHO向け集合住宅における住戸形式の違いとワークスペースの満足度等の関係（文献1調査結果をもとに筆者作成）

LDとWSの関係（※1）	集合住宅	家族構成	性別	希望（※2）	仕事のあふれだしが見られる空間（来客対応を含む）	主な打合せの場所	共用施設の利用頻度（月あたり回数）	WSの満足度（※3）
接続	シティコート目黒	単身	男性	接点	LD	LD	1	高
	シティコート目黒	単身	男性	混在	LD	LD	0	高
	シティコート山下公園	同居家族あり	男性	接点	LD	LD	0	やや高
	シティコート山下公園	同居家族あり	男性	混在	LD	LD	0	やや高
	東雲キャナルコート	同居家族あり	男性	接点	—	WS	0	やや高
	東雲キャナルコート	同居家族あり	男性	接点	LD	WSおよびLD	0	高
	東雲キャナルコート	同居家族あり	男性	接点	LD	WS	0	やや高
分離	シティコート山下公園	同居家族あり	男性	分離	LD	LD	1	低
	シティコート山下公園	同居家族あり	男性	分離	LD	LD	0	低
	東雲キャナルコート	同居家族あり	男性	分離	—	WS	0	高
	南船橋	同居家族あり	女性	分離	LD	LD	0	低
	南船橋	単身	男性	分離	LD	WS、近隣のカフェ等	0	やや高
	船場淡路町	同居家族あり	男性	分離	LD	WSおよびLD	5	低
	船場淡路町	同居家族あり	男性	混在	LD	WS、集会室等	4	やや高
	船場淡路町	同居家族あり	女性	接点	LD	近隣のカフェ、集会室等	2	やや高
	船場淡路町	同居家族あり	男性	分離	LD	LD	0	低
	船場淡路町	同居家族あり	男性	分離	LD	LD	0	低
	船場淡路町	同居家族あり	男性	分離	LD	WS、近隣のカフェ、集会室等	3	やや高

左表の調査対象事例一覧

名称	シティコート目黒	シティコート山下公園	東雲キャナルコート1街区	南船場	船場淡路町
所在地	東京都目黒区	横浜市中区	東京都江東区	大阪市中央区	大阪市中央区
建築時期	平成14年6月	平成16年2月	平成15年9月	平成16年9月	平成16年3月
SOHO住戸数	11戸	40戸	16戸	58戸	55戸
共用施設	集会室	会議室、打合せコーナー	集会室、コモンテラス	会議室、打合せコーナー	集会室

すべて都市再生機構によるものであり、このうちシティコート目黒は都市再生機構としては初めてのSOHO住宅であった。

※1 LDとWSが隣接配置され一体的に使用されることも想定されたプランを「接続」型、LDとWSの間にキッチン等が配置され両者の分離が意図されたプランを「分離」型として表記。
※2 生活と仕事の理想的関係について「完全に分離」「ある程度接点がある」「混在」のどの項目を回答したかを表記。
※3 WSの広さや防音性、収納、エントランスなどの複数の指標に対するワークスペースの総合的満足度を表記。

■SOHO専用エントランス

「シティコート目黒」は、JR目黒駅から徒歩2分の立地に位置し、都心へのアクセスも容易な環境である。都市再生機構として初めてのSOHO向け住戸を含む集合住宅であり、共用施設としては集会室が会議室として使用でき（1時間200円）、敷地内にファミリーレストランやコンビニエンスストア、託児所が併設されている。集会室は主にSOHO住宅入居者向けの打合せスペースとして想定され、小会議にも対応できるように机やイスが備えられているが、シティコート目黒入居者であれば誰でも利用可能となっている。住棟エントランスには、住宅部分とSOHO専用があり、仕事上の来客と居住者の動線が分離され、来客は中庭から、ワークスペース（以下WS）側のエントランスから入るかたちとなっている。

■職と住のすみ分けの工夫

2名のSOHO居住者から協力を得、WSの満足度等について評価してもらったところ、いずれも「専用玄関」と「インターネット環境」を代表として、設備的項目への満足度が高かった。WSは共通して常に仕事場として使われており、住戸面積の小さいタイプではさらにリビング・ダイニング空間（以下LD）と一体的に使われる時間が多かった。住戸面積の広いタイプでは、LDの仕事利用は選択的であり、昼食時、夕食時には生活の場として使用し、仕事の場としての使用とすみ分けがなされていた。また、「収納」への評価が低いが、これはシティコート目黒以外でも同様の傾向が見られた。

■来客動線への配慮に課題

都市再生機構の他のSOHO向け集合住宅居住者への同様の調査結果からは、WSと生活空間（LD）が接続するシティコート目黒と同様の住戸タイプへの満足度が高いことがわかる。しかし、これは仕事と生活がつなぎ目なしに連続するようなライフスタイルをそもそも希望していることによるところが大きい。一方で、WSとLDが空間的には分離された住戸プランの居住者を見ると、LD空間への仕事のあふれだしが多く見られ、こうした例では総じてWSの満足度が低い。多く見られたのは打合せ等の来客時に住宅内トイレを利用する際の動線上の問題である。

■運用面の工夫も必要

在宅ワーカー個々の事情（単身かそうでないか、同居家族は従業員なのかどうか、業種や会社規模、来客頻度、WSの必要面積等）による影響ももちろん考えられるが、一方で住宅に付随する空間として位置付けられ付加されるWSの限界も指摘できるだろう。特に職住の分離された住戸プランを希望する在宅ワーカーは、収納も含めたWSの規模や性能についての要求水準の高いことが予想される。集会室等の利用についても「借りるまでの手続きが煩雑」「使いにくく、用途に適さない」等の意見が挙げられ、居住者による自主的なルールづくりなど、運用面の工夫も必要であろう。

■新しいライフスタイルの器として

在宅ワークという新しいライフスタイルに対応する住空間を考えることは、職住を二分することで労働生産性の向上を図ってきた戦後の住宅計画の先にある新しい対応として重要である。職住の関係を不可分のものとして捉え、両者の距離・面積配分にバリエーションを持たせた住戸プランや、使い勝手の良い共用空間等の付加価値を持った計画提案が期待される。

【参考文献】
1) 永田康太郎・藤岡泰寛・小滝一正・大原一興「都心におけるSOHOの使われ方に関する研究「シティコート目黒」を事例としSOHOのライフスタイルと住戸プランの対応に関する考察」『日本建築学会大会学術講演梗概集E-2分冊』pp.335-336、2003
2) 永田康太郎「SOHO向け集合住宅におけるワークスペースに関する研究 仕事と生活の関係性と使われ方に関する考察」（『横浜国立大学修士学位論文』2004）
3) 小林重敬編著『コンバージョン、SOHOによる地域再生』学芸出版社、2005

複数拠点居住
「1家族＝1住戸」にとらわれない住まい

名称：河田町コンフォガーデン　所在地：東京都新宿区河田町　完成年：2003年　延床面積：103,041㎡　戸数：888戸（民間賃貸除く、業務用住戸含む）

戦後急速に進められた日本の住宅供給の根底には「1家族＝1住戸」の概念がある。しかし、価値観やライフスタイルが多様化する現代には、これには当てはまらない「複数拠点居住」という住まい方がある。

複数拠点居住とは、自分の生活指向を実現するため1住戸の枠を超え、複数の生活拠点を積極的に利用する生活スタイルのこと。従来からある別荘所有などの場合は想像しやすいが、近年の複数拠点居住はそこにとどまらない。各事例は居住者の属性、所在地、建物形態、所有形態、家賃、大きさ、利用頻度など多くの点で差異が大きく、おのおのが特徴的である。

たとえば「同一マンション内の2部屋を毎日行き来する事例」、「立地を活かしたSOHOの他に北海道、海外の3拠点を1年サイクルで行き来する事例」は、いずれも都心型超高層集合住宅「河田町コンフォガーデン」のものだが、この2事例だけを見ても、その生活スタイルはまったく異なる。

これらの事例はある瞬間の住まいの状態である。複数拠点居住は、個人のライフスタイルの変化に合わせ拠点の数や使い方が変わるため、住まい方も変化し続ける。一方で、家族以外の人と拠点を共有する事例も少なくなく、複数拠点居住は、「1家族＝1住戸」の概念を見つめ直すきっかけとなるのではないだろうか。
（渡辺江里子）

河田町コンフォガーデン外観

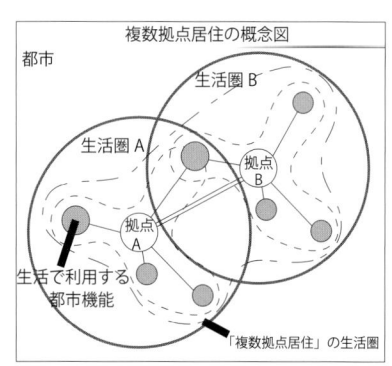

複数拠点居住の概念図
各拠点を中心とし周辺環境（都市環境）も含め生活圏が拡張する

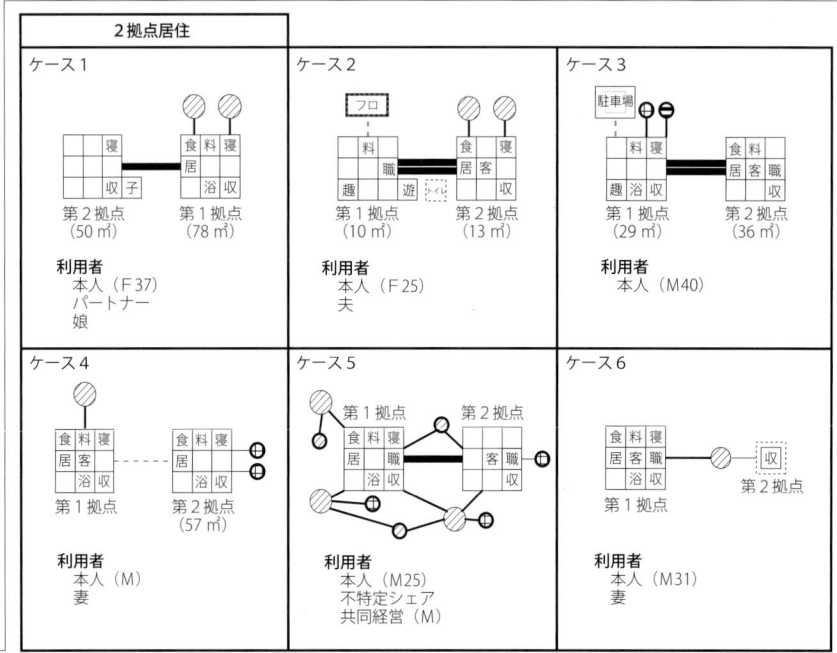

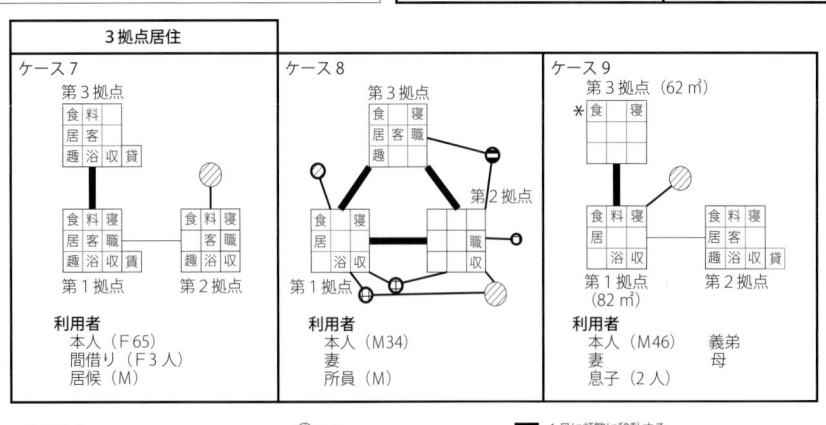

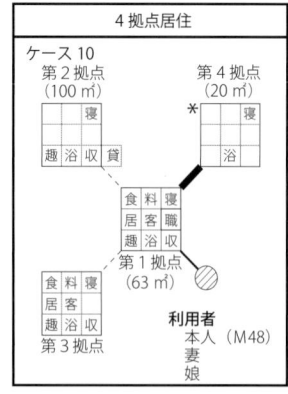

各拠点の行為のダイアグラム

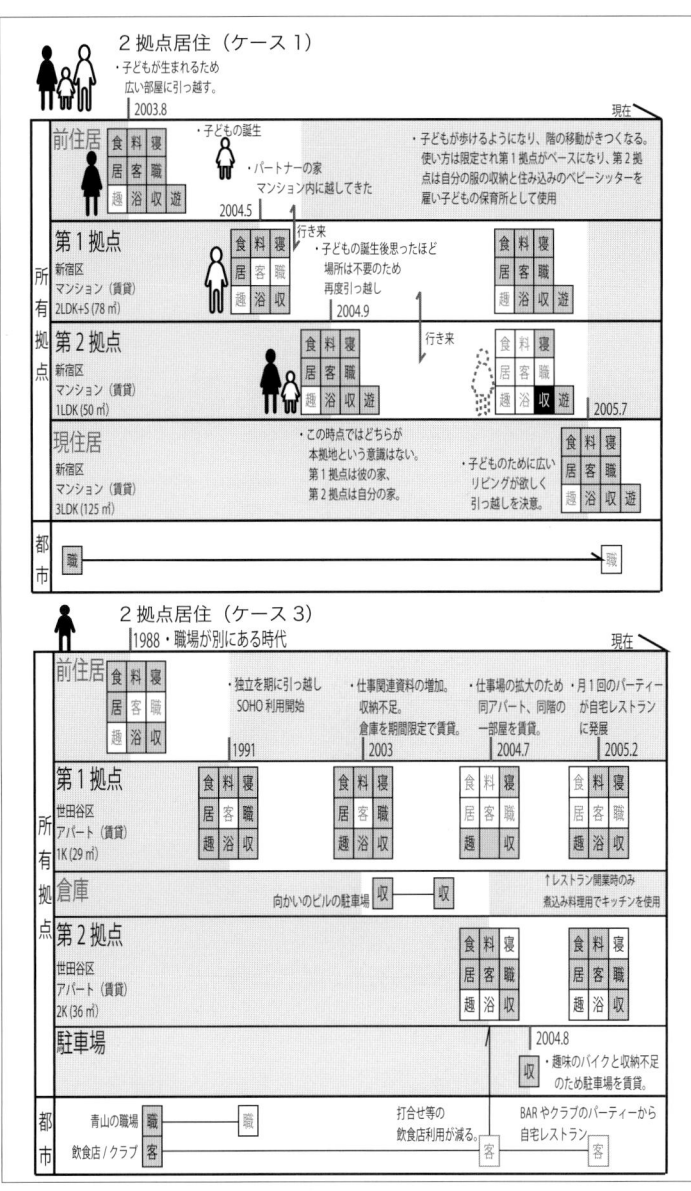

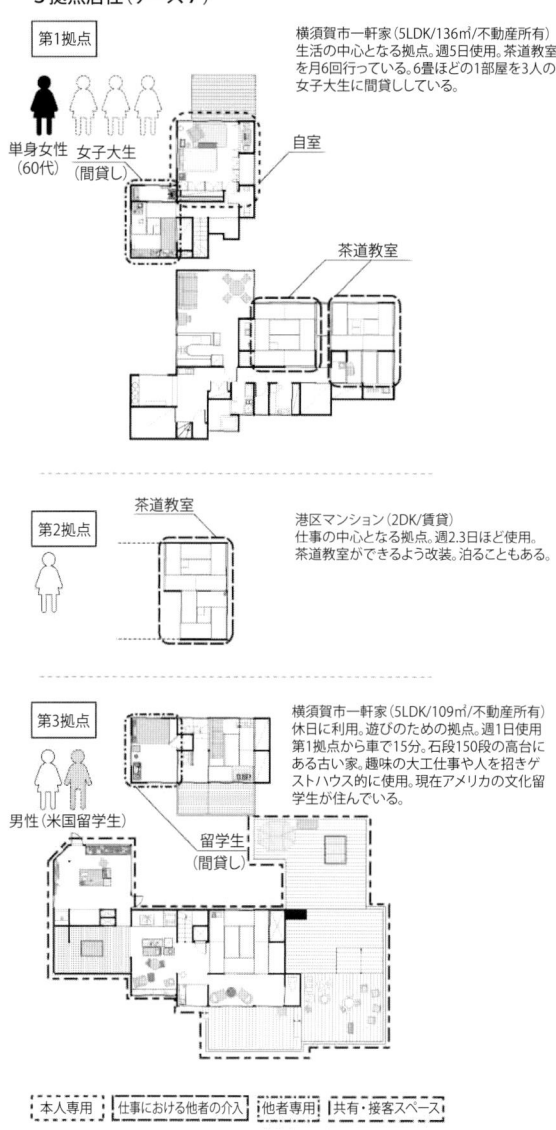

■引っ越さずに拠点を増やす

事例の居住者たちは、たとえば「収納が足りない」、「2人で住むには狭い」、「家で仕事がしたい」「趣味の部屋が欲しい」など、通常なら引っ越先を考えるシーンで、拠点を増やす選択をしている。生活指向に対し不足するものを補い、理想形に近づけることを繰り返し、結果的に2つ3つと拠点が増える傾向が見られる。逆に必要がなくなれば拠点を減らし、その時々の生活スタイルに合わせて拠点を組み合わせることができ、順応性の高い住まいであることがわかる。

■それぞれの周辺環境の魅力

各拠点は、①拠点の空間自体に価値があり周辺環境と関係を持たないタイプと、②拠点の立地や土地の特徴が意味を持ち周辺環境と関係が強いタイプの2タイプがある。組合せは事例ごとにさまざまだが、全事例が後者の②タイプの拠点を1つは持つことから、周辺環境を含めて複数拠点居住が形成されているといえる。

また拠点と拠点の間に距離がある場合に立地を目的とする場合が多い。この傾向は、「仕事をするのに便利」「外食する場所が多い」「子どもの教育によさそう」「自然の多い場所が好き」など、その拠点を所持したきっかけからもうかがえる。

■生活が変われば使い方を変える

まず2拠点居住のケース1の場合。妻の妊娠をきっかけに同マンション内での引っ越しを繰り返し、その時々で生活しやすい間取りを選択してきた。その中で2住戸を用途で使い分け、行き来しながら生活する時期も見られた。第2拠点は、もともと自分の部屋として衣・食・住に加え仕事の要素も持っていたが、子どもの成長に合わせ生活のベースを第1拠点に移行し、「収納」と「子どものための保育所」の要素を残し変化していく。生活の変化に、住戸の使い方によって柔軟に対応している。

■都市機能が住まいへ

ケース3は仕事の独立をきっかけにSOHOを賃貸。収納の拡大のためアパートの向かいに駐車場を借りたのが複数拠点居住の始まりとなる。その後、別宅を同アパート内に借り本格的な複数拠点居住として職（食）住分離をする。その結果、以前は周辺の飲食店を利用していた打合せ等の接客行為や、バー等を利用した月1回のパーティーは自宅レストランに変え、第2拠点で行うようになる。今では、客用トイレを設置するなど第2拠点はパブリック色が強くなっている。

■自己と他者の関係を再構成

拠点が無人となる期間を有効に利用するためか、他者と共有する場合が多い。

3拠点居住のケース7は単身世帯だが、第1拠点は3人の学生（利用頻度は月1回）に、第3拠点は留学生（毎日）に一部屋を間貸ししている。また、茶道教授という職業柄生徒の訪問が多く、第3拠点は趣味の大工仕事や陶芸を軸としたコミュニティでも使用しており、居住者専用のスペースは3拠点中、第1拠点の寝室のみで、拠点のほとんどを他者と共有している。その用途は個人の住まいを超え、職場であり、寮であり、またゲストハウスのようでもある。物理的に離れた複数の拠点を持つことで「自己と他者との関係」は再構成される。

【参考文献】
1) 中島寿・渡辺江里子・初見学「超高層賃貸集合住宅における住まい方に関する研究-その1」『日本建築学会学術講演梗概集』2005
2) 渡辺江里子・中島寿・初見学「超高層賃貸集合住宅における住まい方に関する研究-その2」『日本建築学会学術講演梗概集』2005
3) 渡辺江里子「都心の「スミカ」形成-超高層/マルチハビテーションからみる住まい再考」（東京理科大学修士論文、2006）
4) 渡辺江里子・初見学「都心の「スミカ」形成-マルチハビテーション居住からみる住まい再考」『日本建築学会学術講演梗概集』2006

都市単身者の住まい
ワンルームを組み込んだ集住計画へ

名称：同潤会江戸川アパート　所在：東京都新宿区　完成年：1934年（現存せず）　規模：6階建（1号館）、4階建（2号館）
戸数：260戸（家族向：126戸、独身向：131戸、管理用室：3戸）　敷地面積：6,801.795㎡　延床面積：12,249㎡

近年の自治体レベルの建築規制は、単身居住者を都心から追い出すような方向に向かっている。いわゆるワンルームマンション規制である。小規模な住戸のみによって建設される集合住宅を排除しようという規制である。中には、ワンルームマンションにだけ特別課金する自治体すらある。こうした規制は、地域住民の単身居住者に対する「漠然とした不安」に根差しており、具体的に明快な根拠や基準があっての規制ではなさそうである。

かつて、江戸は単身者の町であった。明治・大正・昭和中盤までそうであった。東京から発信される新しい文化は、とりもなおさず、都心部に住む単身者たちが発していた。こう考えれば、ワンルームマンション規制は、文化都市として自縄自縛的な行為だともいえる。これは東京以外の大都市にもいえよう。またこの問題は、今後クローズアップされるであろう、外国人、独居老人たちとの地域的共生の問題にまで絡んでくる。

ところが、歴史をひも解いてみると、戦前までは、少なくともワンルームにかかわる建築計画は、現在よりも豊かに考えられていた。その典型例が同潤会江戸川アパートである。　　　　　（大月敏雄）

江戸川アパートの写真（『建築の東京』東京市土木局内都市美協会 1935）

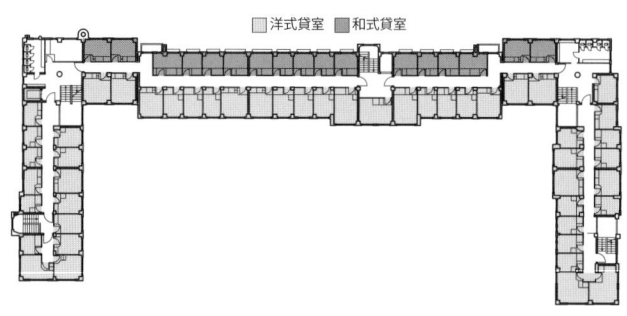

江戸川アパートの5階平面図（1号館の5、6階部分はすべて独身者向け住戸だった）

● 参考事例

九段下ビル（RC造3階建、1927年）
靖国通り沿いの町屋群が関東大震災で被災し、東京市の外郭団体である復興建築助成株式会社の融資を受けて共同建て替えを行ったもの。1、2階は従来の町屋と同じ平面構成であるが、3階部分は共同階段、共同の片廊下でアクセスする「離れ」となっている。この「離れ」は自家用で使ってもよいし、他者に貸すこともできる。同じく関東大震災の復興住宅である同潤会アパートでは、集合住宅の上層部に独寝室を配置する例が多かったが、このように、多目的な「離れ」になりうる空間を集合住宅の上層部に設置することは、多様な都市居住を生み出す可能性を担保する。

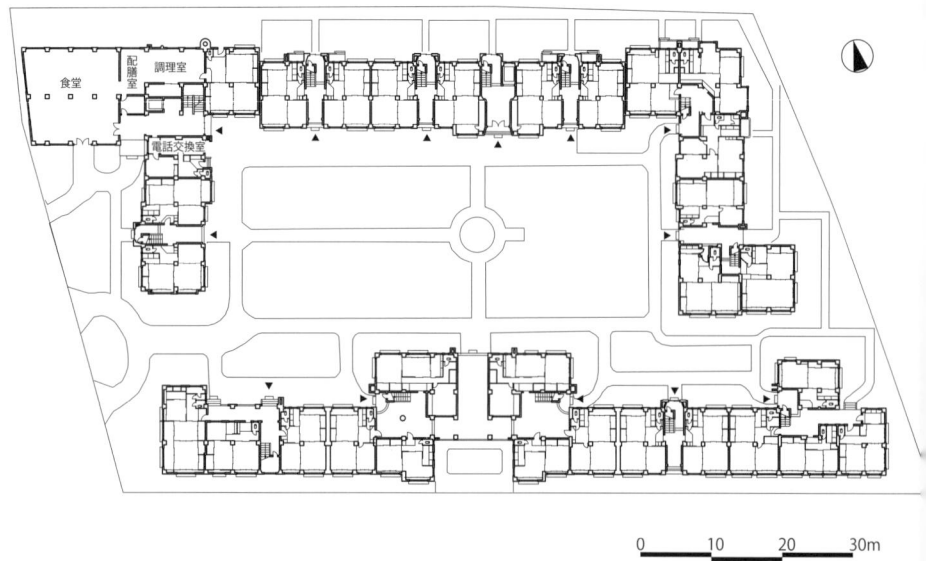

江戸川アパート1階平面図（1、2号館とも1階から4階まではすべて家族向け住戸だった）

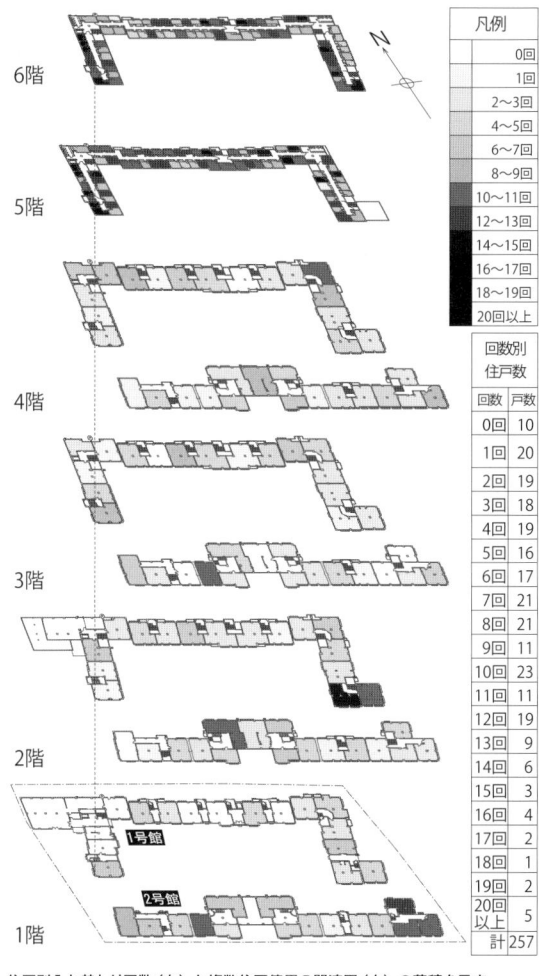

住戸別入れ替わり回数(左)と複数住戸使用の関連図(右)の蓄積を示す。
江戸川アパートにおける1934年から約70年にわたって経験された独身向け住戸の定住性の低さは、家族向け住戸の「離れ」として利用されていたことの証でもある。
(石堂大祐『同潤会江戸川アパートメントにおける住戸ユニットの所有・利用関係の変遷に関する研究』東京理科大学修士論文、2007)

■単身者を無視した計画

戦後の集合住宅設計において、無意識に前提されていたことの1つに「1つの住戸は1つの家族が専用すべきものだ」という考え方をあげることができる。しかし、この当たり前の考え方は、必ずしも、日本人の普通の庶民の暮らしには合致していない。この現実を忘れては、今後の集合住宅の計画は語れないだろう。

戦後の公営住宅も公団住宅も、基本的には、1つの住戸は夫婦から成り立つ「家族」のために供給するべきものであった。特に、公営住宅において単身居住者が入居対象となるには、昭和50年代を待たねばならなかった。公団においても、初期には単身者用の集合住宅が建設されたが、昭和40年代にはほとんど建設されなくなった。したがって、日本の戦後において、単身者を受け入れる都市住宅のほとんどは、民間の「木賃、鉄賃アパート」、もしくは「企業の独身寮」であった。が、これらが本格的に研究の対象となることは、まずなかったといってよい。日本の昭和時代の集合住宅の計画は、単身居住をないものとしてきたのだ。

■「住宅双六」の上がりはない

そもそも、国家的住宅供給を考える際の基礎は、「住替え」であった。この考え方は、有名な「住宅双六」(1973年、上田篤)が端的に表している。日本人は、究極の目標、すなわち「郊外庭付き一戸建て」に向かって、いろんな住宅の類型を経ながら、ひた走るものである、という仮定である。この仮定は、同潤会の時代からすでにあった。同潤会アパートの設計者は、ほとんど2室からなる10坪強の住戸を設計する際に、そこが「定住の場所」となることは考えていなかった。あくまでも、こうした住戸は若い夫婦向けのものであり、子どもが大きくなったら、自然に他所に移り住むべきものと考えられていた。こうした仮定の中で同潤会アパートは設計されていたのだ。こうした、根拠の乏しい仮定は戦後も続いた。公営住宅しかり、公団住宅しかり。いずれも、公的に供給される住宅は、低所得者あるいは中堅所得者向けの、仮の住まいとして位置付けられていた。

しかし、同潤会アパートも、公営住宅も、公団住宅も、この仮定に関しては現実に見事に裏切られている。人々は、そこに「定住」してしまったのである。子どもが大きくなったら、親の住宅の近所に、子ども部屋を間借りし、拡大家族としてアパート内外にまたがって住み着くような行動をとることが多い。こうしたごく当たり前の現象が、設計条件として見過ごされていたことは不幸である。なぜなら、たとえば現在公団住宅は高齢化に悩んでいるというが、それは、団地の境界線の中だけの計算であり、その周辺を含んだ「まち」として考えれば、周辺の町に住む若い世帯が、団地の老人の面倒をみることだって多々あるのである。集合住宅の重要な設計条件の1つとして、その建物および周辺に住みつく人々が織りなす人口構成を指標としたら、高齢者問題は違った様相を呈するのではないだろうか。

■地域をベースにした計画へ

こうしたことを考えたときに、重要になるのが、「住宅:家族=1:1」では必ずしもないという、居住イメージを描くことである。嫁姑問題を嫁個人の努力に頼るだけの2世帯住宅がそんなに広がらなかったのは当たり前である。つかず離れず、3世代で地域に分散して暮らせるような、地域の住宅ストック構成が考えられなければならない。同潤会アパートにおける、家族向け住戸の設計そのものは「住替え」を前提としていたが、家族向け住戸と同じ敷地内に独身者向け住戸を多数供給していたことが、戦後の計画の発想と大きく異なる。家族向け住戸群のうえに、単身者向け住戸群が当たり前のように載っていた、戦前の集合住宅計画に再び脚光が当たってもいいのではなかろうか。特に、同潤会江戸川アパートでは、上層部の単身者向け住戸が、家族向け住戸に住む家族の増減を補い、「勉強部屋」や「離れ」として機能していた。これが、同アパートの世代的新陳代謝を担保していたのである。

これを地域ベースで考えたとき、若者が住めるワンルームを拒否するような街は、早晩高齢化問題によって、しぼんでいかざるを得ないと思われる。

【参考文献】
1) 同潤会江戸川アパート研究会編『同潤会アパート生活史』住まいの図書館出版局、1998
2) 橋本文隆・内田青蔵・大月敏雄『消えゆく同潤会アパートメント』河出書房新社、2003
3) 橋本文隆「わが住まいし同潤会江戸川アパート」(『私のすまいろん 立松久昌が編んだ21のすまいの物語』「すまいろん」編集委員会、建築資料研究社、2004)
4) 大月敏雄『集合住宅の時間』王国社、2006

単身女性が所有するマンション
インテリアへのこだわり

名称：パークリュクス本郷　所在地：東京都文京区　完成年：2008年　規模：12階建　戸数：52戸　敷地面積：645㎡　延床面積：2955㎡　設計・施工：清水建設
売主：三井不動産レジデンシャル

単身女性のマンション購入が取り上げられる機会が増えた。首都圏のシェアは近年4.6〜7.7%（2001〜08年）で推移している。新築分譲マンションは、ファミリー向け供給がいまだ主流であるが、都心を中心に住戸面積が狭めのシングル向け住戸は投資用マンションを含め一定数供給される。しかし、それらの多くはマンションを購入する女性の需要が満たされているとはいい難い。特に多くが賃貸にまわる投資用は、外国法人向けなど一部の高級物件を除くと、内装仕様が一般分譲マンションより軽視されがちである。そんな状況において、感性豊かでこだわりの多い女性が求めるマンションとその居住実態から、未来の集合住宅やインテリア、さらにさまざまなものづくりまでヒントが見出せる。

「パークリュクス本郷」は大手デベロッパーが2008年から展開を始めたマンションブランドのシリーズ第一弾で、都心居住の単身女性やDINKSをメインターゲットとしている。コンパクトながら機能性を重視したプラン、内廊下によるプライバシーへの配慮、防犯体制の充実、Webを活用した各種取次ぎサービスなど、ひとり暮らし女性のニーズへの対応を目指している。

（佐々木誠）

比較的広い住戸内の空間はインテリアの演出がしやすい

水回りや玄関に余裕のある設計となっており、インテリアアイテムを飾るスペースが随所にある

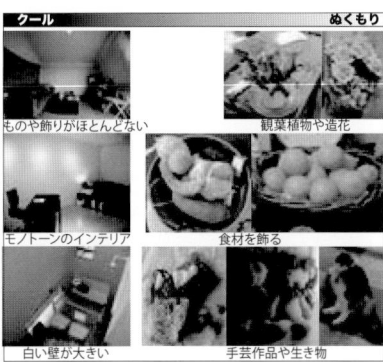

「ぬくもり－クール」の評価軸

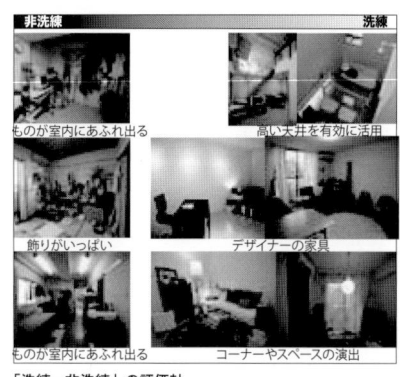

「洗練－非洗練」の評価軸

●参考事例

スターツCAM/オザリアー之江（東京都江戸川区）/1LDK　40.39㎡

働く女性が安心して快適に住むことのできる賃貸住宅として、女性向け雑誌『オズマガジン』、女性向けサイト「OZmall」の会員からのアンケートや開発委員会を開いてヒアリングを行うなどして、駅近、屋内共用廊下、宅配ロッカー、カードキーシステム、防犯システム、浴室乾燥機、追い焚き機能など、住まいに関する要望を盛り込んでいる。

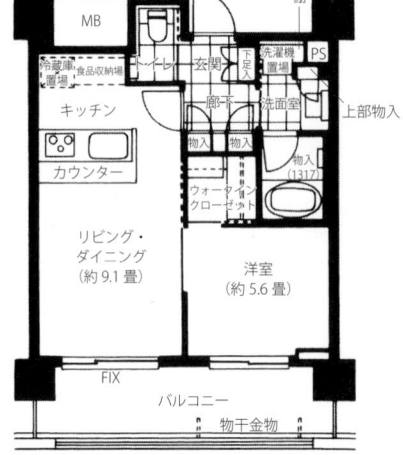

コンセプトモデル：43㎡

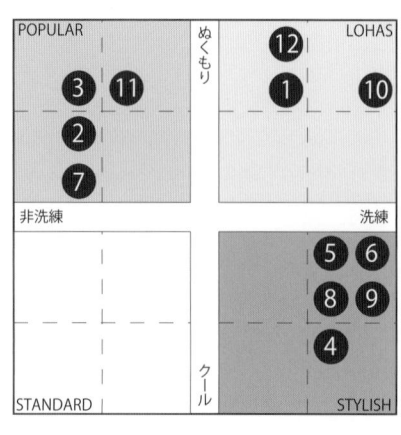

インテリアの指向による事例の4類型
（数字は事例の番号）

女性単身居住（所有）の実態：調査対象事例の一覧（事例呼称は図「インテリアの指向による4類型」と対応する。カルチャースタディーズ研究所による委託研究にもとづく）

事例呼称	住まい・仕事	プロフィール					住空間							価値観・ライフスタイル						
		年齢	住所	出身	年収（万円）	単身居住の理由	権利形態	最寄駅徒歩分	建物階数居住階	専有面積間取り	購入価格	結婚	仕事	生活満足度	恋人	ひとり外食	習い事・学習	自宅外での趣味	自宅での趣味
❶	両国の駅近新築マンションにネコと暮らす 訪問看護ステーション／理学療法士	32	墨田区	東京	500	実家と距離をとる	所有	7	11階建4階	54㎡ 2LDK	2800万円	できれば	好き ずっと続けたい	75点	無	仕事帰り・週2回 大戸屋、ラーメン パスタ屋、ファミレス			ガーデニング
❷	初台の山手通り沿い中古マンションに暮らす 不動産会社／経理	33	渋谷区	東京	400-600	親の勧め	所有中古	8	8階建7階	40㎡ 2DK	2000万円	必ず	仕事は生活の糧	70点	有	週2回 吉野家	ピアノ	散歩、水泳 競馬	読書、占星術 美容によい料理
❸	水天宮の隅田川沿い中古マンションに暮らす IT企業／営業	35-39	中央区	埼玉	400-600	仕事	所有中古	3	13階建8階	45㎡ 2LDK	3000万円	できれば	続けたい 生活の一部	70点	無	週3回 インドカレー		古い着物を探しに行く	ミシンかけ 着物のリフォーム
❹	八潮に建てた注文住宅に暮らす IT企業／総務・人事	36	八潮市	神奈川	500	仕事	所有	15	2階建戸建	90㎡ 1LDK+S	2800万円	無理にしたくない	生きがい 生き生きていく張り合い	95点	無	平日の朝食			映画鑑賞、料理
❺	荻窪の駅近新築マンションに暮らす 訪問看護ステーション／看護師	36	杉並区	静岡	600	仕事	所有	3	13階建4階	39㎡ 1LDK	3200万円	したい人がいたら	ずっと続けたい 必要 生きがい	70点	無	週2回 パスタ屋 はなまるうどん	仕事の勉強	写真	DVD鑑賞
❻	恵比寿のコーポラティブにネコと暮らす 不動産コンサル会社／マネージャー	38	渋谷区	兵庫	1000-	離婚	所有	4	6階建3-4階	63㎡ 1LDK+H	4300万円	できれば	一生やる こだわる	92点	無	週1回 近所の飲み屋	ヨガ	スロット 競馬 花札	読書、入浴 ネコ
❼	目黒の中古マンション1階に暮らす 通販化粧品メーカー／お客様相談窓口	38	目黒区	東京	600	離婚 実家に居場所なし	所有中古	12	10階建1階	32㎡ 1LDK	1600万円	できれば	好き	70点	有	昼食のみ		スノーボード ダイビング 打放しゴルフ	DVD・TV鑑賞
❽	上野駅前新築マンションに暮らす アパレルメーカー／営業部長	39	台東区	東京	700-800	親の勧め	所有	3	14階建11階	55㎡ 1LDK	4000万円	できれば	ずっと続けたい	88点	無	月1回 職場近くの飲み屋	ジム ヨガ	スノボ、パチンコ 競馬	DVD鑑賞 料理、睡眠
❾	桜台の駅近新築マンションに暮らす アパレルメーカー／商品企画	39	練馬区	東京	900	実家に居づらい	所有	7	9階建5階	73㎡ 3LDK	4200万円	したい	納得できる仕事をしたい	80点	無	昼たまに	フラダンス 英会話		編みもの フラダンス ガーデニング
❿	目白の新築マンションにネコと暮らす 出版社／雑誌編集者	42	豊島区	東京	700	実家土地売却	所有	15	11階建1階	59㎡ 1LDK+D	4240万円	願望なし	重要 お金持ちでも続ける	70点	無	週1回： カレー ラーメン そば	鉄道 昔、競馬		あみぐるみ ネコクロスステッチ マフィンづくり
⓫	五反田の中古マンションに暮らす 雑誌広告制作／課長	42	品川区	大分	800-1000	両親転勤	所有中古	5	13階建13階	55㎡ 1LDK	2950万円	できれば	生きていきたい	70点	無	昼のみ	ダイビング 博物館に行く（仏像）		パソコンで ネットを見る TVを見る
⓬	池上のコーポラティブにネコ2匹と暮らす 大手電機メーカー／企画営業	46	大田区	熊本	800-1000	独身	所有	6	5階建B1-1階	70㎡ 1LDK	4000万円	なるようになる	転職・独立したい 資格持ち 長く働く	90点	無	なし	英語	水族館めぐり	ブログ、読書 DVD鑑賞、ネコ フィギュア

■家を買う単身女性のプロフィール

自立をしたい、堅実にお金を貯めたい、老後に向けての安心を得たい、賃貸マンションが貧弱、家賃がもったいない、ローンを組みやすくなった、など女性がマンションを買う理由はさまざまだ。2006～07年に20～40歳代の首都圏在住の単身女性22名（賃貸10名、所有12名）に対して調査を実施した。所有の12名全員は前住居が23区で、賃貸と比べて首都圏出身者が多い。単身居住の理由は、賃貸が「仕事」や「進学」が全員であるのに対して、所有ではそれ以外の理由が過半で、「親のすすめ」「実家の事情」「離婚」などであった。

■単身女性が購入するマンション

首都圏の新築分譲マンションは住戸面積が平均約75㎡、60㎡以上が約9割とファミリー向けが主流だが、都心部では60㎡以下の住戸が2割を超える。このコンパクトサイズの住戸はDINKSや単身の居住に適しているが、投資用マンションと条件が重なり必ずしも明確に差別化されていない。12名が購入した住宅は、駅から徒歩5分以内が過半で、中古マンション3例、新築戸建て1例、新築マンション8例。マンションは50㎡台、1寝室の間取りが多かった。

■ライフスタイルと価値観

仕事やキャリアに対して皆前向きで、結婚についても大半が積極的であった。自分磨きを大切にし10年後や結婚後も仕事を続ける意向である。生活の満足度（100点満点の自己評価）も概して高い。趣味など余暇の過ごし方はさまざまだが、いやしや休息を求めるものが目についた。

■インテリア趣向の広がり

実際のインテリアは、中古の3事例が住戸面積40㎡前後と狭めで室内にものがあふれていた。それ以外の住戸はものがあふれておらず、バランスのとれたセンスのよさやこだわりとして個性が表れていた。どこかのカタログや雑貨屋で見たようなコーナーも見られ、照明や家具などが吟味されて置かれている印象があった。必ずしも女性らしいわけではないが、個性的なインテリアとして、植物や古家具、あるいは極端にものが少ないそっけないインテリアなど、こだわりが見られた。

■住空間の価値観から評価軸を探る

インタビューから得られた「空間構成」、「水回り」、「インテリア」の3つに分けた評価構造のダイアグラムから、「住空間の価値観」の可視化を試みている。その結果得られた19項目の「具体的要素」を「仕上げ」「家具・アイテム」「窓・開口」「空間構成」「水回り」「収納」の6つに分類し、その「評価内容」が20項目得られた。そして「評価内容」の共通性や類似性から「住空間の価値観」として「ナチュラル」「いやし」「くつろぎ」「洗練」「クール」の5つのキーワードにまとめている。さらにそれらを整理して「ぬくもり－クール」「洗練－非洗練」というインテリアの指向性に関する2つの指標を設定し、2軸のチャートにプロットした。第1から第4象限をそれぞれ「LOHAS」（「洗練」され「ぬくもり」のあるインテリア）、「POPULAR」（「非洗練」で「ぬくもり」のあるインテリア）、「STANDARD」（「非洗練」で「クール」なインテリア）、「STYLISH」（「洗練」され「クール」なインテリア）という名称で位置付け、各シングル女性のインテリアが類型化できた。

■住戸の未来とデザインへのアイデア

マンションを購入するシングル女性は、仕事などで忙しく限られたプライベートの時間の中で、ストレス解消やいやしを、親や友人、都市、アウトドアの趣味など外部に向ける方向と、インテリアや飼い猫、インドアの趣味など内部に向ける方向の2つに分かれた。特に内部でいやしやくつろぎを求める場として、住空間は重要であることが見えてきた。より高い満足を得るための「物理的な質」と同時に「精神的な意味・役割」を住空間に見出し、それらの欲求が高まった結果が「こだわり」になるようだ。こだわりは「ぬくもり」を求める方向と「クール」を求める方向の大きく2つに分けられる。入居者にこの両タイプの選択性を持たせること、そして特に「ぬくもり」を受け入れる空間的な余地（小物などをディスプレイするコーナーや小スペースの余裕）をつくることが住戸デザインのポイントになる。

【参考文献】
1) 佐々木誠ほか「首都圏に暮らす単身女性の住空間に関する研究-22のケーススタディを通して」（『日本建築学会住宅系研究報告論文集3』2008）

アキハバラに建つ超高層集合住宅
「個」と「コミュニティ」の2つのライフスタイル

名称：東京タイムズタワー　所在地：東京都千代田区　完成年：2004年　戸数：319戸

　都心の超高層集合住宅は、個人のライフスタイルを中心とした住まいを提案する傾向にある。たとえば立地は都心の駅近で、さらに日常の生活も休日の楽しみも近場で済ますことのできる場所にあり、居住者はライフスタイルに合わせて生活できることが強調される。

　都心の中でも、これまで住みたい街として世間の意識がなかったであろう秋葉原駅前にこの超高層集合住宅が建てられた。駅前開発の一環として建設された「東京タイムズタワー」である。この超高層集合住宅は、駅近でホテルのようなフロントサービスや最新の管理体制を行っており、最先端の超高層集合住宅として販売され注目された。販売時には、「秋葉原」という街の特色、「つくばエクスプレス開通」や「駅前開発への期待」などの将来性が「売り」となり、また女性には日本橋や銀座へのアクセスの良さをアピールしたと聞く。

　しかし、「秋葉原」には昔ながらの下町が残っている地域があることを忘れてはいけない。この地域を中心に町会活動が行われているのである。東京タイムズタワーでは、この町会活動に積極的な姿勢で臨んでおり、実際に町会を立ち上げ、活動を行っている。これまでの超高層集合住宅では見ることができなかった個人中心の住まいを確保しつつも「地縁を持つ超高層集合住宅」としてのライフスタイルがここにはある。

（杉山文香）

東京タイムズタワー

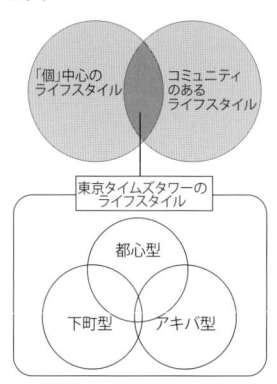

東京タイムズタワーのライフスタイルは「個」中心のライフスタイルとコミュニティのあるライフスタイルの2つの側面を持っている。さらに「都心型」「下町型」「アキバ型」とライフスタイルによってグループ化することができた。

	豊洲	秋葉原	目白
単身	8.6%	37.8%	20.0%
夫婦	34.3%	31.1%	33.3%
夫婦+子供	40.0%	8.9%	26.7%
高齢者	17.14%	13.33%	20.0%
その他	0.0%	8.9%	0.0%

家族形態の比較
東京タイムズタワーは他と比較して単身者の割合が高い。またファミリー世帯が少ないことも特徴といえる。

プラン名	住戸タイプ	軒数	合計
40-A	1LDK	10	
50-A	1LDK	10	
50-B	1LDK	10	
50-C	1LDK	6	
60-A	1LDK	7	
60-B	1LDK	10	
60-C	1LDK	1	86
60-F1	1LDK+DEN	10	
60-F2	1LDK+DEN	1	
70-B1	1LDK+DEN	1	
70-B2	1LDK+DEN	10	
70-H	1LDK+DEN+納戸	10	
60-D	2LDK	10	
60-E	2LDK	12	
60-G	2LDK	6	
70-A	2LDK	7	
70-D	2LDK	7	
70-E	2LDK	11	
70-F	2LDK	12	
70-G	2LDK	7	
70-I	2LDK	6	
80-A	2LDK	11	175
90-B	2LDK	12	
90-C	2LDK	12	
130-A	2LDK+AnnexRoom	7	
80-B	2LDK+DEN	10	
80-C	2LDK+DEN	7	
80-D	2LDK+DEN	6	
80-F	2LDK+DEN	6	
90-A	2LDK+DEN	7	
70-C	2LDK+納戸	12	
100-B	2LDK+納戸	7	
90-D	3LDK	12	
100-A	3LDK	12	
120-A	3LDK	7	52
80-E	3LDK+納戸	7	
100-C	3LDK+納戸	7	
110-A	3LDK+納戸	7	
計		313	

全プラン一覧
住戸プランは専有面積が広くても部屋数が少なく、1LDKや2LDKなど単身者、DINKS向けプランが多い。

●参考事例

仕事部屋として居室を使用

・名　称：芝パークタワー
・所在地：東京都港区芝
・竣　工：2001年
・総戸数：252戸

大手企業の本社ビルや有名ホテルが立ち並ぶ立地で、夜間人口が減少した空洞化した街である。居住者は単身者やDINKSが大半を占める。地域とのかかわりはなく「個」を中心としたライフスタイルである。
【セカンドハウスの例】
写真は芝パークタワーのセカンドハウス利用の例である。入居前にリフォームをし、リビングと寝室を一体化したホテルライクの部屋とし、主寝室をオフィスとして利用している。家族と住む家は別にあり、会社とこの家で仕事をしている。

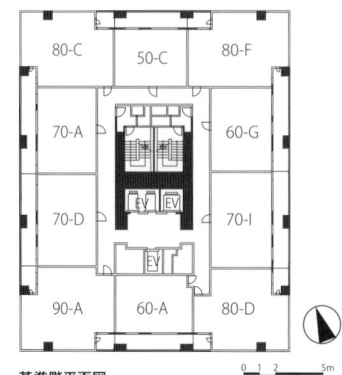

基準階平面図

都心に近い	75.0%
駅に近い	83.3%
周辺環境が良い	6.3%
共用施設	14.6%
眺めが良い	25.0%
大手ブランド	35.4%
プランが良い	22.9%
インテリアが良い	8.3%
プランセレクト	2.1%
カラーセレクト	2.1%
セキュリティ	56.3%
建物の構造	37.5%
その他	29.2%
回答数	48

購入要因

行事	開催日	参加人数
一斉清掃（春）	6/7	14名
納涼会	8/9	約122名
万世橋ルネッサンスⅡ	9/14,15	7名
区民体育大会	10/19	7名
一斉清掃（秋）	11/11	21名
夜警	12/25	22名
新年参拝	1/12	約15名
新年会	1/12	21名

2007年度の主な町会活動と参加者

「都心型」30代の単身女性の住まい

■「都心型」30代の単身女性／7階在住
秋葉原という街にはそれほど魅力を感じていないというが、好立地を気に入っているという。電車が何路線も通っているので、自分の通勤にはもちろん便利だが、友人が訪ねてくるのにもとても便利である。

納涼会の様子

「アキバ型」50代の単身男性の住まい

■「アキバ型」50代の単身男性
パソコン好き。新製品等は品定めと称し大型電気店へ下見へ行き、実際は小さな専門店が並ぶ通りで購入する。リビングにはもちろんノートパソコンが何台も並んでいるが、普段すごしている個室には数えきれないほどのパソコンが並べられ、さらにウォーキングクローゼットにもパソコン本体やサーバーなどが並んでいた。

納涼会で使用されているコップ
箸・皿とともに千代田区から支給されたもの。町会活動に区も積極的な姿勢であることがうかがえる。

「下町型」70代の夫婦の住まい

■「下町型」70代の夫婦
もともと秋葉原に住んでおり移住した。以前住んでいた家の近所の友人に会いに行ったりと楽しんでいるが、このマンションでは近所付合いがしにくいと感じている、と話していた。

■どんな人がどんな理由で住むのか

マンションを購入した理由を問うと圧倒的に「駅に近い」「都心に近い」が挙げられている。徒歩2分で駅に着き交通の便も良いこの立地を重要視して購入を決めたことがわかる。注目すべき点は「周辺環境が良い」と回答した居住者が少ないことである。秋葉原には日常に必要なものがすぐに購入できる店は少なく、世間一般に知られているように「パソコン」「アニメ」などの店が多い。インタビュー調査で話を聞くと、毎日が職場と家の往復のみという単身者やDINKSが多く住んでいると感じた。

■家族形態と個人向きプラン

東京タイムズタワーの居住者を家族形態で分類し、他の超高層集合住宅と比較した。東京タイムズタワーでは単身者の割合が非常に高く、ファミリーの世帯数の割合が非常に少ない。この理由は前項に述べた通り立地の問題が大きいと推測される。

販売時の基本プランを住戸タイプ別に分類すると、この超高層集合住宅が個人向きであることがわかる。マンションのプランの定型である3LDKは全体の16％ほどしかなく、残りは1LDK、2LDKのプランである。60～70㎡で1LDK、2LDKのプランをこれだけの割合で確保しているところから、この超高層住宅は単身者やDINKS向けであるといえる。中高層集合住宅に見られる「80㎡=3LDK」の定型はこの超高層住宅では成り立たない現状がここにある。

■特殊立地が生むライフスタイル

この東京タイムズタワーの居住者をアンケート結果をもとに、3つのグループに分類した。分類は秋葉原を特徴的に6区画に分け、普段の生活でどの場所に行くかや、秋葉原に対する考え方などから推測した。秋葉原という街にはこだわらずに都心に住むことを重視する「都心型」、秋葉原の文化に興味や関心を持つ「アキバ型」、以前より秋葉原に居住しており秋葉原に親しみを持っている「下町型」である。インタビュー調査でそれぞれのグループの代表的な方に話を聞くことができた。

それぞれ居住の理由は違うが、秋葉原という特殊な立地が生み出したライフスタイルであることがわかる。

■町会への積極的な参加

この東京タイムズタワーは超高層集合住宅では珍しくほぼ全世帯が町会に加入している。というのも、この地区はかつて青果市場があり、ここを中心に下町のコミュニティが盛んであり町会も存在していたが、青果市場の移転とともに町会は消滅した。しかし2007年に東京タイムズタワーを中心に連合町会へ参加することとなった。町会の活動には一斉清掃や納涼会、新年参拝などがある。活動によって参加人数にばらつきがあるが、アンケート調査を行ったところ、こういった活動について半数以上が認知をしており積極的に参加したいと回答した居住者が半数近くいることがわかった。特に納涼会については認知度も高く参加経験者も多い。天気が良い年は屋外で開催するが、昨年は天候が悪く屋内の共用施設で開催した。当日は小さい子どもから年配の方まで幅広い年齢層の居住者が参加していた。超高層集合住宅ではコミュニティが希薄だと言われがちだが、ここでは実際にはこういった活動が見られる。このように地縁を持つきっかけがある超高層集合住宅は珍しいといえよう。

■超高層住宅の2つの側面

秋葉原という一般的に住む意識が薄かった街に建つ超高層住宅からは2つの側面を見ることができた。「個」を楽しむライフスタイルと、町会を通じて「コミュニティ」を持つライフスタイルだ。多人数が居住するうえでこの2つは重要な要素であると考えられる。そして超高層住宅の居住者がこの2つの要素を意識しながら生活することが、その超高層住宅全体の価値につながるのではないだろうか。

【参考文献】
1) 杉山文香・友田博通「L-Hall型住戸プランの評価とその可能性-超高層住宅の商品企画調査-その3」(『日本建築学会大会学術講演梗概』2006)
2) 田中貴和子「進化するオタク文化と住居環境で揺れる秋葉原」(『昭和女子大学卒業論文』2009)

コラム01

高級アパートメントのプランニング

写真左はエントランスパビリオン。ケヤキ通りレベル（駐車場階）、車寄せのあるメインロビーレベル、人工地盤レベルを結ぶ縦動線で、2つの超高層棟の中央に位置する。水が流れるガラス屋根越しに住棟を仰ぎ見ることができる。床はガラスブロック打込みPC版。
写真下、車寄せには居住者の送迎のため、20台の車が待機できる。

（撮影：エスエス東京）

六本木ヒルズレジデンス全景。左（西）からレジデンスA（RC6F35戸）、B（CFT制震43階333戸）、C（CFT制震43階198戸）、D（RC免震18階227戸）、計793戸。A、Bは権利者住宅が主体。Cは高級賃貸住宅。Dはサービスアパートメントが主体。

　何をもって高級アパートメントと呼ぶか。立地や仕上げ、設備などのグレードはさておき、六本木ヒルズレジデンスにおいて求められた「高級」の中身を検証してみる。

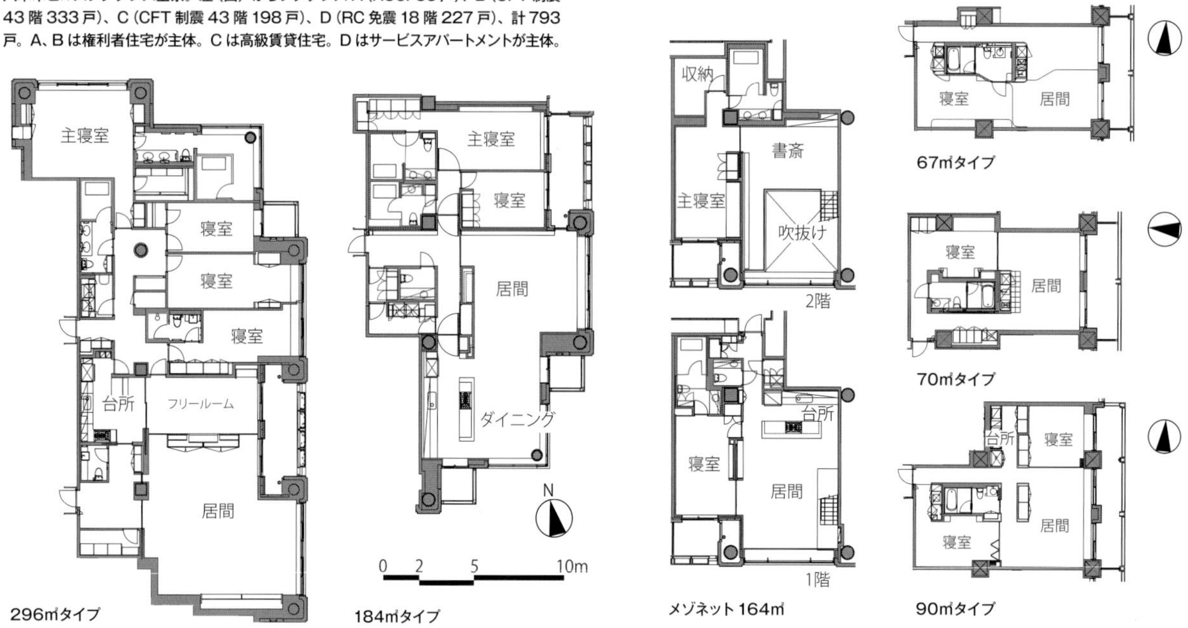

　1つには、利便性に加えて運営側のサービスの充実が挙げられる。コンシェルジュによるホテル並みのフロントサービス、スパやメディカルケアなど付帯施設による豊かな時間の提供、ホスピタリティーに裏打ちされたサービスが高級の証である。

　冷蔵庫をはじめとする設備機器は備え付けで、クローゼット等の収納も十分用意されているため、転居するのも容易だ。中には、同じ建物内の異なるデザインテイストの部屋に移ったり、2〜3年住んでは新しくできた呼び声の高いマンションに住替えていく人もいるという。

　サービスアパートメントには、家具・食器類、各種電化製品、リネンまで備えられており、ホテルと同等のサービスを受けられる。家族を呼び寄せて長期滞在する外国人の減少を背景に、プロジェクト単位での中長期滞在者を想定して企画されている。職住近接でありながらホテルとは違う、自分の家にいる感覚で過ごせる空間が必要とされているのである。

　プランニングにおいては欧米式の生活スタイルを前提としている。通常のファミリーマンション市場では、4寝室を要求されることのある90㎡程度の住戸でも、あえて2寝室とすることによって、空間のデザインが可能となる。食べて寝るだけの空間から、生活を楽しむ居住空間への質的転換が読み取れる。

　上に「六本木ヒルズレジデンス」の賃貸住戸プランを掲げる。「296㎡タイプ」はG2デザインスタジオがデザインした大型住戸。通用口からキッチンに直接サービスできるのでケータリングによるパーティーも可能だ。ダイニングルームはガラスパーティションを引き込めば、来客時にファミリールームとしても使える。主寝室はビューバス付きで、窓外の夜景を楽しみながら一日の疲れを癒すことができる。「184㎡タイプ」と「メゾネット164㎡タイプ」はコンラン&パートナーズのデザイン。パブリックゾーンには日本的な設えである大型引き込み戸を多用し、上がり框のない玄関を経由した回遊動線を設けている。アイランドキッチンを中心とした家族の団らんがメインテーマである。

　「67㎡タイプ」、「70㎡タイプ」、「90㎡タイプ」6はコンランによるサービスアパートメント。回遊型で、ベッドゾーンの可動間仕切りを開ければワンルームになる。　（渋田一彦）

02 共用空間でつながる住まい

　集合住宅が他の住宅と決定的に違うのは「集まって住む」ことである。そこでは、集まって住むことによるメリットが最大限に活かされる計画が求められる。
　リビングやコモンのような共用空間を家族を超えて共有するコレクティブハウス、シェアハウスに生活することに価値を見出す住まい方がある。そこでは、単なるハードの共用空間の計画だけでなく、心地よく使いこなすための運営やソフト面での工夫が求められる。生活するうえで共用空間がどのように活かされるかが重要な視点となる。
　一般的な集合住宅でも、共用空間は住まいの快適性、豊かさを生み出すために、計画的・空間的なプラスの価値を生み出すようになってきている。経済的な要因で設定されることが多いが、いかに使われる空間になるかが集合住宅の価値を左右するものになる。これらの空間で何が起こるのか見ていくことで、計画のヒントを得たい。

他人と同居するゲストハウス
ホテルと賃貸住宅の間にある住まい

名称：ハウスNY　所在地：東京都豊島区　管理戸数：ドミトリー２部屋（各部屋男性６人）
名称：ゲストプレイスMS　所在地：東京都江東区　管理戸数：シェア24ベッド、シングル８部屋（定員32人）

ゲストハウスは、1つの住宅に非血縁関係の人々が複数で同居する住まいである。シェア居住の1つの形態であり、台所や風呂、トイレなどの空間や設備を共同で利用している。主に業者が専門的に経営または管理しており、家具、家電、日常生活における備品が付属している。また、共用空間の清掃などは自主管理ではない場合が多い。最近はゲストハウスをシェアハウスまたは、シェア住宅と呼ぶ業者も増えている。

ゲストハウスの多くは既存建物が利用されており、戸建て住宅や社宅、雑居ビルを単身者向けシェア住宅として活用している。

現在、ゲストハウスを含むシェア居住が注目されている理由は、①敷金・礼金がなくデポジット制による経済性、②ホームページでの入居者募集により不動産探しなどの無駄な時間の節約、③1か月からの契約期間により自分のライフスタイルによって多様な住まいの経験が可能、④家具や家電類などの備品があることによる合理性、⑤都心立地によって交通アクセスがよいなど通勤や通学などへの利便性、⑥共同生活による防犯面などにおける安心感、⑦共同生活の楽しさなどのメリットから、経済性と合理的な都心居住を求める単身者に受け入れられている。近年は家賃の安さだけではなく、ワンルームマンションと同家賃でも、好立地で住環境が整っているクオリティの高いシェア居住を望む居住者も増えている。

（丁 志映・稲葉その子・小林秀樹）

◉参考事例

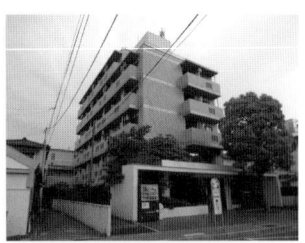

シェアプレイス五反野、東京都足立区、全48戸、6階建て、定期借家権、社員寮を改修

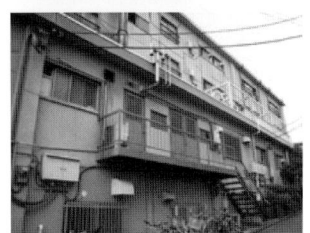

オークハウスたまプラーザハウス、神奈川県横浜市、定員106名、社員寮を改修

●定員の少ない事例：ハウスNY
- 所在地：東京都豊島区
- 管理会社の自社ビル内の麻雀屋の退去で、ゲストハウスへとコンバージョン
- 管理戸数：ドミトリー２部屋（各部屋男性６人）
- 管理開始年：2005年４月
- 家賃：4.2万円（2005年６月時点）
- 入居時負担金：デポジット１万円、家賃４万２千円
- 共用空間：ラウンジ（リビング）、DK、トイレ、洗面所、コインシャワー、屋上洗濯干場
- 生活ルール：共用ルーム以外禁煙、友人の宿泊禁止

大家がいつも居住者を気にかけており、差し入れをしたりちょくちょく顔を出している

コインシャワー：脱衣所にはたくさんのタオルがかけられている

玄関の下駄箱

リビングには共用のPCが置いてある。居住者の使用頻度が高い

ドミトリー：１室に６人の男性が共同生活をしている

洋服などは床にきれいに並べている

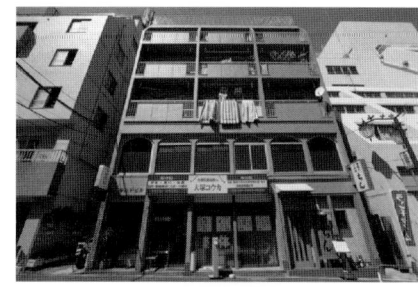

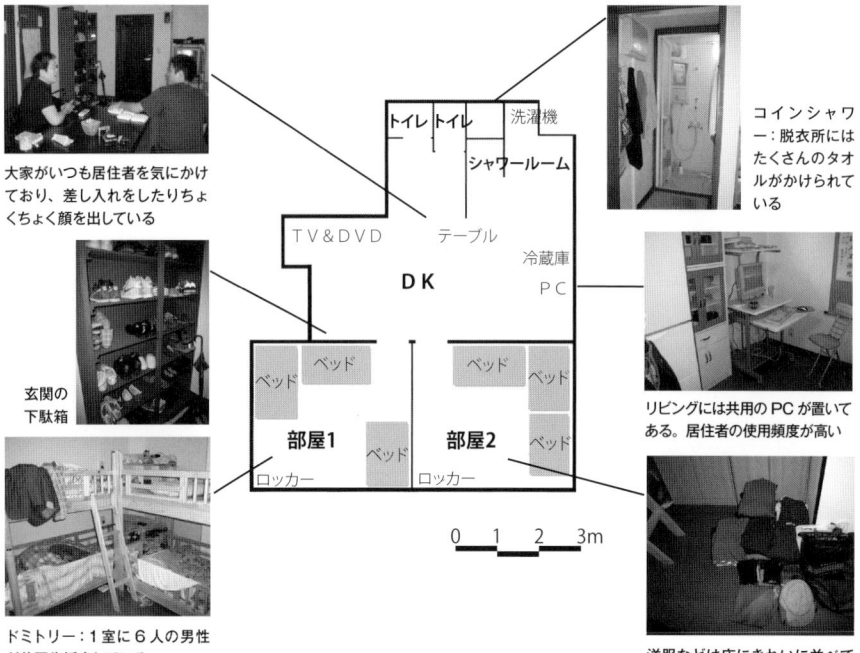

●定員の多い事例：ゲストプレイスMS
- 所在地：東京都江東区
- 地下１階、地上３階建ての料亭を改修
- 管理戸数:シェア24ベッド､シングル８部屋（定員32人）
- 家賃:シェア3.8･シングル7万円前後(2005年8月時点)
- 入居時負担金：デポジット、家賃
- 共用空間：リビング、DK、シャワールーム、トイレ、PCルーム
- 生活ルール：タバコは玄関でのみなど

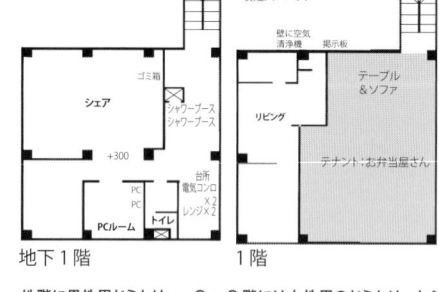

地階に男性用ドミトリー、２～３階には女性用のドミトリーとシングルルームがある。１階の一部はテナントとして賃貸している

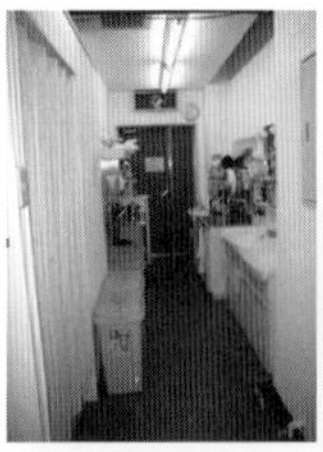

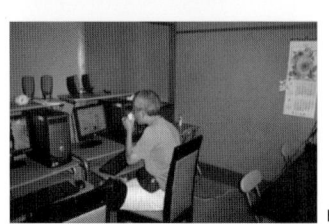

共用台所

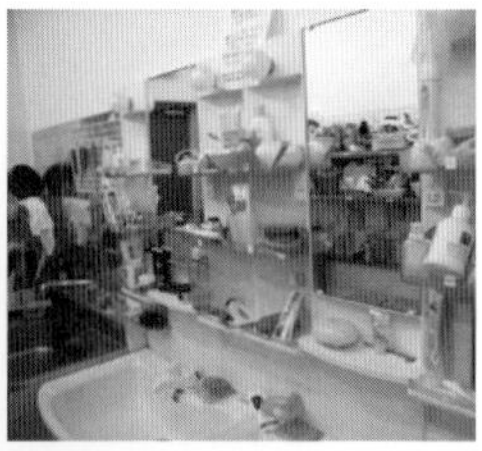

洗面台

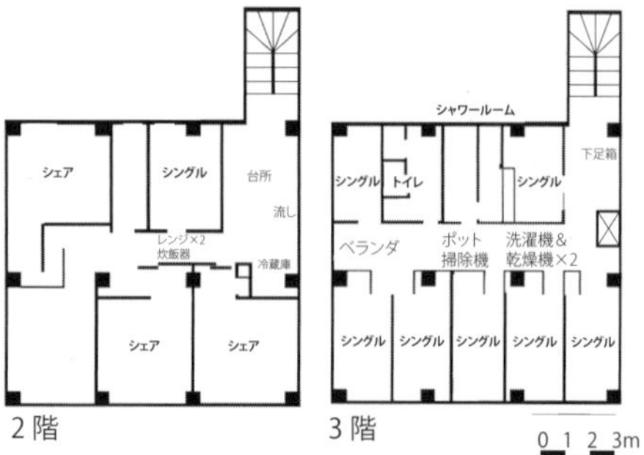

PCルーム

居住者の基本属性

(N=112)

性別	女性 59% 男性 41%
職業	その他 9% 無職 6% 自由業 5% パート・アルバイト 25% 学生 6% 会社員 49%
年齢	40代 7% 30代 29% 20代 63% 10代 1%
居住期間	2年以上 11% 2年未満 5% 1年半未満 11% 1年未満 25% 6か月未満 28% 3か月未満 15% 1か月未満 5%
入居理由（複数回答）	経済的 64%（男31　女41） 立地の良さ 52%（男22　女36） 美しさ 42%（男23　女24） 安心感 20%（男3　女19） 居住経験がある 18%（男5　女9） セキュリティ 3%（男0　女3） その他 23%（男11　女15）

部屋のタイプと選択理由

(N=112)

順位	シングルの選択理由		ドミトリーの選択理由	
1	プライバシーの確保	54%	家賃の安さ	57%
2	荷物の収納	15%	寂しくない 短期間入居	7% 7%
3	家賃の安さ	7%	−	−
4	短期間入居	3%	プライバシーの確保	5%
5	その他	19%	その他	24%

※複数回答

共用空間と部屋での行為

(N=110)

規模	部屋タイプ	共用空間での行為		部屋での行為	
A	シングル(N=31)	食事	25%	就寝	41%
		おしゃべり	23%	趣味	31%
		PC	21%	仕事・勉強	24%
		TV／ビデオ鑑賞	18%	その他	4%
B	シングル(N=19)	食事	27%	就寝	40%
		おしゃべり	23%	趣味	30%
		PC	21%	仕事・勉強	26%
		TV／ビデオ鑑賞	18%	その他	4%
	ドミトリー(N=16)	食事	25%	就寝	47%
		おしゃべり	21%	趣味	25%
		PC	17%	仕事・勉強	22%
		TV／ビデオ鑑賞	19%	その他	6%
C	シングル(N=14)	食事	32%	就寝	39%
		おしゃべり	32%	趣味	31%
		PC	7%	仕事・勉強	22%
		TV／ビデオ鑑賞	25%	その他	6%
	ドミトリー(N=30)	食事	27%	就寝	50%
		おしゃべり	24%	趣味	16%
		PC	16%	仕事・勉強	32%
		TV／ビデオ鑑賞	20%	その他	2%

※共用空間と部屋での行為は、4順位まで示す／A(10人以下)、B(11〜30人)、C(31人以上)
※A規模ドミトリーは、データ数が2と少ないために、分析対象から除いた／複数回答

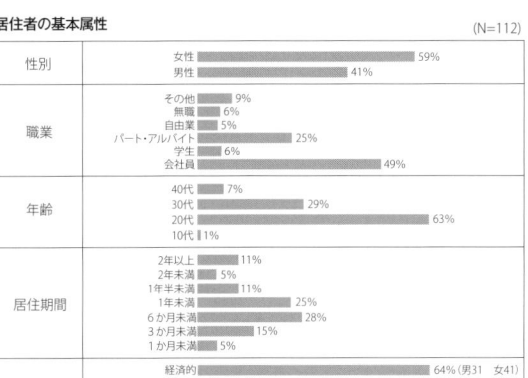

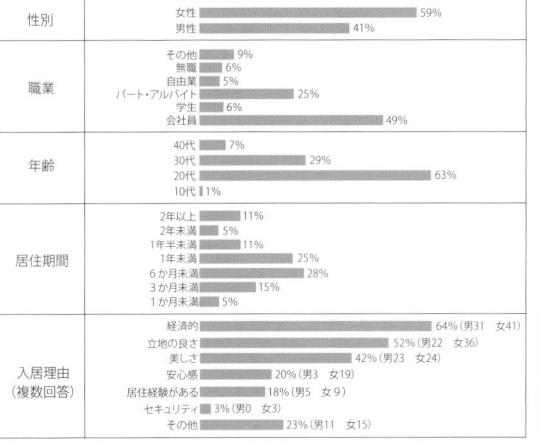

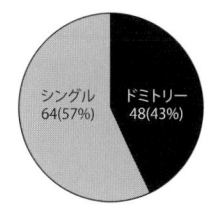

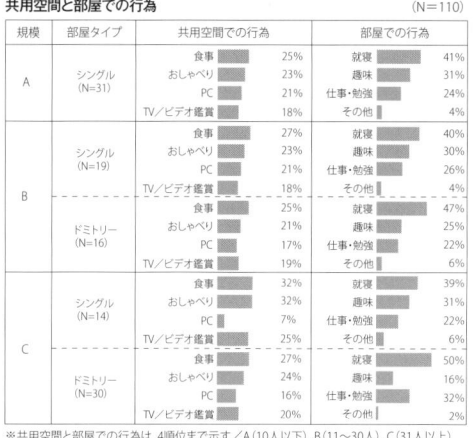

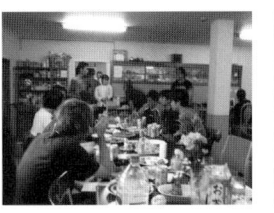

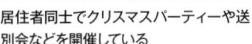

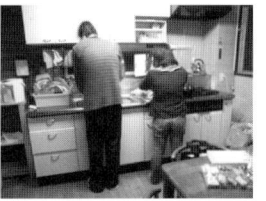

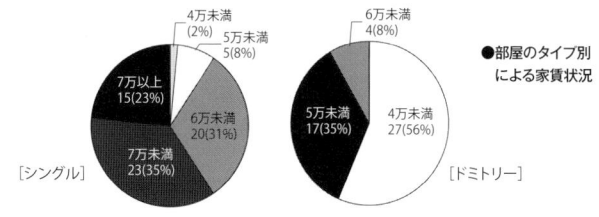

居住者同士でクリスマスパーティーや送別会などを開催している

外国人居住者と一緒に夕飯をつくりながら会話をしている

●部屋のタイプ別による家賃状況

共用空間での滞在時間

※シングル（左）、ドミトリー（右）、平日（上）、休日（下）

■ 1時間未満　□ 2時間未満　□ 3時間未満　□ 3時間以上
※A（10人以下 N=33）、B（11人〜30人 N=35）、C（31人以上 N=44）

共用空間の設備の一覧

食堂／台所	共用TV、ビデオデッキ、テーブル、椅子／食器、調理器具、冷蔵庫、炊飯器、電子レンジなど
洗濯室	洗濯機、乾燥機
リビング	無線LAN、共用PC、テーブル、ソファ、椅子など
その他	掃除機など

居住者間の交流内容とイベントの有無

(N=112)

規模	交流の有無		居住者間の交流内容		イベントの有無	
A	ある	100%	あいさつ	27%	ある	66%
	ない	0%	おしゃべり	24%	ない	34%
			一緒に食事	19%		
			テレビ観賞	15%		
			外出	14%		
B	ある	97%	あいさつ	34%	ある	66%
	ない	3%	おしゃべり	26%	ない	34%
			一緒に食事	15%		
			テレビ観賞	19%		
			外出	6%		
C	ある	95%	あいさつ	26%	ある	37%
	ない	5%	おしゃべり	25%	ない	63%
			一緒に食事	20%		
			テレビ観賞	17%		
			外出	12%		

※A(10人以下:N=33)、B(11-30人:N=35)、C(31人以上:N=44)
※A規模ドミトリーは、データ数が2で少ないために、分析対象から除いた

※表と図は、東京・横浜・川崎にある50か所のゲストハウスに住む783人の居住者へのアンケート調査（2005年、回収112票）をもとに作成

■ホテル的短期滞在利用者と一般賃貸住宅的利用者が混在

ゲストハウス居住者は女性が男性より多く、年齢は20歳代～30歳代がもっとも多い。また、定職と呼べる職業に就く居住者が多く、必ずしも学生や無職などの収入不安定層ばかりではない。居住期間は1年未満の居住者が多数を占めるが、2年以上の居住者も1割強おり、ホテル的短期滞在利用者と一般賃貸住宅的利用者が混在していることがわかった。ゲストハウスの入居理由としては、「経済性」＞都心という「立地」＞共同生活による「楽しさ」＞「安心感」の順である。本調査で対象としたゲストハウスの多くは、礼金・敷金のないデポジット制がほとんどで、家具なども備え付きの場合が多い。この点も、経済性と合理性を求める短期居住者らに支持されていると考えられる。

■共用空間は居住者間の円滑な交流を促す重要な場

シングルとドミトリー居住者の共用空間（LDKまたはDK）での滞在時間は長く、共用空間を通じて居住者のほとんどの人が何らかのかたちで交流を行っている。その中でもあいさつが一番多く、次はおしゃべり、食事（またはテレビ/ビデオ鑑賞）の順である。特に食事をシェアする居住者は全体の半数以上であり、食事シェアは約束事や規制ではなく、自然的に発生したため、気軽に参加している。ゲストハウスの入居前の主な不安であった「人間関係」については、イベントや共用空間を介した交流から「不安が解消した」との答えが多かった。

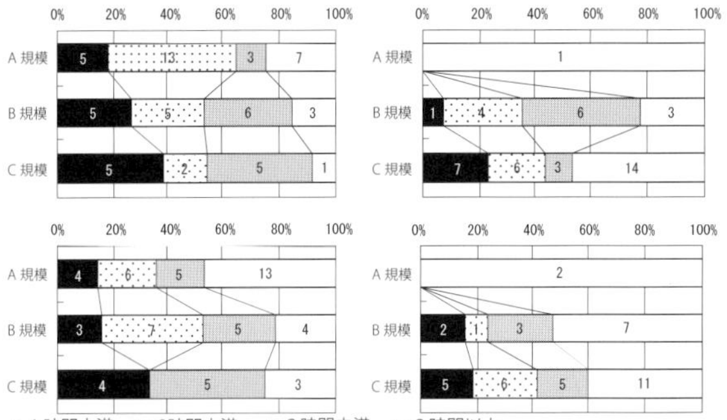

■住宅内のシェア適正人数は10人以下が望ましいのか

現在の居住者数については、30人以下の規模の居住者の約7割が「ちょうどよい」と回答し、31人以上の規模の居住者4割は「多い」と回答した。その理由としては、「共用空間に人が多すぎるとイライラする」や「共用空間にみんな集まると狭い」という自由回答が見られ、共用空間の広さや設備に不満を感じていることがわかった。

居住者は住宅における適正人数の条件として、『住宅内の居住者全員を認識できる人数』との回答がもっとも多かった。特に、「少なすぎると、嫌な人がいたときにつらい」、「性格の合わない居住者とはあまり話をしない」との発言も多く、一定の距離を保ちながらも居住者間のコミュニケーションが可能で、楽しいことのある生活を実現できる居住人数として、10人以下を望んでいる。しかし、共用空間でトラブルが発生した場合、通常居住者間での話し合いや大家への相談などでトラブルを解決することが多いが、少人数で居住者同士が問題解決を行う際は、人間関係の悪化を避けてトラブルを解決しないまま放置しておく傾向がある。

■地域社会との良好な関係構築の限界と大家の役割

ゲストハウスを含むシェア居住の社会的な認知度はまだ低い。そのため不特定多数の男女の出入りを不安に感じる地域住民が存在する。また、ゴミ出しや騒音、駐輪などについての管理会社のチェックが行われず、地域社会に迷惑をかけることも少なくない。見知らぬ土地で生活する単身者は、地域の情報も得られず、いざというときに対処の方法もわからないことが多い。また居住者間の関係悪化を懸念し、言いたいことを遠慮してしまう。今後、居住者間、地域住民との良好な関係を構築していくためには、大家（あるいは管理会社）が単身者と地域をつなぎ、地域の迷惑施設となることを防いでくれる重要な介在役を果たす必要があろう。

注）本調査は、主に稲葉その子が担当した。

【参考文献】

1）稲葉その子「都心部における単身者向けシェア居住に関する研究」（『千葉大学修士論文』、2005）
2）丁 志映 ほか「都心部における単身者向けのシェア居住に関する研究-ゲストハウスの選択理由と規模別による共用空間の使われ方」（『都市住宅学63号』pp.75-80、2008）

地域の中で暮らすシェアハウス
大家参加型ワークショップによる住宅づくり

名称：本郷のシェアードハウス（コミュりゅう）　所在地：東京都文京区　設計・監理：フォルムス（田中友章）　完成年：2005年　敷地面積：82.80㎡
建築面積：62.17㎡　延床面積：191.00㎡　大家邸の建替え：地下1階、地上1階（大家）、地上2〜3階（賃貸）
企画化と事業化：総括アドバイザーが介在　設計：コンペ方式で決定　大学研究室によるワークショップ実施と入居後の生活コーディネート　居住者：男1人、女3人

シェア居住とは、昔ながらの寮や下宿のように、台所や風呂、トイレなどの空間や設備を共同利用する住まい方である。シェア居住は、住宅形態、立地、居住者の年齢・性別、入居定員、入居動機、部屋のタイプ（シングル／ドミトリー）、家電・家具などの設備の有無、共用空間の管理および利用状況などによってさまざまなタイプがあり、大きく「ルームシェア」、「ハウスシェア」、「ゲストハウス」などに分けられる。シェアハウスは、主に既存の一軒家を借りて、非血縁関係の人々が複数で同居する住まいであり、シェアハウス、シェアードハウス、ハウスシェアと呼ばれる。シェア居住の普及の理由としては、シェア型住宅の経営者（大家）や居住者の海外の留学先、旅行先でのシェア居住経験が増えたこと、インターネットの発達によりルームメイト募集やルームシェア可能物件などのウェブサイトも多く見られるようになったことが指摘されている。

「本郷のシェアードハウス（コミュりゅう）」は、大家と入居希望者がワークショップを通じて、ハウスシェアという新しい住まい方のイメージづくりや相互の信頼関係が育まれた事例である。地域に住み続けている大家の存在は、居住者の精神的安心につながっており、居住者が入れ替わっても、大家の居住者への働きかけなどによってシェアハウスと地域住民との良好な近隣関係が継承されていく。　　　　（丁 志映・小林秀樹）

シェアハウス「コミュりゅう」の周辺環境（歴史的な街並みが残るエリア）

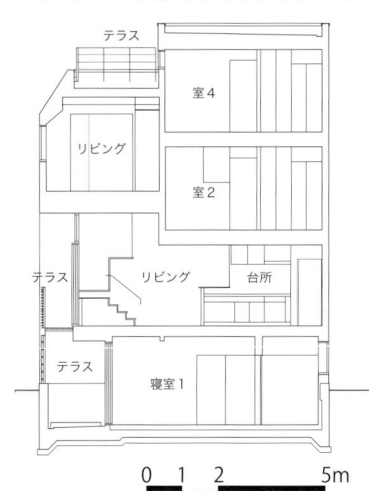

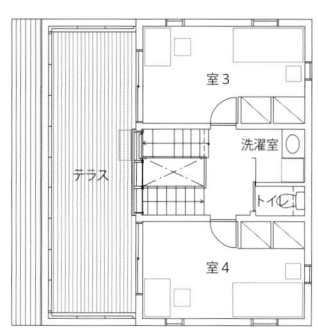
レベル4 平面図

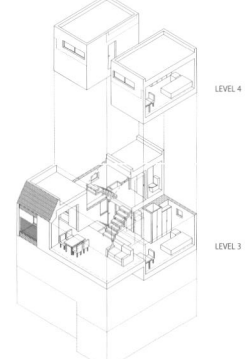
レベル4　屋上レベルに個室が2室　屋上テラスに面してハイサイド窓の設置

レベル3　南側に共用のリビングと台所を設置　半階下がったレベルに個室が2室

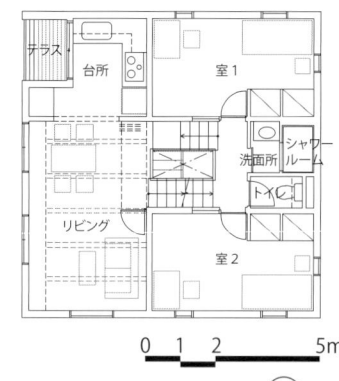
レベル3 平面図

●参考事例

松陰コモンズ、東京都世田谷区、7部屋（定員7名）、2002年管理開始、NPO法人が事業主体

シェアハウスシオン、東京都台東区、4部屋（定員20名）、2002年管理開始、管理会社が事業主体

共用台所とリビング

個室

入居前・後の事業とワークショップなどのスケジュール

2004年						2005年												2006年	
春	5月中旬	6月5日	6月12日	6月22日	11月14日	1月23日	2月15日	2月23日	3月12日	3月	4月	9月	10月	10月30日	11月4日	11月中旬	12月	1月14日	2月23日
計画開始	コンペ募集	コンペ締切	当選作決定	第1回設計打合せ	第1回ワークショップ	第2回ワークショップ	施工者決定	第3回ワークショップ	第4回ワークショップ	設計終了	着工	居住者募集開始	竣工	内覧会	入居者決定	入居開始	御近所茶話会	第1回ミーティング	第2回ミーティング

ワークショップ実施前・後の計画変更

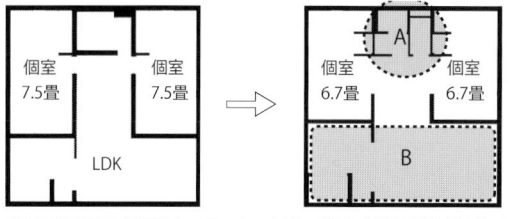

LV3の平面変更：浴槽をシャワールーム(A)へ変更、個室面積を縮小して共用LDK面積(B)を拡大

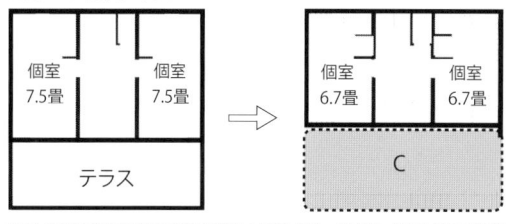

LV４の平面変更：個室面積を縮小して(7.5畳→6.7畳)、共用テラス面積(C)を拡張

ワークショップ（１～４回）の概要と効果

ＷＳ	内容	ＷＳの効果図と各ＷＳの様子
第1回	■開催：2004年11月14日(10：30～12：00) ■参加者：一般参加者8名（男性：4人　女性：4人） 20代～70代、学生や会社員など ■ＷＳ目的： ①2005年1月決定予定の実施設計のプランに対し、入居希望者のニーズ把握 ②ＷＳ参加者の集まって住むイメージの創造など	
第2回	■開催：2005年1月23日（10：30～15：00、昼食時間含む） ■参加者：一般参加者5名（男性：5人　女性：0人） 20代～70代、学生や会社員など ■ＷＳ目的：計画地周辺の様子を知ることで、日常生活のイメージを形成	
第3回	■開催：2005年2月23日（10：30～13：00） ■参加者：一般参加者13名（男性：5人 女性：8人） 20代～70代、学生や会社員など ■ＷＳ目的： ①コレクティブハウスKの見学を通して、共同空間の利用や住まい方などを把握 ②Ｃ住宅とコレクティブハウスKの類似点や相違点を見出し、住宅づくりに生かすこと	
第4回	■開催：2005年3月12日（10：00～15：00） ■参加者：一般参加者7名（男性：5人 女性：2人） 20代～70代、学生や会社員など ■ＷＳ目的： 【第1部】都心部の小規模シェアハウスとして共通点を持つシェアードハウスSを見学し、共同生活の実態と住まい方を把握 【第2部】Ｃ住宅の企画に参考になること、応用できることを導き出すことで、具体的な生活イメージづくりや住まいルールの知見とすること	

大家参加型ワークショップによる大家と参加者の意識変容

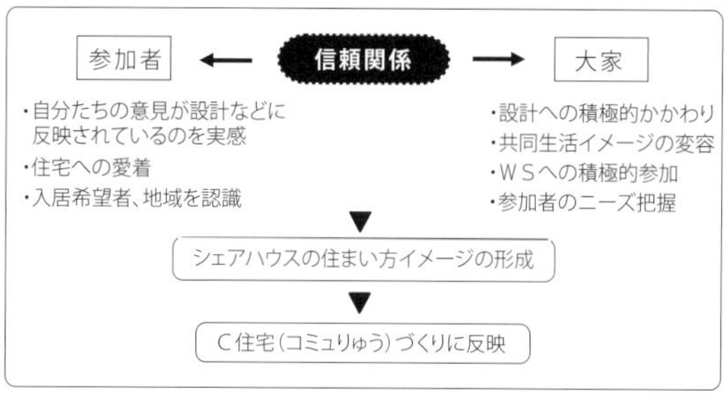

入居後の居住者間や近所との交流

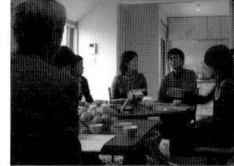

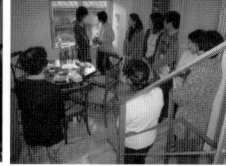

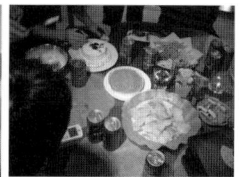

大家と居住者のミーティング

近所との茶話会

居住者の誕生日パーティー

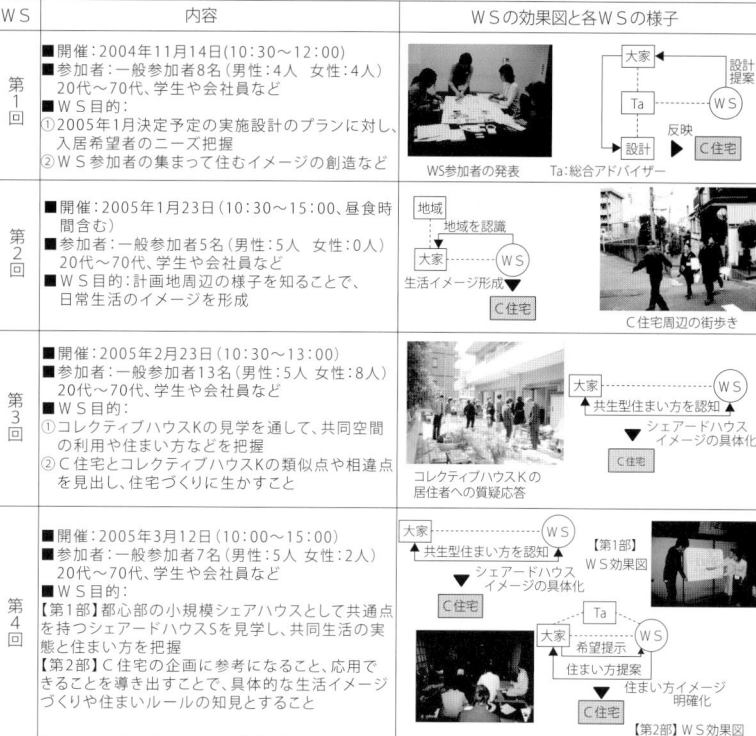

■未知の点が多い新築タイプの小規模シェアハウスへの試み

東京都文京区本郷に立地する小規模シェアハウス（名称：コミュりゅう）の計画にかかわったが、未知の点が多い空間計画や居住ルールを検討するために、大家と居住希望者が参加するワークショップ（以下、WS）を実施した。企画化および事業化にあたっては、総括的アドバイザーが介在し、企画の取りまとめや関係者の調整を行った。当初はコレクティブハウスを企画しており、設計はコンペ方式によって決定した。筆者らの千葉大学研究室は、入居希望者のニーズの把握などを目的としたWSを実施し、現在は入居後の生活コーディネートを行っている。

■大家参加型WSは新しい居住形態に有効か

本事業の計画経緯は、大家が戸建て住宅の建替えに際し、留学経験を持つ長女に海外シェアハウスの話を聞いたことと、地域の将来のために単なるワンルームをつくることはしたくないとの意向を持っていたことである。それで、新築による単身者向けの４室の小規模シェアハウスを計画し、国籍や年齢を問わずに周辺相場よりも安い家賃設定での賃貸を企画することとした。

WSの参加者は、計画地周辺の大学生や社会人が多く、大家夫妻も一員として毎回のW.Sに参加した。WSを通じて大家と参加者の意識に大きな変容が見られた。大家は、WSで参加者との討議を経ることで、共用空間の重要性を感じ、参加者の意見を住宅に反映させようという意識が芽生えた。この方向性は設計者が断面計画における構造的合理性を高めるために提案した変更と同じだったこともあり、住宅の設計変更（個室面積を7.5畳から6.7畳へと縮小して共用部面積を拡大、浴槽をシャワールームへ変更）がなされた。また参加者は計４回のWSで、集住や地域で暮らすイメージづくり、他の共生型住まいの見学などから、共同生活における楽しみの形成と不安の解消をし、住まいづくりに自らが参加することへ発展した。以上のように、WSを通じて空間計画や居住ルールのヒントが得られるだけではなく、大家と参加者の間に信頼関係が育まれ、双方に意識変容がもたらされたことがわかった。

■入居者募集方法と選定の問題解消

入居者募集は、WS参加者に加えて、計画地周辺の食堂、大学の学生課や留学生センターなどにポスターを掲示し、インターネット上のルームシェアの募集掲示板に案内を出した。最終的にWS参加者については、突然の募集条件の変更により経済力のない学生は入居ができなくなり、また入居に前向きであった社会人も入居時期が合わないとの理由で断念し、WS参加者の最終応募者はゼロであった。しかし、WSに参加しなかった居住者に対して、大家が事前に計画の理念を説明しており、このことが、新しい住まい方の定着を円滑に促した。また、WSで示された設計変更や住まい方イメージが入居者に受け入れられており、WSの効果が確認できた。

■他人となじんでいく住まいと課題

入居後は、風邪をひいて寝込んだ居住者を大家が見舞う、病院を教えるなど、近くにいる大家の存在は、居住者にとって安心感へとつながっている。また居住者が勤務先でのイベントや誕生日パーティーなどに大家を誘うなど、大家と居住者間の自然な交流が発生している。研究のために家族と離れてシェア居住をしている50代の大学研究員は、「同居人は３名の30代のキャリアウーマンだが、彼女たちが仕事などで帰宅が遅くなると自分の子どものように心配で、全員を待っている」という。しかし、今後退去時の対応、居住者の性別、生活上のルールなど、４戸という小規模が持つ意味を明確にする必要性があると思われる。

【参考文献】
1）「Topics 居間や水まわりを共有する賃貸住居 - 現代版下宿「シェアードハウス」で適度な交流」（『日経アーキテクチュア』822号、2006）
2）丁 志映 ほか「大家参加型ワークショップによる小規模シェアードハウス計画に関する研究」（『日本建築学会住宅系研究論文報告会論文集1』pp.23-30、2006）
3）丁 志映 ほか『若者たちに住まいを！ - 格差社会の住宅問題』岩波書店、2008

コレクティブハウス
集まって住むことで、より豊かに、便利に

名称：コレクティブハウスかんかん森　所在地：東京都荒川区日暮里「日暮里コミュニティ」2、3階部分　入居開始：2003年
規模：「日暮里コミュニティ」敷地面積：2,800㎡　「コレクティブハウスかんかん森」延床面積：約2,000㎡　戸数：28戸

家族人数が減少し、従来の血縁や地縁にもとづくつながりが薄れてきている。そんな中、仕事と家庭生活との両立、子育て、孤独など、ひとり暮らしや小さな家族だけでは解決できない問題を、集まって住むことで解決するオルタナティブな住まいが、コレクティブハウジングである。

コレクティブハウジングは、北欧を中心に、1970年代に生まれた。真の豊かさとは何かを追求し、自分らしい生き方や暮らし方を実践することを目指して生まれた住まいである。

日本では、2003年に本格的な民間による、賃貸の「コレクティブハウスかんかん森（以下、かんかん森）」が登場した。居住者自身による住運営・管理を行ういわゆる"セルフワーク型のコレクティブハウス"第1号である。

「かんかん森」の空間の特徴は、コンパクトな専用住戸と、各住戸面積から13％を供出して生み出される住戸の延長としての共用空間の存在である。中でも、キッチンやダイニング、リビングがあるコモンルームは、コモンクッキングやコモンミールと呼ばれる協働での調理や食事が行われる中心的な共用空間である。「かんかん森」の住運営・管理は、居住者組合「森の風」をつくり、定例会を中心に運営し、コモンミールや掃除などを当番制で行っている。

家族を超えた日常的なつながりを持つ、住宅内のしかけがあるコレクティブハウジングは、今後の日本における暮らし方の1つの回答といえるだろう。
（大橋寿美子）

●参考事例

「コレクティブハウス フェルドクネッペン」
「かんかん森」の手本となったスウェーデンのコレクティブハウスである。公共の賃貸コレクティブハウスで「40歳以上で、学齢期の子どもが同居しない」という条件がある。入居15年以上経過した現在も積極的で安定した住運営が行われ、住みこなしの先進事例として参考になる。

「日暮里コミュニティ」外観
この2、3階部分が「コレクティブハウスかんかん森」

コモンルームでのコモンミール

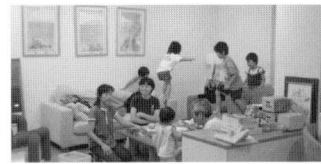

コモンリビングで遊ぶ子どもたち

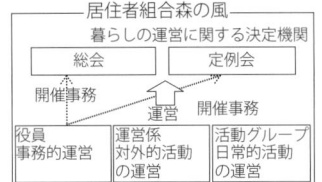

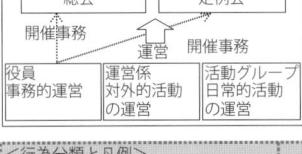

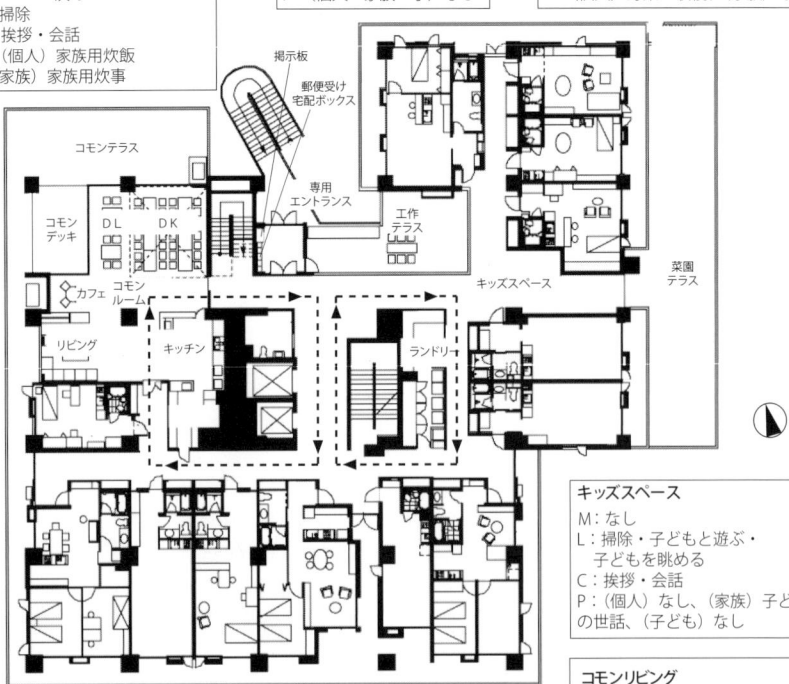

コモンスペースの利用から見たライフスタイル分類

Type	コモンスペースの利用		勤務形態	主な家族構成	主なライフステージ	コモンミールへの定刻での参加	コレクティブ活動・住運営への参加	コミュニケーション	該当者数（人）
I	私的生活／コモン	昼から利用され、自宅の延長としてコレクティブ活動だけでなく私的な生活行動や交流が見られる	無職在宅勤務	単身	自由期活動期（在宅勤務者）	ほぼ参加している	積極的な活動	日常的なコミュニケーションの中核メンバーがいる	5
II	私的生活／コモン	帰宅後や休日などに利用され、交流が見られる	常勤パートタイム	単身夫婦+子のみ母+子	活動期安定期	ほぼ参加している	積極的な活動	日常的なコミュニケーションの中核メンバーがいる	7
III	私的生活／コモン	休日や時間のあるときに利用する		単身	自由期 1	ほとんど参加していない	積極的な活動	メールでのコミュニケーションが多い	3
IV	私的生活／コモン	コモンミールの当番のときに利用する。基本的にコモンルームはあまり利用しない		単身	安定期	ほとんど参加していない	時間があるときに活動	特に平日はあまりコミュニケーションがない	8

居住者の変化

		入居5年後	入居3年後	入居1年後
性別	男性	9	14	10
	女性	18	27	26
年齢	10代未満	3	5	1
	10代	0	1	2
	20代	1	9	7
	30代	6	5	4
	40代	3	4	4
	50代	4	8	8
	60代	6	8	5
	70代	2	0	4
	80代	1	2	1
家族型	単独	19	22	21
	（シェア居住）	2	8	6
	夫婦	0	4	8
	夫婦+子	4	7	3
	母+子	4	8	4
	合計人数	27	41	36

一括借り上げ契約の仕組み

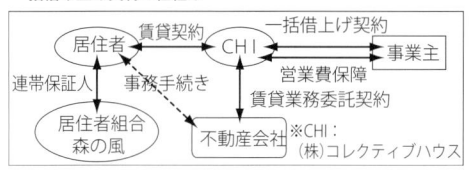

※CHI：（株）コレクティブハウス

入居後の暮らしの変化

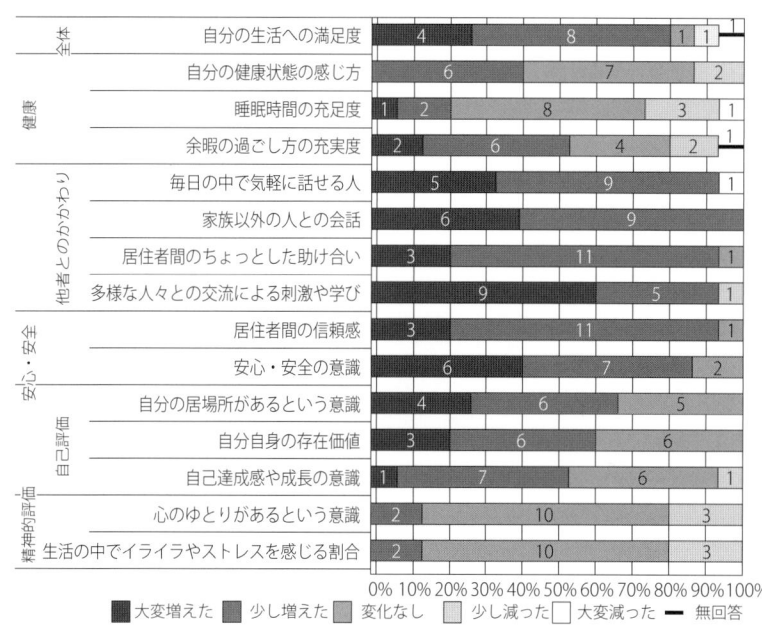

■ 大変増えた　■ 少し増えた　□ 変化なし　□ 少し減った　□ 大変減った　― 無回答

■子どもから高齢者まで暮らす多世代居住

計画意図であった子どもから高齢者まで共に暮らす多世代居住が実現している。性別では女性が、家族世帯別では単身者が、多く見られる。特に入居5年後以降は、30〜60代の単身者が多くなり、夫婦のみ家族や夫婦と子による家族が減少傾向にある。

■多様なライフスタイルの居住者

コレクティブの居住者はみな同じようなライフスタイルだと思われがちである。実際は、多様な働き方の人が、それぞれ自分のライフスタイルに合ったコレクティブ活動やコミュニティとの距離を選択して、コモンルームを利用している。居住5年後の居住者のライフスタイルと、コモンルームの利用実態を分析すると、4つのタイプが見られた（表：コモンスペースの利用から見たライフスタイル分類）。居住者の働き方は、無職、在宅勤務者、常勤で夜遅く帰宅する人から定時で帰宅する人やパートタイム勤務者までさまざまである。コレクティブハウスでの生活は、仕事と自分の時間とコレクティブ活動との、時間のやりくりが求められる。自由裁量時間の多少が、居住者間での日常のコミュニケーションの持ち方に、基本的には影響してきていることが、調査結果から明らかとなった。しかし立ち上げ当初からのメンバーの中には表の「TypeⅢ」のように、時間にゆとりがなくとも住運営などのコレクティブ活動に積極的にかかわる人も見られ、豊かなコレクティブを創っていきたいという強い意志が感じられる。

■自宅の延長としてのコモンルーム

コモンルームでは同時に複数の多様な行為が共存し、居住者間行動だけでなく私的な個人や家族間行動が見られ、自宅の延長として位置付けられる。もっとも利用頻度が高いのが、コモンルーム内の吹抜け部のダイニングで、コモンミールやコミュニティ形成の中心的な場所である。特に入口付近は、帰り際の立ち寄り会話など、なにげない交流が見られ、テラス側では少人数での話し合いなどでも使われている。天井が低いダイニングでは、仕事などの個人的な作業が多く見られるのが特徴である。またリビングでは、子どもの遊び、寝転ぶ、読書などの私的なくつろいだ行為が見られる。居住者自身が手を入れ製作したテラスやデッキは、居住者のもっとも満足度が高い領域である。

■日常の会話や助け合いが刺激や学びにつながり、生活の満足度はアップ

半数以上の人が週1回以上利用しているコモンミール。運営主体は居住者で、調理と片付けはそれぞれ月1回の義務となっているが、都合に合わせて翌月に振替えができるなど柔軟性もある。3人ほどで担当し、メニューは調理担当者が作成している。月1回のコモンクッキングを楽しんで行っている人が多く、コレクティブハウジングになくてはならないものとして感じている居住者がほとんどである。かんかん森の暮らしを支えるこれらのコレクティブ活動を通じて、お互いを知合い家族以外の人との自然な交流が生まれている。さらに、「子どもを見てもらう」などのちょっとした助け合いが安心・安全にもつながっているようだ。入居当初から現在に至るまで、「多様な人々との交流による刺激や学びが感じられる」、「居場所があるという意識が増す」など以前の住まいより、生活全体の満足度がアップしている点が、常に居住者に評価されている。また入居1年目と比較すると、自分ができる範囲で、自然体でコレクティブ活動にかかわる人が増えてきている。

■居住者有志の株式会社による一括借上げ

入居4年後の2006年、居住者有志が株式会社コレクティブハウス（CHI）を設立した。コモンミール、共有スペースの利用ルールなど暮らしの運営はある程度確立されたが、日々の変化に合わせて居住者組合「森の風」の定例会では常に話し合われている。CHIは、事業主である株式会社生活科学運営と一括借上げ契約を締結、入居者募集や空室管理を「森の風」と協力して行っている。本格的な自主管理・運営の実現に向けて、常に模索しながら成長している。

【参考文献】
1) 小谷部育子編著『コレクティブハウジングで暮らそう』丸善、2004
2) 岡崎・大橋・小谷部ほか「居住者参加型の賃貸コレクティブハウジングに関する研究（4）〜（6）、（7）〜（10）」『日本建築学会大会学術講演梗概集E-2』2007、2009
3) 「コレクティブハウジング研究委員会報告書」住宅総合研究財団、2009

ファミリー層の住む超高層住宅
コミュニティの核としての玄関ロビー

名称：目白プレイス タワー棟　所在地：東京都豊島区　完成年：2007年　戸数：156戸　住戸専有面積：42.40㎡〜134.22㎡

　都心の超高層集合住宅は、駅前や再開発地区など交通機関の利便性を第一に考えた立地に建設されている。その大半は販売対象を単身者、DINKSとしている傾向が見られる。その結果、都心の超高層集合住宅では居住者同士や地域へのかかわりが希薄になっていることが問題視されている。

　「目白プレイス」は、超高層集合住宅には珍しく都心の住宅地に立地しており、教育環境が整い、緑が豊かであるので、ファミリー居住も視野に入れて設計され販売された。実際に超高層集合住宅では珍しく目白プレイスではファミリー層や単身者、DINKSなどさまざまな家族形態の居住者がバランスよく居住している。

　中でも、都心の超高層集合住宅には比較的少ない「ファミリー層」、さらには「子育て世帯」に注目し、どのようなコミュニティがそこには存在し、居住者はそれをどの程度意識して生活をしているのかを調査した。すると、共用空間である玄関ロビーがこの超高層集合住宅のコミュニティの核の空間となっており、超高層集合住宅におけるコミュニティづくりにおいて重要な役割を果たしていた。　　　　（杉山文香）

目白プレイスタワー棟

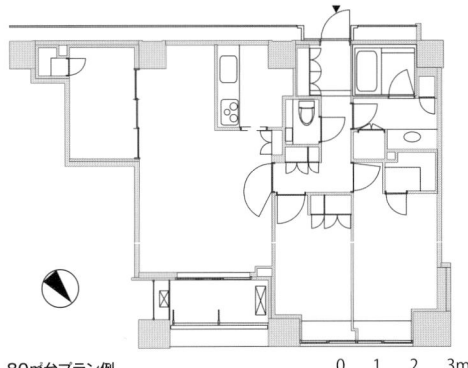

80㎡台プラン例

□家族構成
①子どもの遊び場所はどこか
②このマンション内で子育て関連施設・サービス・交流についてどのようなものがほしいと思うか
③このマンション内で同世代の子どもをもつ家庭の知り合いはいるか
④もっと知り合いたいと思うか
⑤このマンション内の知り合いの家庭とはどのような付き合いをしたいと思うか
⑥現在の住まいで子育てについて良いと思う点・不安や不満に思う点について

◆case1　□30代夫婦＋子ども(1才)
①区民ひろば・マンション内外の友人宅・池袋西武内託児所
②託児サービス・子どもが遊べる屋内施設
③いる：6人　④このままでよい
⑤子どもを一緒に遊ばせる・情報を交換する
⑥良い：同世代の子どもが多い

◆case2　□30代夫婦＋子ども(5才)
①区民ひろば(＋隣接の公園)・マンション内外の友人宅
②子どもが遊べる屋内施設・親同士の交流
③いる：4人
④もっと知り合いがほしい
⑤子どもを一緒に遊ばせる・情報を交換する・おすそわけをする
　子どもを預け合う・食事を一緒にする

◆case3　□40代夫婦＋子ども(8才)
①マンション内外の友人宅・その他(自宅)
②子どもが遊べる屋内施設
③いる：2人
④もっと知り合いが欲しい
⑤子どもを一緒に遊ばせる・情報を交換する・おすそわけをする
　子どもを預け合う・食事を一緒にする
⑥不満：思っていたよりも子どもが少ない

子どもがいる世帯のアンケート結果

家族形態の比較

	豊洲	秋葉原	目白
単身	8.60%	37.80%	20.00%
夫婦	34.30%	31.10%	33.30%
夫婦＋子ども	40.00%	8.90%	26.70%
高齢者	17.14%	13.33%	20.00%
その他	0.00%	8.90%	0.00%

家族以外の人を家に招くことが多いか

とても多い	20.0%
やや多い	33.0%
普通	33.0%
やや少ない	7.0%
ほとんどない	7.0%

□家族構成
①家族以外の人を招くことが多いか
②機会があれば招きたいと考えているか
③自宅のリビングは接客に適した空間だと思うか
④普段よくお付き合いしているのはどのような方が多いか
⑤現在の住まいにおいて実現できていると感じている項目

◆case1　□30代夫婦／DINKS
①人を招くことがとても多い　②とても思う　③やや思う
④仕事のつながり・昔からの友人
⑤心と体を休める・家族団欒・充実した食事ができる

◆case2　□30代夫婦＋子ども(5才)
①人を招くことがやや多い　②やや思う　③とても思う
④子供の関係
⑤心と体を休める・家族団欒・地域生活が楽しめる

◆case3　□50代夫婦＋子供(20才代)
①人を招くことがとても多い　②とても思う　③とても思う
④その他(理事会メンバー)
⑤心と体を休める・地域生活が楽しめる

人を家に招くことについてのアンケート結果

●参考事例

「石神井ピアレス」は、郊外住宅地に立地する超高層住宅であり、「ジェントルエア神宮前」は、都心アソシエーション型超高層住宅である。
石神井ピアレスは都心から少し離れた住宅地にあり、ファミリー層の居住も多く、コミュニティが活発である。
一方、ジェントルエア神宮前は駅近とはいえないが、神宮前という立地から親族や友人を自宅に招くというアソシエーション型のコミュニティを多く見ることができる。

■名　称：石神井ピアレス
■所在地：東京都練馬区石神井
（西武池袋線「石神井公園」駅 徒歩1分）
■竣　工：2002年
■戸　数：227戸
駅前再開発の事例だが、都心郊外の住宅地に立地する。足元には商業施設等が入り、ファミリー層の居住者も多い。

■名　称：ジェントルエア神宮前
■所在地：東京都渋谷区神宮前
（東京メトロ副都心線「北参道」駅徒歩6分）
■竣　工：2007年
■戸　数：111戸
地下鉄等の駅から少し離れているものの、徒歩で表参道や原宿などに行くことができ、居住者は都心居住を楽しむ。

マンション内の顔見知りの知り合ったきっかけ	
管理組合の総会・理事会	30%
引越しの挨拶	31%
子どもを通じて	23%
エレベーターで会う	8%
同じ会社の人間	8%

管理組合の総会や引っ越しの挨拶を除くと、子どもを通じて知り合う比率が極めて高い。

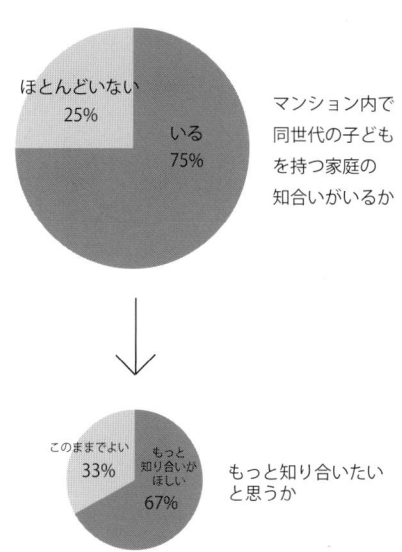

知合いについての現状と希望（子どもを持つ世帯対象）

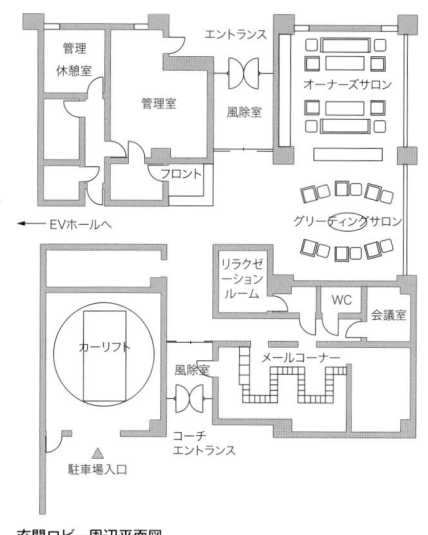

玄関ロビー周辺平面図

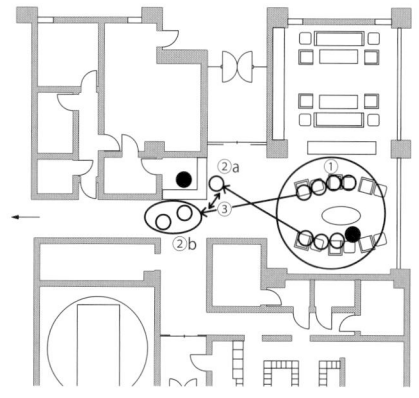

玄関ロビー周辺のコミュニティの様子
● : 管理関係者　○ : 居住者

観察調査中に見られた主な滞在行動	
対管理関係者	クリーニングを預ける・受け取る
	宅配便の発送受付
	書類の受け渡し
	駐車場や共用施設の受付
	挨拶にともなう立ち話
行事	駐車場の優先権についての抽選
立ち話	女性同士での立ち話
	知人とロビーでの立ち話
ラウンジの利用	子どもに靴を履かせる
	車の出し入れを待つ
	同じ場所に向かう母親を待つ
	送り迎えをする子どもを待つ
	来客との打ち合わせ
	子どもの遊び
	ラウンジでの寛ぎ
	外出前・帰宅時の短時間滞在
共用施設	フォレストテラスの利用
	プライベートデスクの利用
その他	メールボックスを確認に来る
	ロビーで子どもを遊ばせる
	同行者との通り抜け

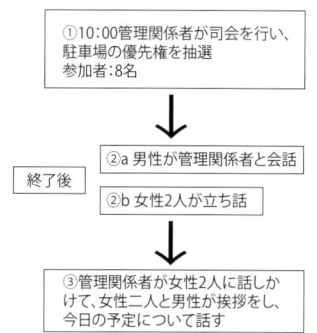

■家族形態のバランス

超高層集合住宅においても居住者の家族形態のあり方は、そのコミュニティの質を左右する重要な要素となっている。秋葉原の「東京タイムズタワー」（p.22）に単身世帯が多く居住しているのは、駅に隣接した立地となっているのが大きな理由である。一方、豊洲の超高層では駅から徒歩10分という立地なので単身世帯は少なく、子どもがいる世帯が多くなっている。「目白プレイス」では、単身世帯や高齢世帯、また子どもがいる世帯などさまざまな家族形態がバランスよく分布している。これは目白プレイスの立地が都心に近く通勤に便利であることと、都心でありながらも住宅地の要素を持つ立地によることが大きい。

■子どもを持つ世帯のコミュニティ

目白プレイスの特徴として、子どもを持つ世帯のコミュニティに焦点を当てた。各ケースから見ると、積極的なコミュニティのかたちを望んでいること、同世代の子どもがいる家庭の知合いがいること、子どもの遊び場として地域の施設が利用されていることがわかった。住戸間のかかわり方が不足しているといわれている超高層集合住宅にもかかわらず、子どもを中心としたコミュニティが成立していることがわかり、居住者もそれを望んでいることが明らかになった。

■人を家に招くというライフスタイル

都心居住の利点の1つとして「友人を招きやすい」という項目が挙げられる。そこで居住者がどのぐらい人を招いているのかを調査した。「とても多い」、「やや多い」を合わせると回答者の半数を超えており、積極的に自宅に招いていることがわかる。DINKSの夫婦だとコミュニティは地域に根付いたものではなく、都心居住の利点である交通機関の利便性を活かして仕事のつながりや昔からの友人を自宅へ招くというライフスタイルが確立していると考える。また、子どもの友達などを家に招くなどがなされているケースもうかがえる。

■生活マナー

より良いコミュニティを形成するには、居住者1人1人の意識が重要になる。この目白プレイスでは、マンション内でなるべく挨拶するように心掛けているとアンケートに回答した人が全員であった。各自が心掛けて生活していることがわかる。このようにコミュニティを築くための生活マナーが存在することに注目した。子どもが互いの家を行き来する場合、親がいない家には行かない・行かせないといった暗黙のルールがあり、また高齢者が若い世代と積極的に付き合うというよりは、さりげなく見守る姿勢でいることが望ましいと考えていることがわかった。

■玄関ロビーの重要性

居住者間のコミュニティの場としてなっているのが玄関ロビー周辺である。カウンターには管理関係者がおり、各種サービスを担っている。このた め、挨拶や立ち話などの様子を見ることができる。玄関ロビーの観察調査を行うことにより、管理関係者を中心として居住者間の交流が図られるケースが見られた。目白プレイスでは、カウンターからラウンジを見渡すことにより、自然と管理関係者と居住者とのコミュニティづくりのきっかけが生まれ、また管理関係者を介して居住者間のコミュニケーションが生まれている。

■超高層集合住宅のコミュニティとは

コミュニティづくりに積極的な居住者は少数であっても、もっと知合いがほしいと思っていたり、管理関係者を介して居住者間の関係が発生している現状を見ると、少し居住者間のかかわり方を意識をすることで、コミュニティづくりのきっかけとなるかもしれない。特に子どもを持つ世帯にとって、子どもと一緒に安全に暮らせる環境や、いざというときに頼ることができる顔見知りの隣人がいる安心は何物にも代えがたい。この超高層集合住宅では、玄関ロビーが1つのコミュニティづくりのツールとなっていたが、さらに共用空間をうまく利用することで、関係性は深まるだろう。

【参考文献】
1) 杉山文香・友田博通「都心住宅地に立地する超高層住宅-超高層住宅の商品企画調査-その4」（『日本建築学会大会学術講演梗概』、2008）
2) 勝俣茜「都心超高層マンション居住者のコミュニティ」（『昭和女子大学生活環境学科卒業論文』、2007）
3) 杉本久志「超高層集合住宅の生活環境および近隣交流に関する研究」（『東京大学西出研究室修士論文』、2007）

ソフト重視の大規模集合住宅
コミュニティ形成の仕掛けづくり

名称：シティア　所在地：千葉県我孫子市　完成年：2003年　敷地面積：44,000㎡　建築面積：16,000㎡　供給形式：分譲集合住宅　戸数：851戸　住宅専用面積：84～105㎡　販売価格：2808～3818万円　供給主体：興和不動産　建築企画・設計監修：デザインショップ・アーキテクツ　設計・施工：長谷エコーポレーション

　大規模集合住宅の計画は、数千人規模のまちづくりに匹敵し、新規入居者同士のコミュニティが円滑に形成されることが求められる。集住の利を活かした充実した共用施設（ハード）を提供できることは魅力的であるが、それだけでコミュニティ形成が促されると見るのは早計である。住人交流の場となる共用施設（ハード）の計画と併せ、その有効活用を促す仕掛け（ソフト）が重要といえる。

　千葉県我孫子市に供給された「シティア」は、ソフト重視の大規模集合住宅として注目される。染谷正弘の建築企画のポイントは「コミュニティ形成の仕掛け」づくりであり、販売宣伝の段階から、ハード側の広告宣伝に代えて、「集合住宅での生活」を体験・啓蒙するイベントや入居者交流会を積極的に催し各種の広報誌を発行して、コミュニティ形成支援システムをスタートさせている。

　共用施設には、シティアホール・クラブハウス等の建物、フィールドガーデン・トムソーヤの森等の屋外空間がある。入居当初に設置された「シティアクラブ」は、コミュニティ形成を促すソフト計画の要であり、入居後2年まで外部サポートがある状態で活動、その後は自主運営に移行し、入居後4年目に発足させた「自治会」のもとで「グループ活動」「サークル活動」等を継続している。入居後5年を経て、共用施設の利用拡大、住人交流の促進などの進展があり、大規模集住のモデルとしてのコミュニティ成熟プロセスが認められる。

（沢田知子・曽根里子）

B棟に囲まれた共用施設棟と屋外共用空間

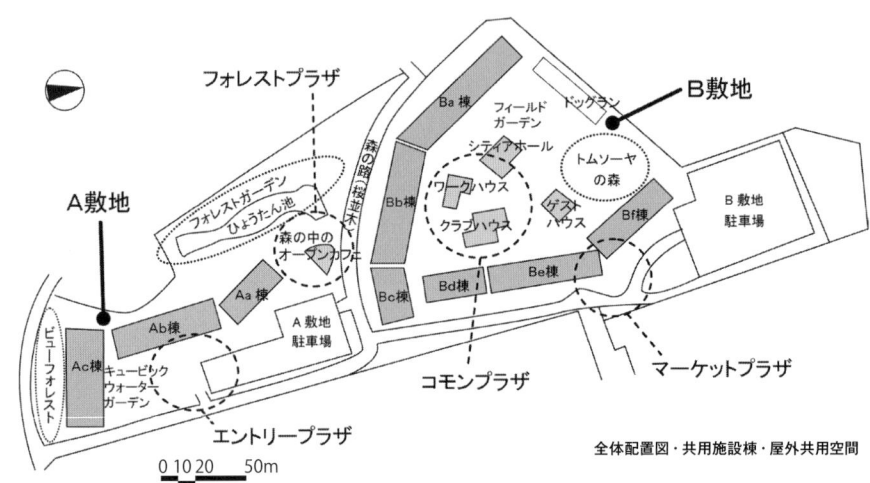
全体配置図・共用施設棟・屋外共用空間

「フィールドガーデン」側から「シティアホール」(中央)とB棟を見る

「森の中のオープンカフェ」での演奏会

「シティアホール」でのサークル活動風景（フラダンス）

「ママラウンジ・ライブラリー（クラブハウス内）」で本を読む子どもたち

「クラフトルーム（ワークハウス内）」でのサークル活動風景（囲碁）

「フィールドガーデン」での夏祭り

●参考事例

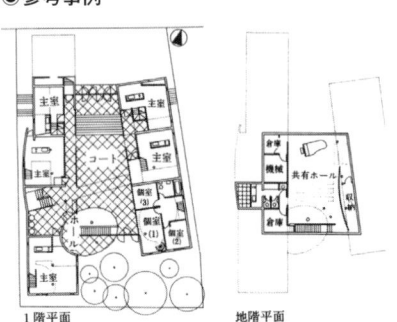

用賀Aフラット（東京都世田谷区、1993）
早川邦彦設計による民間賃貸住宅。地上3階部分にメゾネット形式の住戸、地階には多目的の「共有ホール」がある。アーティストやデザイナーなどの入居者を想定し、グランドピアノのある共用ホールを活用した個性的なライフスタイルを追求できる建築企画となっている。

入居前のイベントへの参加状況と参加理由

		複数回答	実数	%
参加状況	体験会		86	18.3%
	クリスマス会		79	16.8%
	入居者の集い「この指とまれ！タウンパーティ」		49	10.4%
	入居直前の「タウンパーティ」		54	11.5%
	展示会		33	7.0%
	その他		13	2.8%
	どれにも参加したことがない		296	62.8%
	全体		471	100.0%
参加理由	入居する他の人と顔見知りになれると思ったから		97	57.7%
	イベントの内容がおもしろそうだったから		95	56.5%
	我孫子の地域に関する情報が得られると思ったから		53	31.5%
	シティアの購入に関する情報が得られると思ったから		50	29.8%
	その他		8	4.8%
	全体		168	100.0%

入居前には「体験会」「クリスマス会」「タウンパーティ（入居予定者の集い）」など、交流を促すための各種のイベントが行われ、約10〜20%が参加している。イベントへの参加理由としては、「入居する他の居住者と顔見知りになれる」などが多い。

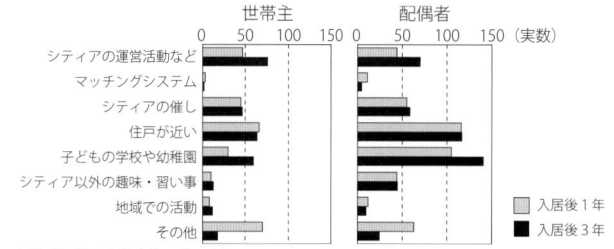

居住者同士の人間交流のきっかけ
入居後3年には「シティアの運営活動など」による人間交流のきっかけが増えている。

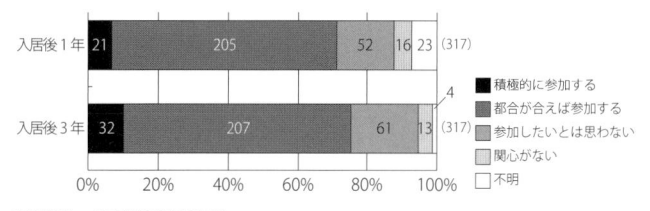

交流活動への居住者の参加意識
交流活動への参加意識は、経年時においても「積極的に参加する」、「都合が合えば参加する」が70%以上を占めており、増加傾向にある。

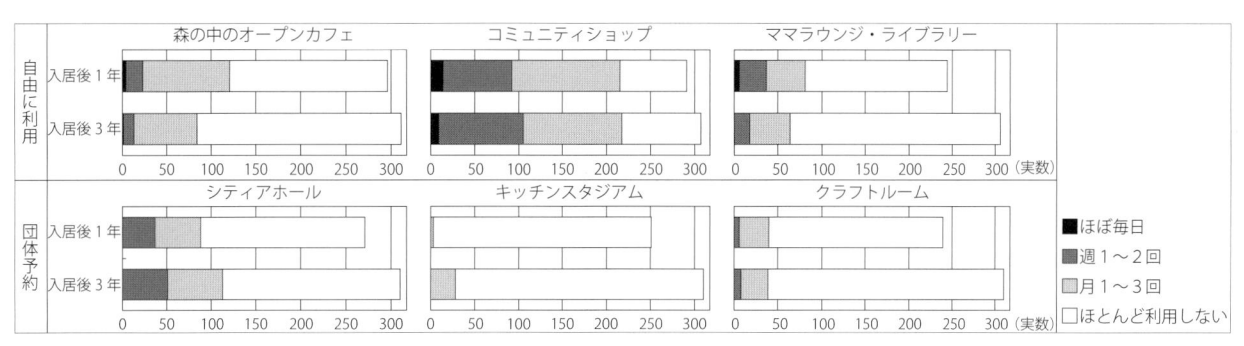

共用施設の利用度と推移
入居後3年には、共用施設のうち「団体予約」による施設の利用が増加する傾向が見られ、特に「シティアホール」の利用者が1/3に達している。

■集住のソフト計画としての仕掛けづくり

シティアにおいては、入居前（販売時）から事業主の費用負担でコミュニティ支援活動が行われた。コミュニティビジネスを行う有限会社のサポート役を置いて、「タウンパーティ（地元住民や入居予定者の集い）」やコミュニティ活動を啓蒙する体験イベントや展示会などが開催され、入居後の「シティアクラブ」発足に向けた意見交換なども行われた（表：入居前のイベントへの参加状況と参加理由）。入居後の調査によると、これらの活動に参加した居住者が、入居初期のコミュニティ活動の中心的メンバーとなっている（図：居住者同士の人間交流のきっかけ）。

事業主から提供された「仕掛け」づくり（サポート役を置いた活動）は入居後1年までであったが、2年目になる時点で居住者側が費用負担してサポート役の活動を継続。集住のスタート段階では、このサポート役のコーディネート能力の高さが効果を発揮した。

■自主運営の移行期に「自治会」が発足

入居後3年を経過する時点で、このサポート役が撤退し、「シティアクラブ」事務局の機能なども居住者による自主運営へと移行する。管理組合が、本来機能である財産管理（瑕疵問題やクレーム・要望対応）からコミュニティ活動支援までを行うと負担が大きいことから、管理組合とは別に、コミュニティ活動支援などを担う機能として、入居後4年目に正式に「自治会」が発足した。「シティアクラブ」の名称自体はなくなったものの、その機能は自治会下に組み込まれるかたちで継続されている。

また、「シティアクラブ」時から行われてきたコミュニティ活動の内容は、「グループ活動（より良い暮らしの自主運営活動）」と「サークル活動（趣味・習い事などの活動）」とに整理され、入居後4年を経た段階で、「グループ活動」は、「おまつりグループ」「トムソーヤグループ」「グリーンクラブ」「マーケットグループ」など13グループへ拡大し、各種の共用施設を活用した「サークル活動」も約30種類と多岐にわたり、大規模集合住宅ならではの豊かなライフスタイルをつくり出している。

■「シティアホール」の利用が活発化

共用施設の中心である「シティアホール」は、暮らしにかかわる自主運営を行う「グループ活動」の会合や、多種多様な趣味活動・習い事などの「サークル活動」の場として、利用が活発化する傾向があり、交流の拠点として機能するに至っている。

「自由に利用」できる施設「ママラウンジ・ライブラリー」、「森の中のオープンカフェ」などは経年時に利用が減少しているが、施錠の有無・記名の有無などの管理方式の変化によって使い勝手が下がることが、利用の減少につながる傾向がある（図：共用施設の利用度と推移）。

■集住意識の総括が重要

居住者の大半は、交流を深める活動に「積極的に参加する」「都合が合えば参加する」層となっており、集住意識が継続していく有効な手段となっている（図：交流活動への居住者の参加意識）。

大規模集合住宅では、管理組合の理事会等の中心メンバーの負担も大きいが、そうした困難を乗り越え、自主運営の活動組織を再構築したプロセス（ソフト）は、他の大規模集合住宅におけるコミュニティ形成活動のためにも有効な知見となろう。

大規模集団の中で希薄になりがちなコミュニティの充実を図るには、ハード面の計画だけでなく、集住の仕掛けとしてのソフト計画を入居前から組み入れることが必要で、それにより居住者のコミュニティ意識の向上や活動の活発化に一定の効果をもたらすといえる。また、入居後の数年経過後も居住者が自主的にコミュニティ活動を継続していけるような仕掛けづくりが重要である。

【参考文献】
1) 曽根里子・沢田知子・浅沼由紀・染谷正弘「大規模集合住宅における共用空間の活用に関する研究-その1〜4」（『日本建築学会大会学術講演梗概集E-2』pp.113-118、2005
『日本建築学会大会学術講演梗概集E-2』pp.289-290、2006）
2) 曽根里子・沢田知子・浅沼由紀・染谷正弘「大規模集合住宅におけるコミュニティ形成過程に関する研究-その1〜5」（『日本建築学会大会学術講演梗概集E-2』pp.57-58、2007
『日本建築学会大会学術講演梗概集E-2』pp.257-260、2008
『日本建築学会大会学術講演梗概集E-2』pp.87-90、2009）

農地を活用したコーポラティブ住宅
共同生活における農のある暮らし

名称：さくらガーデン　所在地：神奈川県横浜市泉区　企画・設計：「人間性豊かな集住体」研究会　完成年：2002年　土地面積：1,099㎡（分譲棟830.13㎡、賃貸棟269.02㎡）　戸数：分譲棟4戸（80.32㎡/戸）　賃貸棟4戸（フラットタイプ45.36㎡、メゾネットタイプ45.35㎡）　世帯構成の年齢：30代〜40代（入居時）

人々の農のある暮らしへの関心の広がりから、都市部や農村部で農菜園にかかわる機会と場が増えつつある。スローライフ、ロハスという言葉を耳にする機会が増えたことからもわかるように、環境と調和したライフスタイルの1つとしてわが国でも定着しつつある。

一方で、都市近郊に目を向けると、市街化を抑制・調整するために残された豊かな自然や農地、農家宅地が散在しているが、近年これらのエリアでは、農家の高齢化・担い手不足によって農地が荒れたり、相続対策を目的としたアパート建設による地域の無秩序化が進行しつつある。

横浜市中心部から10kmほど離れた都市近郊農地が広がる横浜市泉区にある「さくらガーデン」は、こうした背景の中で生まれた。コーポラティブ方式によりつくられた分譲棟4世帯と賃貸棟4世帯の計8世帯により構成された3棟分棟式の集合住宅であり、居住棟とは別に約300㎡の土地（現在の面積、建設当初は約150㎡）をシェアし、日々農菜園に取り組んでいる点が特徴である。

8世帯の小さな集合住宅であるが、近郊の農地活用の1つの方向性と可能性を示している。　　　（藤岡泰寛）

菜園を囲むように住棟が配置されている

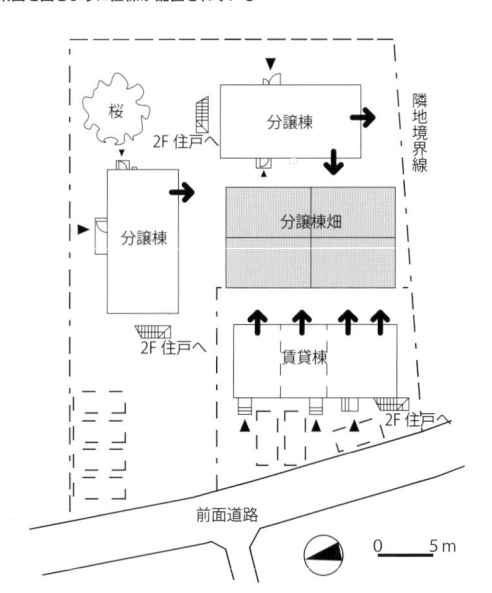

●参考事例

ドイツでは、都市化に伴う環境悪化への対応として都市周縁部を中心にクラインガルテンの取組みが広がった。図はフランクフルト市のクラインガルテンの1例（1919年）。区画規模は100〜300㎡程度（文献3）。

現在ではドイツ全土に共通の法律が整備され、同市で100か所以上のクラブが運営される。ガルテンには簡易なキッチンの備わった小屋（ラウベ）の建設も認められている。

▶ 住戸へのアクセス（主玄関）
▶ 住戸へのアクセス（勝手口）

建設当初の建物および菜園配置と1階住戸アクセスの向き

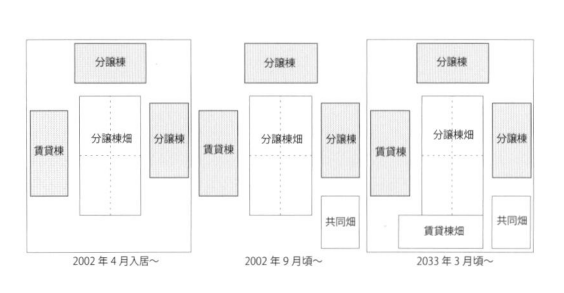

入居後拡張された菜園とその時期

無農薬で安全な手づくり野菜

友人・知人を招いてのパーティー

収穫野菜が食卓を飾る

手づくりの石釜でピザ焼きも楽しむ

分譲棟4世帯の住宅・居住地選択理由

		分譲棟（4世帯）			
		A	B	C	D
住宅選択理由	経済的な理由				○
	自由設計	○	○	○	○
	共同生活に興味			○	
	知人からの紹介				
	菜園に興味	○	○	○	○
	立地条件	○			
	間取り				
	周辺環境				
居住地選択理由	都会に住みたいが仕方なく				
	郊外に魅力を感じた	○	○		
	農村に住みたかった				
	通勤の便が良かった				
	特になし			○	○

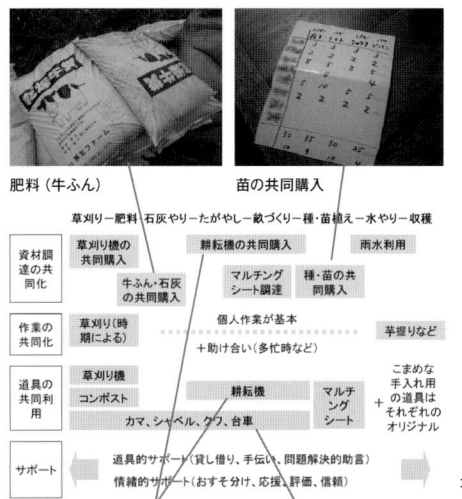

肥料（牛ふん）

苗の共同購入

畑作業の流れと資材・作業・道具の共同化の対応

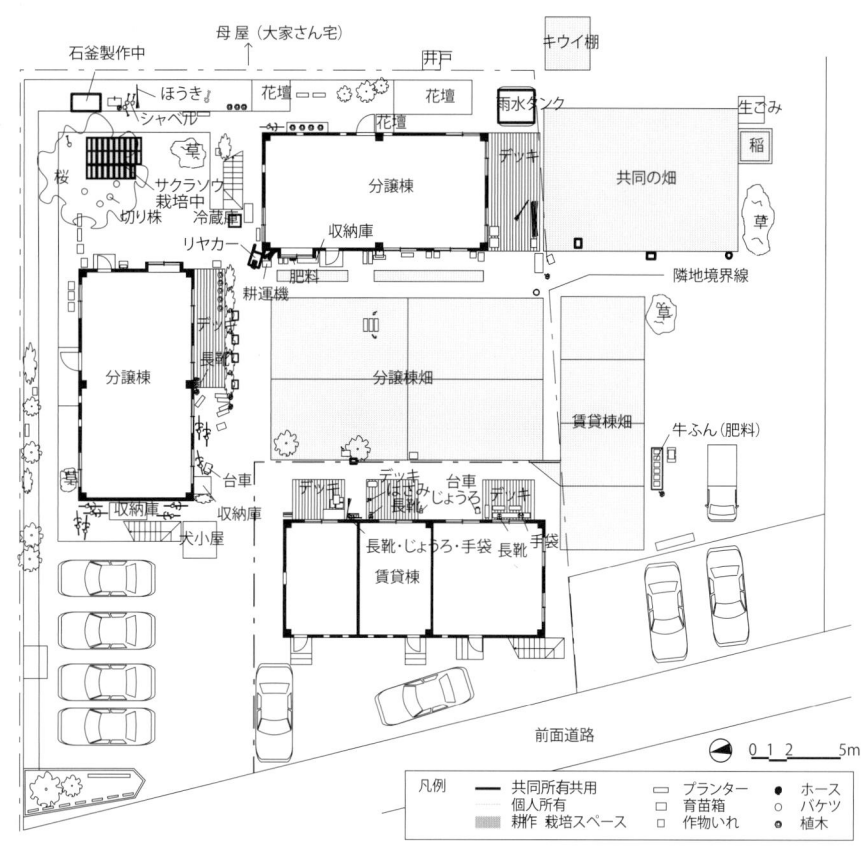

垣根を越えた付合いが広がる（2009年1月ごろの様子）

年度 イベント	2004	2005	2006	2007	2008	2009
花見の会	(20)	(4)	(7)	20	46	46
納涼祭	23	(14)	26	34	36	
収穫祭	記録なし	記録なし	記録なし	23	21	
もちつき	44	26	22	25	31	

年4回のイベントには毎回多くのゲストが訪れる（単位：人）
（表中（ ）内はゲストのみ参加者数、他は居住者を含めた参加者総数、いずれも小学生以下はカウントに含まれていないため実数はもっと多い）

■高齢農家の思いを受け継ぐ

横浜市泉区は横浜市の南西端に位置し、横浜市全体の農地面積（経営耕地面積）2,305haのうち330ha（約14.3％、2005年）を占め、市内最大の農地面積を有する都市近郊地域である。一方で、市街化区域の割合は50.2％（2007年）にとどまり、横浜市でもっとも市街化区域割合の低い地域でもある。対象事例は、市街化調整区域内にあり、周辺に農地や農家宅地が広がるエリアに立地している。江戸時代から農業を続けてきた地主が高齢のため農作業ができなくなったことを機に、代々受け継いできたトマト栽培の農地の有効活用を模索したものであった。

■時間をかけた計画検討

住宅供給上の工夫としては、まず計画当初からオーナー（地主農家）の家族でもある建築家がプロジェクトマネジャーとして参加し、居住者と設計者とオーナーの意向を調整する役割を果たしていたことが挙げられる。また、コーポラティブ方式が用いられ、説明会は9回、入居者が決まってからの計画検討は4回開かれている。菜園があることと自由設計であることが住宅選択理由として共通に挙げられ、こうした時間をかけた工夫が、後の居住者関係や隣接する地主農家との関係にも良好な影響を与えている。

■農のある共同生活のリズム

共同生活を特徴付けている菜園活動については、季節の野菜を中心に春夏期と秋冬期の年2回の畑サイクルに沿った一連の作業ルーティンの中で取り組まれており、この季節ごとのリズムに無理なく合わせるために道具や資材の共同化による作業効率化が図られている。苗や肥料などの調達・分配の取りまとめ役については、シニア居住者が中心的に担いながら各居住者の持続的参加を可能にしていることも大きな特徴である。東京や横浜の中心部への通勤も十分可能であり、結果的に多世代の共存が実現している。

■時間とともに成長変化する菜園

入居当初は分譲棟4世帯用の4区画約150㎡のみであったが、入居後間もなく約80㎡の共同畑が追加されている。これは個々の畑に加えて共同でも畑を楽しみたいという希望が入居者の間で自然と生まれてきたことによるものであり、その後、賃貸棟居住者からの参加の意向を受けて約70㎡の畑がさらに追加された。現在では共通に収穫したいものを共同畑で、それ以外は個人畑で、という使い分けが定着している。さくらガーデンでは管理組合とは別に「菜園の会」という菜園運営組織を設けているが、現在では賃貸棟を含め8世帯すべてが参加している。拡張された畑は隣地境界線を越えて配置されており、隣接する地主農家が菜園活動に対して理解を示していることがわかる。

■さくらガーデンから広がる交流の輪

日々の菜園活動に加えて居住者の知人・友人を集めた年4回のパーティーが桜の木の下や駐車場スペースを使って定例実施されていることも特徴である。このパーティーでは菜園で収穫された作物が食材としてふるまわれることも多く、東京や横浜の都市部から訪れる知人・友人に対して都市近郊の豊かな自然の魅力を伝える場にもなっている。

■都市近郊ならではの価値の発信

さくらガーデンは農地として使われていた土地の価値を受け継ぎ、都市近郊ならではの宅地化の可能性を示す集合住宅事例である。菜園活動と交流の輪の広がりは、この集合住宅が地主農家とさくらガーデン居住者との間の良好な関係づくりに寄与していることを意味している。さらに、都市近郊の豊かな自然環境の価値を都市部に暮らす人たちに対して発信する場ともなっている。

【参考文献】
1) 橋本真一・原久子・近藤弘文「農地・緑地保全と建築ストックへ向けたコーポラティブファームの試み、宅地とまちづくり」No.186、pp.28-33、（社）日本宅地開発協会、2001
2) 近藤弘文・原久子「都市近郊農地を活用した「さくらガーデン」の実践と考察（その1、その2）」（『日本建築学会大会学術講演梗概集E-1分冊』pp.1102-1105、2008）
3) Ein Jahrhundert Kleingartenkultur in Frankfurt am Main, Studien zur Frankfurter Geschichte 36, 1995
4) 藤岡泰寛・重村英彦・金森千穂・大原一興「都市近郊農地を活用した菜園付き共同住宅居住者による協調的環境管理と交友の広がり-菜園付きコーポラティブ住宅「さくらガーデン」の事例研究」（『日本建築学会計画系論文集No.651』pp.1007-1016、2010）

コラム02

ホームレスと居住のセーフティネット

1階平面図（62.11㎡） 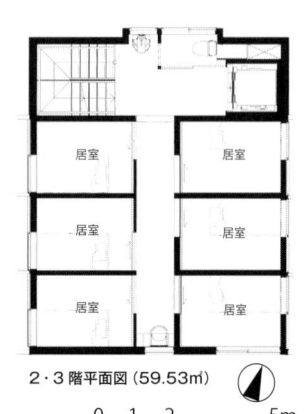　2・3階平面図（59.53㎡）

東京都山谷地域（台東区・荒川区）でのサポーティブハウジング
・木造住宅や「揚屋（あげや）」を賃貸改修し第2種社会福祉事業・宿泊所として始まった。24時間の自立支援ケアを用意するため、小さな居室を多くしてNPO事業の採算性を担保しつつ、生活の核となる共同リビングは入居者が一堂に会せるだけの大きさを確保した。
・NPO自立支援センターふるさとの会による最初の「ふるさと千束館」は、ベッド式で定員20名。要介護高齢者居室を併設した「ふるさとあさひ館」は2人部屋で定員25名。

自立援助ホームへの展開
「宿泊所」はあくまでも施設だが、より「住まい」に近い形態を模索して、自立援助ホームが始まった。山谷地域の簡易宿泊所（ドヤ）を改修した大型自立援助ホーム「ふるさとホテル三晃」は、個室で定員78名。社会的入院患者の地域受け皿として、地域のクリニック、保健センター、介護保険事業所などと連携している。

終のすみかを目指して「終のすみか」を目指し、NPO訪問看護ステーションコスモスが自力建設・開設したターミナルケアのためのサポーティブハウジング「コスモスハウス・おはな」は、個室13室。新築で食堂を兼ねた大きな共同リビングやエレベータを有する。

　住まいを喪失した人々に対する、いわゆる「ホームレス」（狭義では路上生活者）問題への取組みは今、居住支援の議論から実践への段階に来ている。対策の先進地である欧米でも、当初は収容と個人責任論による就労支援だけであったが、「居住の権利」と住居法を前提にした居住支援はNPOなど支援団体が粘り強く実践することで、徐々に生活再建や自立に高い成果が挙がり、公的セクターもその意義を認めて、まず居住の安定からという「Housing First」概念に結実した。日本でも、民間NPOが独力で自立支援施設、自立援助ホームなどを実現し、それを端緒に「東京都ホームレス地域生活移行支援事業」（2004〜08年）での借上げアパートの貸付けや「ホームレスの自立の支援等に関する特別措置法」（2002年〜10年間）の中間見直しによる自立支援住宅（自立支援事業内で短期生活訓練を行う独立住居）などの居住支援施策が、従来からの緊急一時や自立支援センターといった収容施策と並行して行われている。しかし、これらの取組みはきわめて限定的で、福祉政策や生活保護制度に頼るもので、「住宅政策」には組み込まれていない（欧米では住宅局がホームレス問題に取組み、韓国でも韓国土地住宅公社が買上げ賃貸住宅の直接提供を始めている）。

　NPOによる居住支援事業は10年ほど前、NPO法施行に合わせて始まった。住民票を手に入れて自立生活に向けてのケアを受ける。一定期間滞在する中間居住施設的なサポーティブハウジングもあるが、自立援助ホーム、就労支援型援助ホーム、ターミナルケアを前提にしたグループリビングなど多様になってきた。当初は"施設"（第2種社会福祉事業宿泊所）だったが、最近は一棟借りしたアパートを改修した集合"住宅"もできてきた。そのほとんどはNPOが賃貸し改修と運営を担うが、自力建設もできつつある。その多くが古い木造住宅やアパートの部分改修であり、建設資金の担い手問題など課題は多く残っているものの、支援NPOはホームレス支援団体などを母体に全国に生まれてきており、支援を内包した住居という新たな"住宅"テーマが見出されようとしている。

　路上生活や社会的入院を経験し居住貧困に陥った人たちが、その人に応じたサポートを受けながら、個人生活と共同生活を通じて、ゆっくりと、日常を積み重ねつつ生活再生を目指す。必要に応じ投薬管理や金銭管理などは提供されるが、基本的に自由で、集まっての食事や入浴、イベントや働きグループ参加などで相互交流や地域社会との接触も進めている。

　福祉に依存した事業モデルは"貧困ビジネス""生活保護産業"との批判を浴びるといった負の面も垣間見せる。また、年越派遣村などは社会に内在する貧困を明らかに存在するものとして気付かせるきっかけとなったが、実は、それ以前からネットカフェ難民やDV被害者、外国人労働者や難民、親族が支えきれなくなった障害者やニートなど、居住の不安定化が加速した潜在的「ホームレス」は国内に数百万人いるといわれている。

　Housing Firstの実践からは、社会的なケアを組み込んだ居所の安定・居住保障が問題解決のはじめの第一歩として有効であることが示されている。それは、人的資源の安定と再生を担うセーフティネットとして、これからの市民的公共圏を担保するこれからの住宅政策の課題であり、「集まって住む」住宅デザインの新しい地平を切り開くきっかけになるだろう。

（大崎 元）

03
サービスを付加した住まい

　もともと住宅が兼ね備えていた冠婚葬祭といった慶弔の儀式や生業など居住以外機能は、近代化の中で住宅から切り離されていった。集合住宅の住戸は居住機能だけを残したもっとも純粋な状態となり、かつて住宅が担っていた各機能は都市の諸施設によって補完されるようになる。

　一方、下町や昔からの商店街などでは、住居兼用の町工場と店舗や医院などを併設した住宅などがまだまだ存在するし、特別養護老人ホームや商業やオフィスと複合したビル内の住宅など、施設の延長に住まいが位置付けられる例もある。

　いま、生活の拠点としての住宅にそれ以外の機能や価値を積極的に付加している事例が増えてきている。「上がり」として戸建て住宅へとたどり着くような、単純な住宅双六はすでに消え、双六はスタートから多様な方向へ広がっている。私たちはその時々に、住まいやサービスの形態を選び取ることができる。また、成長期の子どもと高齢者の住まいをどうデザインすればいいのかも重要な視点である。

キッズルームを持つ集合住宅
子育て支援環境のその後

名称：アーベイン朝霞エルディア　所在地：埼玉県朝霞市　完成年：1995年　敷地面積：4,011.36㎡（計画敷地面積）　延床面積：8,397.78㎡　戸数：95戸

子どもを抱える親の"子育て不安"を背景に、子育て支援や子育て環境への関心が高まっている。地方自治体の中には子育て支援マンションの基準を設けるなどして集合住宅に子育て支援の役割を持たせる仕掛けづくりを行っているところも増え、マンション開発時に保育所や学童保育所の整備を事業者に求めることもある。しかし、キッズルームの設置など集合住宅における子育て支援の取組みは、一部の事業者により十数年前からすでに始まっている。

キッズルームに関しては、子どもの遊び場や居住者の交流の場としての有効性などが期待される一方で、子どもの成長に伴ってその有効性が薄れるという危惧がある。「アーベイン朝霞エルディア」はキッズルームという言葉を最初に用いたデベロッパーのリブランによって1995年に分譲された。入居開始から10年あまりが経過したこのマンションにおいて、キッズルームは現在でも居住者に肯定的に受け止められている。しかしながら、キッズルームを介しての居住者同士の交流は当初の期待通りには行われておらず、今後の利用についても現状通りでよいとは考えられていない。子どもの遊び場という機能は残しつつ、その他の目的での利用を可能とするような仕組みづくりが求められているといえるだろう。

（小池孝子・江川紀美子・定行まり子）

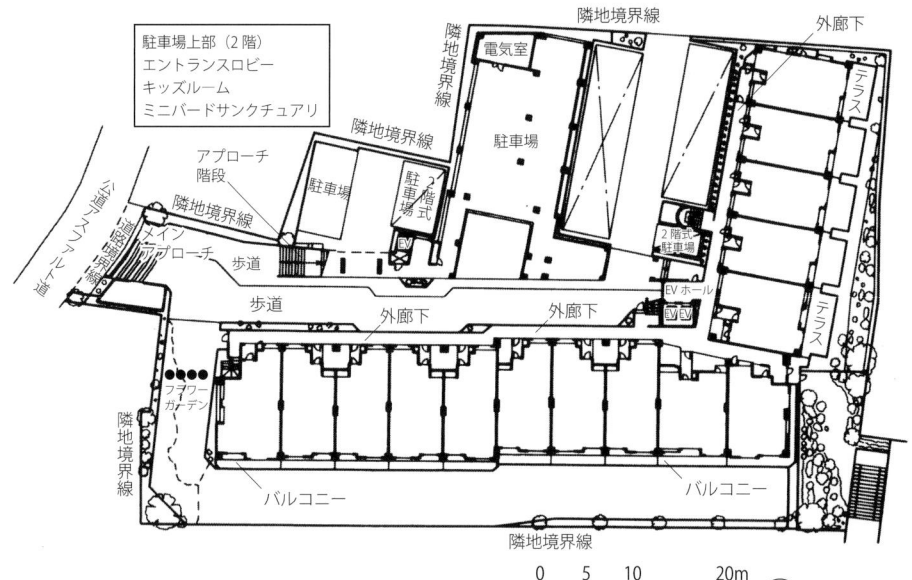

●参考事例
スターコート豊洲（江東区豊洲）
集合住宅の共用部分にキッズルームが設置されている他に、同じ敷地内の別棟に保育所（私立・認可）、学童保育所（公設民営）が併設されている。
キッズルームの利用は、集合住宅の住民であれば可能だが、保育所・学童保育所は地域の住民も利用できる施設となっている。

キッズルーム

アーベイン朝霞エルディア配置図・1階平面図
共用施設：キッズルーム（2階）、パーティールーム（有料・3階）
キッズルーム開放時間：9：30～16：30（月曜～日曜・毎日オートロックで入口を開閉）
　　　　　開放時間外：17：00以降も有料で利用可能（300円/1h）

キッズルーム　本・玩具

キッズルーム

保育所（1～3階）　学童保育所（1階）

キッズルーム　遊具

■子どもの成長に伴い変化する利用者

2000年には小学生以下が多くを占めたマンション内の子どもたちも、入居から12年が経過した2007年には中学生以上の子どもが半数以上となり、初期のキッズルームにおいて想定された就学前の幼児とその母親はわずかである。観察調査からも、キッズルームを利用する幼児は非常に少ないことが確認できる。しかしながら、小学生を中心とした子どもが連日キッズルームを利用しており、中学生が利用している様子も見られるなど、キッズルームで遊ぶ子どもの年齢層は当初の想定よりも幅広いものとなっている。ただし、平日昼間の利用はほとんどない状態であり、小学生が帰宅する15時以降が利用の中心時間帯である。共用施設の有効活用という視点から見た場合には、キッズルームが有効活用されているとはいい難く、改善の余地があるといえるだろう。

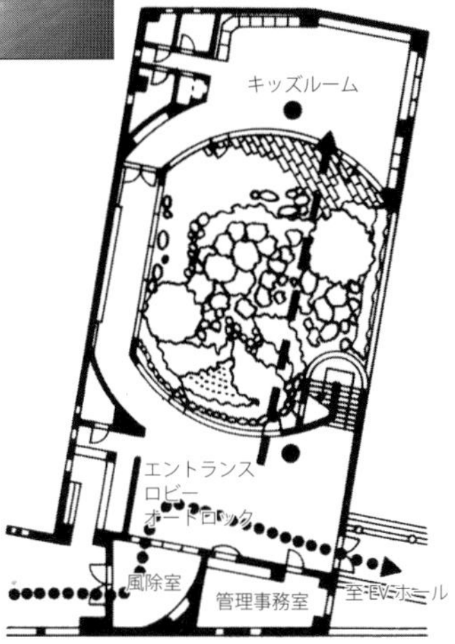

■年数を経て高まる住民の評価

居住者の子どものほとんどが実際にキッズルームを利用した経験があるが、子どもの成長により利用しなくなるケースも多い。居住者の満足度の経年変化を見ると、「子育ての場として」の評価が高まっており、キッズルームの子育ての場としての有効性が長期的な利用を通して居住者に認識されているといえる。また、2000年、2007年ともに「多世代交流の場として」「住民同士のコミュニケーションの場として」の評価は低い。子どもが成長すると親の付き添いはなくなり、子どものみでの利用となるため、キッズルームを通して居住者の良好なコミュニティ形成を促すことは難しいといえるだろう。

■自然な見守りを可能にする配置計画

キッズルームの安全性を考えるうえで、その配置計画は非常に重要である。アーベイン朝霞エルディアでは、2階のエントランスロビーおよび管理事務室から緑豊かな中庭越しにキッズルームの様子を見通すことができ、エントランスロビーやキッズルームの出入口はオートロック形式が採用されている。アーベイン川越岸町キッズアベニュー（リブラン）のキッズルームは、オートロックによるセキュリティ内のエントランスホールに配置され、ガラス張りで中が見通せるようになっている。こうした配置計画上の工夫により小学生程度の子どもであれば親の付き添いがなくても安全に遊ばせることができる、質の高い施設となっている。

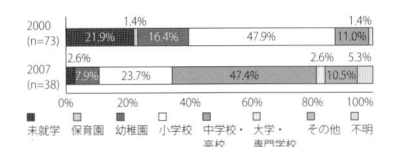

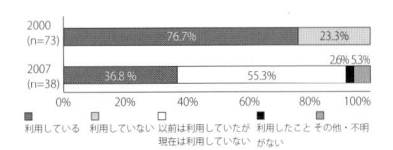

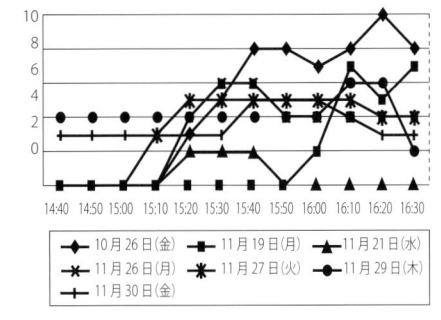

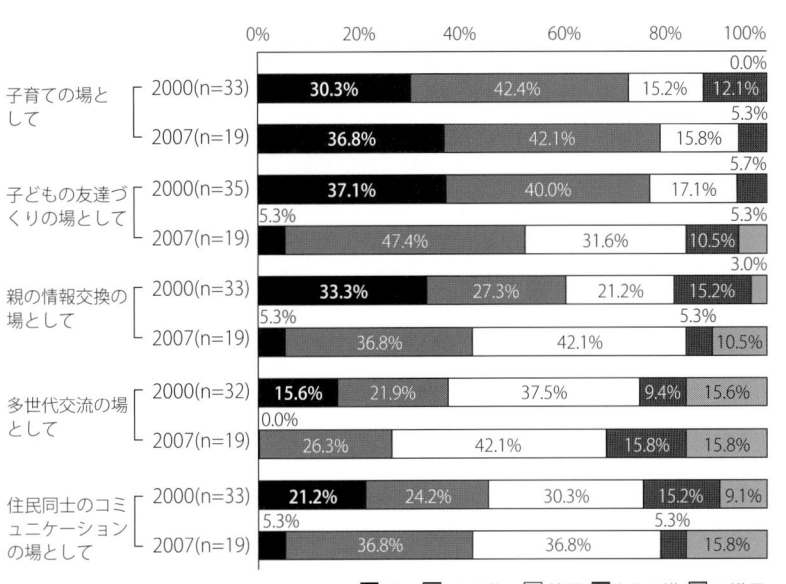

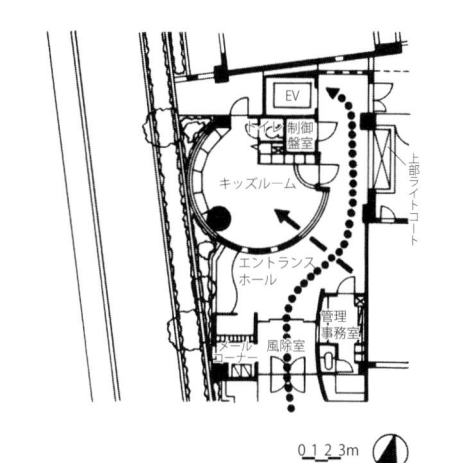

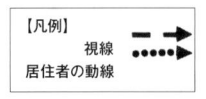

■"キッズ"だけにとどまらない利用ルールと空間構成の模索

もともとキッズルームは乳幼児の遊び場と考えられていたが、子どもの遊び場としての役割を果たす期間は長期的であり、共用スペースとしての有用性は高いといえる。しかしながら子どもの成長が進む今後は、利用の大幅な減少が予想され、居住者の意識にもそうした点を懸念する傾向が表れている。かつてキッズルームを一緒に利用した親同士が、子どもを伴わずに交流する場としての利用も望まれている。キッズルームの有効利用を図り、共用施設としての価値を高めるためには、キッズルームとしての機能は残しつつ他用途での利用を認めるといったルールづくりが求められると同時に、乳幼児に偏らず、児童や大人による利用をも想定した空間構成が望まれる。

【参考文献】
1) 小池孝子・定行まり子「分譲マンションに設置されたキッズルームについて-利用状況と居住者意識の経年変化」（『日本建築学会学術講演梗概集』2008）

シルバーピア住宅
団らん室のワーデンの役割

名称：新砂3丁目住宅　所在地：東京都江東区　完成年：2002年　規模：地上14階建　戸数：一般都営住宅248戸・シルバーピア住戸24戸
生活協力員：ワーデン常駐・女性1名

　急速な高齢化に伴い、身体機能の虚弱な後期高齢者や認知症の増加が危惧され、安全な住宅と生活支援の確保の必要性が検討されている。公的高齢者住宅の供給と生活支援を提供するかたちで、全国に建設されてきたシルバーハウジングは建築と福祉の連携事業として着目されてきた。このうち、もっとも供給数が多い東京都では、単身高齢者が多い都市部の特性を考慮した独自の取組みとして、東京都シルバーピア事業を進めている。公的財源の不足等に伴い、今後は新規供給が見込めないものの、全国の約1/4を占める212住宅5,537戸が建設されており、既存ストックとしての価値は大きい。入居者の相互交流や生きがいづくりの目的で設置された団らん室や人的見守り体制が整った環境は、高齢社会の地域拠点となりうる可能性を持つ。人的見守りとして位置付けられているワーデン（Warden）は、東京都シルバーピア事業運営要綱にもとづく人材で、安否の確認・緊急時の対応などを主な業務としている。特別な資格要件はなく個人委託によって併設された専用住戸に家族とともに住み込むことを原則としている。

　「新砂3丁目住宅」は、2002年に管理を開始した都営住宅で、一般都営住宅とシルバーピア住宅が混在している。高齢者住戸は、35.35㎡ですべて単身用であり、ワーデンは、専用住戸に常駐している。団らん室は、70.65㎡で、管理のしやすさを考慮してワーデン用住戸に隣接している。高齢者もゆっくりと利用できるイスやテーブルを配置し、和室と洋室を用途に応じて使い分けることが可能である。ワーデンの積極的な管理によって、入居者の交流や情報交換の場として、有効に機能している。

（大塚順子・定行まり子）

新砂3丁目住宅住棟外観

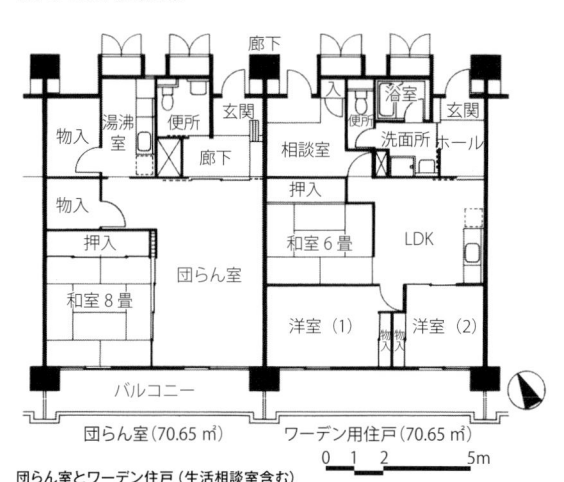

団らん室とワーデン住戸（生活相談室含む）

新砂3丁目住宅住棟構成
14階建。一般都営住宅とシルバーピア住宅の複合棟。シルバーピア住戸は1～7階の一部で、1階にワーデン専用住戸と団らん室が配置されている。住棟には、都営住宅用の集会室（有料・管理は自治会）が1階にある
【団らん室管理状況】
開放時間は原則9：00～17：00だが、希望に応じて開放している。鍵の管理はワーデンが行っている。使用料は無料で、主な使用内容はリサイクル教室、編み物教室、布ぞうり教室、大正琴教室など

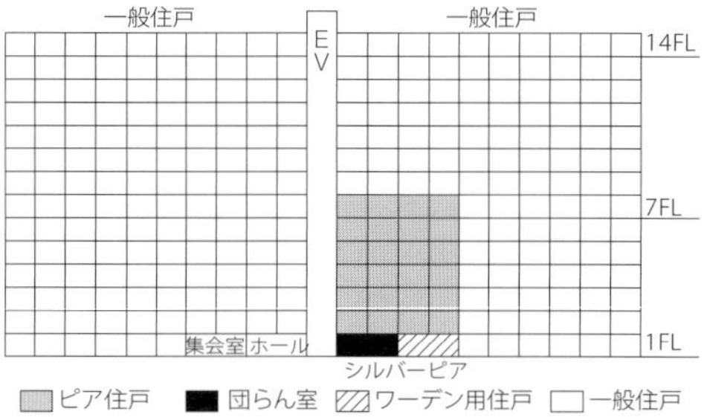

住戸配置図

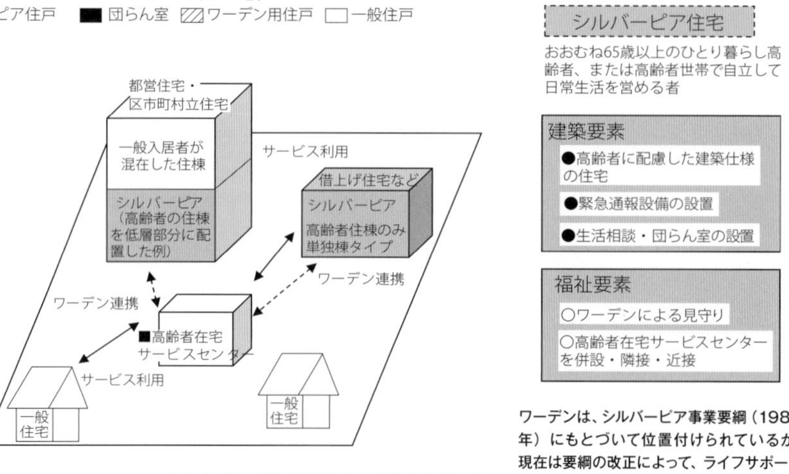

●参考事例

文京区区立シルバーピア
1階に高齢者在宅サービスを併設。団らん室（2階・48.88㎡）の入口付近にあるベンチスペース。気軽に立ち寄れる空間として利用されている。

シルバーピア事業の概要と主な特徴（1987年）

シルバーピア住宅
おおむね65歳以上のひとり暮らし高齢者、または高齢者世帯で自立して日常生活を営める者

建築要素
● 高齢者に配慮した建築仕様の住宅
● 緊急通報設備の設置
● 生活相談・団らん室の設置

福祉要素
○ ワーデンによる見守り
○ 高齢者在宅サービスセンターを併設・隣接・近接

ワーデンは、シルバーピア事業要綱（1987年）にもとづいて位置付けられているが、現在は要綱の改正によって、ライフサポートアドバイザー（LSA）も導入されている。

凡例:
- ピア住戸
- 団らん室
- ワーデン用住戸

複合棟の例（文京区立ピア）
ピア住戸と高齢者施設を1つの建物に複合させた構成

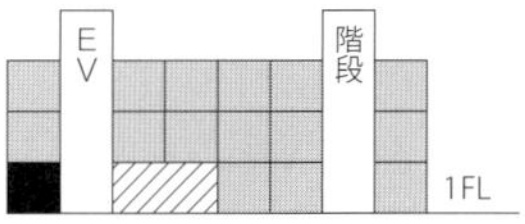

ピア単独棟の例（調布市都営ピア）
ピア住戸のみの構成

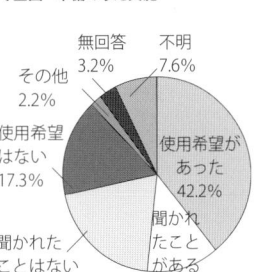

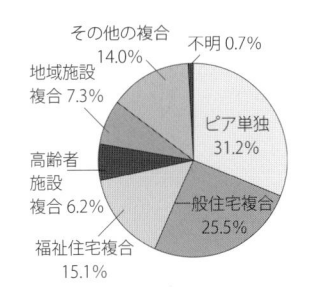

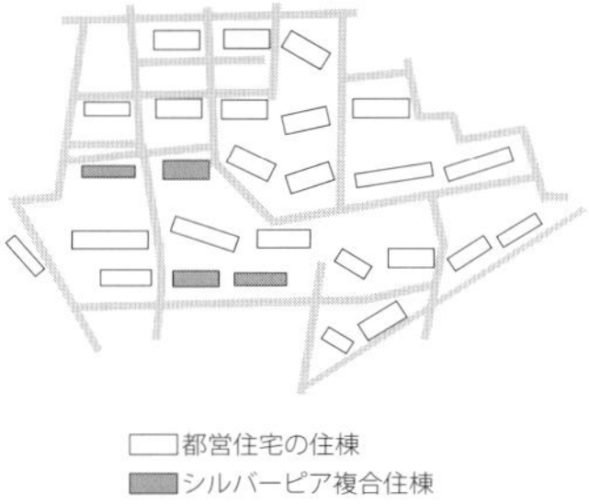

団地型の住棟構成例（東村山市都営ピア）
複数の住棟構成

- 都営住宅の住棟
- シルバーピア複合棟

団らん室の様子（リサイクル教室）（新砂3丁目住宅）
気の合う友達とのサークル活動

お誕生会（新砂3丁目住宅）
ワーデン・ピア住民・一般住民とで企画・準備のうえ実施

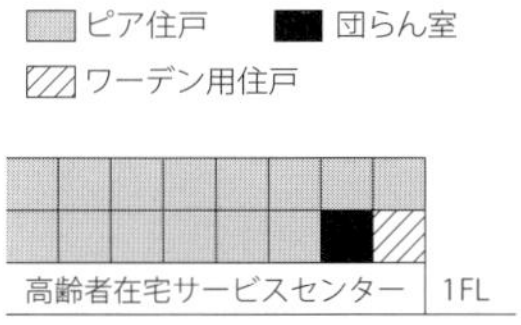

住棟の複合状況（n=436）
（東京都内436ピアの事業計画書分析結果）
- ピア単独 31.2%
- 一般住宅複合 25.5%
- 福祉住宅複合 15.1%
- 高齢者施設複合 6.2%
- 地域施設複合 7.3%
- その他の複合 14.0%
- 不明 0.7%

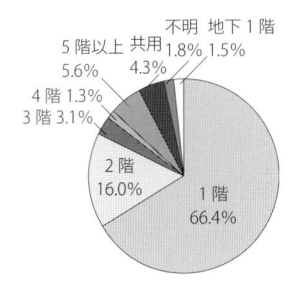

団らん室の配置階（n=393）（同左）
団らん室のある393ピアのうち、接地性のある配置が多い
- 1階 66.4%
- 2階 16.0%
- 3階 3.1%
- 4階 1.3%
- 5階以上 5.6%
- 共用 4.3%
- 地下1階 1.5%
- 不明 1.8%

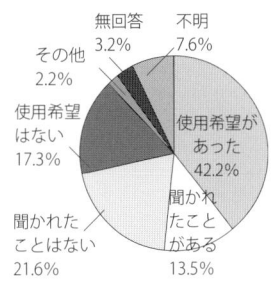

団らん室に対する外部者の関心（n=185）
（東京都内37区市のピアに勤務する生活協力員アンケート調査結果）
ピア以外の外部者の団らん室への関心は高い
- 使用希望があった 42.2%
- 聞かれたことがある 13.5%
- 聞かれたことはない 21.6%
- 使用希望はない 17.3%
- その他 2.2%
- 無回答 3.2%
- 不明 7.6%

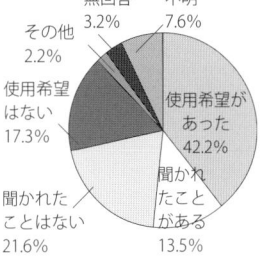

調布市都営ピアの団らん室（56.6㎡）ボランティアによる昼食サービスの場として使われている。

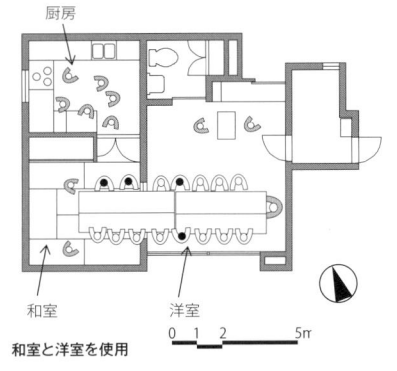

和室と洋室を使用

東村山市都営ピアの団らん室（140㎡）。地域の縁側として団地住民に利用されている

広い洋室で小グループをつくって利用

■建築と福祉の連携による住宅

シルバーピア（以下、ピア）には、高齢者に配慮した建築的整備がされており、緊急通報システムの設置やワーデンやライフサポートアドバイザー（LSA）の見守りなどが付加されている。また高齢者在宅サービスセンター（現在の地域包括支援センター）を併設、隣接、近接設置することも条件とされている。さらに、単身で地縁のわずかな高齢者相互の交流や生きがいづくりを目的とした団らん室が設置されているピアが多い。ワーデンは、専用住戸に家族と住み込む常駐型が多く、勤務時間のみ派遣されるLSAは現時点ではわずかである。

■地域に開かれやすい住棟構成と団らん室の配置

ピアの高齢者住戸と一般住戸や高齢者施設を1つの建物に複合させる複合棟は、高齢者住戸のみで構成されたピア単独棟よりも多く、特に、一般住宅や福祉住宅との複合が半数以上を占めている。住棟の構成では、1棟だけで配置された1棟型と、複数の住棟が配置された団地型とがあり、全体では、1棟型が6割以上を占めている。複合棟や団地型の住棟構成は、生活範囲が狭小化し、近隣交流が自然発生しにくい高齢者にとって、必然的に顔を合わせるきっかけづくりが可能となっている。さらに、団らん室は、ほとんどが接地性のある1階に配置されており、ピア以外の地域の人の利用もしやすい配置となっているため、団らん室を利用したいという希望や関心も高い。

■団らん室の使われ方と開放性

団らん室の広さは、平均53.3㎡である。利用は、ピア入居者に限定することになっているため、入居者の高齢化に伴って、積極的な利用が減少しているのが実情である。しかし、実際には、複合する住戸の高齢者や地域の人々に開放することで、地域拠点として有効活用されている事例も多い。高齢者の利用では、飲食を伴うことが多く、台所設備の状況が高齢者の活動を左右する1つの要因になっている。

■居住者交流を促すワーデンの存在

地縁が少なく引きこもり傾向の強い高齢者の生活を見守り、団らん室を中心とした近隣交流を円滑に実践しているピアでは、ワーデンやLSAの存在が非常に大きい。常駐が多いピアのワーデンは、生活の変化に気付きやすく、その存在が大きな安心要素となっている。高齢者の特技や趣味嗜好をうまく取り入れ、参加を促すワーデンの積極的な働きかけが、有効活用されている事例に共通する要因といえる。

■団らん室を有効活用するための課題

団らん室を拠点とした生きがいづくりや相互交流は、住棟内、および地域とのかかわりを広げる場として機能し、単身高齢者にとって、ワーデンやLSAの見守りとともに日常生活を支える安心要素となっている。今後、外部地域に開かれた地域拠点として団らん室が機能することが可能になれば、地域の専門機関や地域住民との連携による複数の目で高齢者を見守る支援体制が実現すると考えられる。公的事業であるピアの供給実績からも地域財産として団らん室のあり方を改めて見直す価値は大きい。利用を促し、円滑に管理するためのワーデンの役割の支援と、空間としての有効性を地域状況に即して検討することが望まれる。

【参考文献】
1) 大塚順子・定行まり子「シルバーピアの住棟形態から見た団らん室の利用に関する研究」（『日本建築学会計画系論文集』2009）
2) 大塚順子「シルバーピア事業の実態から見た高齢者集合住宅の今後のあり方に関する研究」（『日本女子大学博士論文』2009）

「生活の安心」が備わった住まい
病院と複合した高齢者向け住宅

名称：ビバース日進町　所在地：神奈川県川崎市　完成年：2005年　敷地面積：2,005.1㎡　建築面積：1,739.3㎡　延床面積：9,302.2㎡
構造・規模：SRC造地上11階・地下1階　　開設主体：病院部分1〜4階馬嶋病院、住宅部分4〜11階　川崎市住宅供給公社　設計・施工：竹中工務店

高齢期の居住は、単に住宅があるだけでは成立しない。特に、単身、夫婦等の高齢者のみ世帯には、住宅の外に「生活の安心」が備わった環境が必要不可欠である。ここでいう生活の安心とは、第1に経済的な負担が軽減される家賃システム、第2に家族機能を代替する見守りや相談機能、第3に心身機能の衰えを支える介護・医療環境である。この3つの要素をすべて備えているのが、高齢者向け優良賃貸住宅「ビバース日進町」である。川崎市住宅供給公社（以下、公社）と民間病院による日進町協同事業計画によって、2005年に誕生した。

本事例は、療養病床85床を含む民間病院と高齢者向け優良賃貸住宅（以下、高優賃）55戸、一般向け賃貸住宅10戸の複合建築である。病院は1〜3階に配置され、住宅は5〜11階の中高層階にある。その中間に当たる4階部分が両機能の連携・融合のための空間である（図：建物構成）。見守りサービスは、公社がNPOに委託して「よろずや」という相談員を6階のサークル広場に常駐して行っている。また、入居者同士の交流や相互扶助を目指して、各種の共用空間が設置され、そのデザインも工夫されている。

開設後5年経過した時点での課題は、入居者の加齢に伴う心身の変化である。居住の継続をどのように図るのか、難問に直面している。　　　　　　（園田眞理子）

全景　　（本事例の写真5点の提供：小川泰祐、竹中工務店）

4階屋外デッキ

10階アトリエ広場

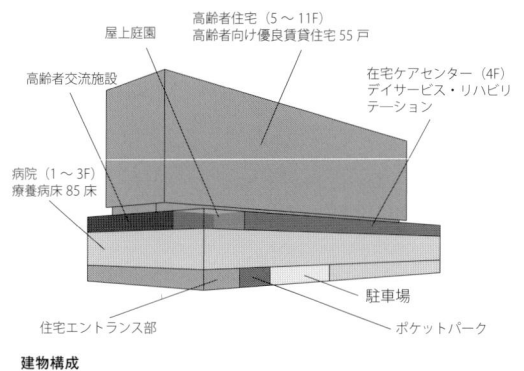

6階サークル広場

4階ふれあい広場

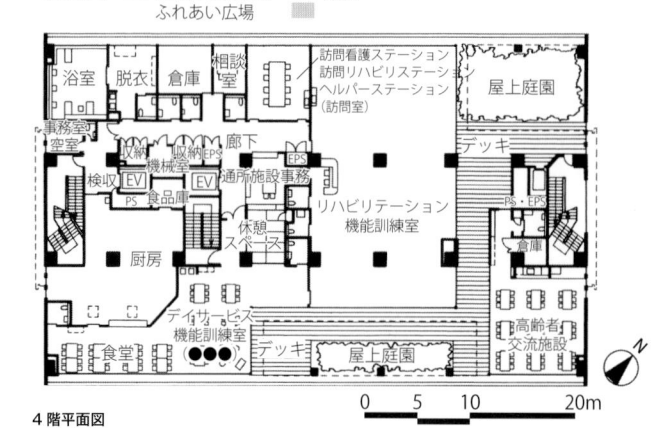

建物構成

病院・福祉機能と住宅機能が融合する空間が4階に設けられている。屋上庭園・デッキを介してリハビリテーション室とデイサービスセンター、高齢者交流施設の"ふれあい広場"が設置されている。

4階平面図

●参考事例

ケアタウン小平
在宅療養を支える診療所、デイケアセンター等と医療・看護・介護から食事まで備わった賃貸住宅を複合させている。
所在地：東京都小平市　建築主：晩記念交流基金
設計監理：太田ケア住宅設計
敷地面積：2,645㎡　建築面積：921㎡
延床面積：2,117㎡
構造階数：RC造　地上3階　地下1階
戸数：21戸

（撮影：北田英治）

住戸と施設の内容

戸数	高齢者向け賃貸住宅　55戸 一般賃貸住宅　10戸
家賃	82,000 ～ 112,000 円
入居者負担額	53,300 ～ 112,000 円
住戸専用面積	37.59 ～ 50.30 ㎡
入居開始日	平成 17 年 5 月 1 日
主な施設	高齢者交流施設ふれあい広場（4F）　サークル広場（6F） アトリエ広場（10F） 旧東海道川崎宿ポケットパーク、駐車場、駐輪場
併設病院	馬嶋病院　療養病床 85 床　在宅ケアセンター

よろずやへの相談内容

1	健康	健康相談、病状報告、血圧測定など、個人の身体の状態
2	設備	各住戸内の室内設備の使い勝手（水廻り・収納・ベランダ等）や、共用部分（廊下・エレベーター・自転車置き場等）の使い方
3	活動	同好会活動・町内会活動などの、入居者・地域住民との共同での活動に関すること。
4	趣味	個人的な趣味・仕事に関すること。
5	事務手続	事務的な書類（介護保険・国勢調査・アンケート調査等）の書き方や各種手続きに関すること。
6	照会	医療機関・各種サービスの紹介業務に関すること。
7	人間関係	家族の話・近隣関係の苦情や助け合いに関すること。
8	その他	上記以外または不明。

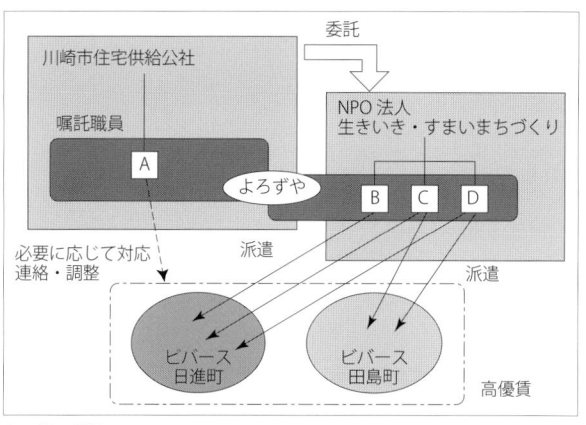

よろずやの仕組み

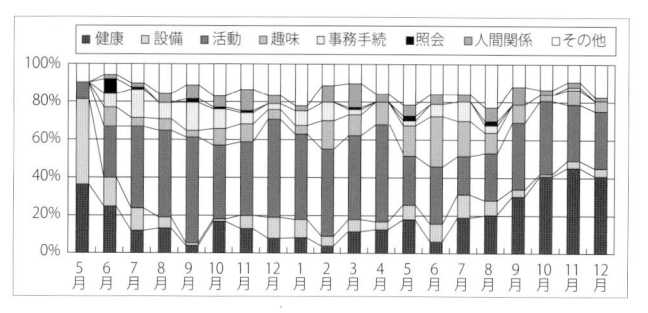

相談内容の推移（1人が行う相談を内容別に分けて1件とした）
（入居直後から20か月間　2005.5 ～ 2006.12）

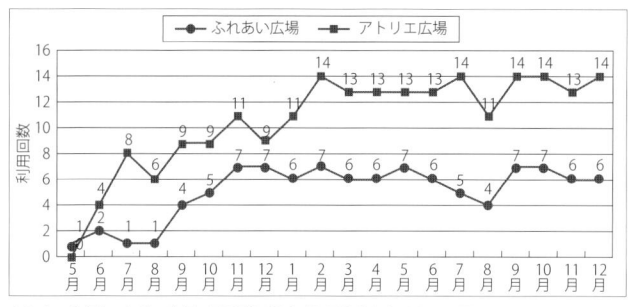

ふれあい広場とアトリエ広場の月別利用頻度（入居直後から20か月間　2005.5 ～ 2006.12）

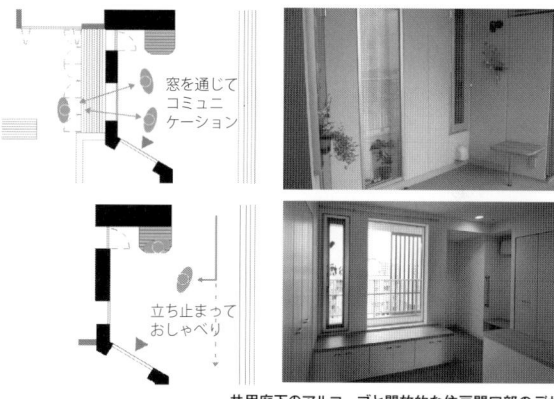

共用廊下のアルコーブと開放的な住戸開口部のデザイン
（上下の写真提供：川崎市住宅供給公社）

■入居者のほとんどは民間借家から

入居後1年時点で、55戸中54戸が入居し、単身33世帯、夫婦21世帯で、入居者の平均年齢は72歳であった。民間借家からの転居が全体の約8割を占める。前住宅の家賃が高いことやバリアフリーでないことが転居動機で、入居の決め手は、第1に家賃補助、第2に住宅設備とバリアフリー、第3に医療機関の併設である。

■病院・福祉施設の近接効果は大きい

下階の病院利用者は、入居直後は6人に1人であったが、1年後には約4割（28人）が利用している。利用目的は、リハビリ（15人）、医療（12人）、パワーリハビリ（7人）で、4階の在宅ケアセンターがよく利用されている。病院・福祉施設と住宅の近接効果は高い。

■公社とNPOの連携による「よろずや」

公社は高齢入居者の見守りと相談対応を行うため、NPOの設立を働きかけ、NPO法人「生きいき・すまいまちづくり」が2006年1月に誕生した。高優賃にはシルバーハウジングのようにLSAを派遣する仕組みがなく、新たな方式を構築するために「NPOとの連携」という選択がなされた。2007年現在、ビバース日進町のよろずやは、市の嘱託職員1名とNPO職員3名が担っている。よろずやは、月～金曜日の平日10時から16時まで6階のサークル広場に常駐し、各種の相談対応や情報提供を行っている。また、月に1度の割合で入居者同士の交流会を開催している。NPOの職員は、公社の他の高優賃にも派遣されており、そこでも同じくよろずやとして活躍している（図：よろずやの仕組み）。

■「よろずや」への相談は"健康"と"活動"

入居者から「よろずや」への相談内容を大まかに分類すると、①健康、②住設機器、③自治会等のコミュニティ活動、④趣味・仕事、⑤事務手続き、⑥各種照会、⑦人間関係、⑧その他に分けられる（表：よろずやへの相談内容）。「図：相談内容の推移」は、相談内容が入居直後から20か月の間にどう変化したかを示している。入居当初は住設機器の取扱相談が多かったが、全般的には、同好会、自治会等のコミュニティ活動に関する相談が多い。また、血圧測定の実施により、「健康」に関する相談が急激に増加した。健康に対する関心の高さと、転居した先で新たにコミュニティを築きたいという高齢者の思い、そして、それを支えるよろずやの重要性が読み取れる。

■小規模な共用空間の利用頻度が高い

小規模な10階アトリエ広場のほうが大規模な4階ふれあい広場よりも利用率が高い。アトリエ広場は各種の同好会や自治会活動に少人数で比較的頻繁に利用されている。また、ふれあい広場は入居後半年、アトリエ広場は8か月後まで順調に利用回数の増加が見られたが、それ以降は、前者月6、7回、後者月13～14回に落ち着いている。コミュニティが芽生え、ある状態に落ち着くまでに、この程度の期間を要するといえる（図：ふれあい広場とアトリエ広場の月別利用頻度）。

■建築デザインが入居者の出会いを促す

11階建ての片廊下型の住棟形式であるが、共用廊下のアルコーブにベンチを設け、住戸の廊下側の開口部を大きくしている。入居者同士の出会いやちょっとした立ち話によって、相互の付合いが深まることを期待している。こうしたデザインの効果は入居者の生活スタイルによって違いが見られるが、「生活の中心が住まい」という高齢者の特性に合わせた意欲的な提案といえる（図：共用廊下のアルコーブと開放的な住戸開口部のデザイン）。

【参考文献】
1) 都築真主「都市型高齢者向け優良賃貸住宅における入居者の特性に関する研究-川崎市ビバース日進町の事例を通じて」（『明治大学大学院修士論文』2006）
2) 稲垣亜希子「高齢者住宅における入居者への見守り的なサービスのあり方に関する研究-川崎市内の高齢者向け優良賃貸住宅とシルバーハウジングの事例を通じて」（『明治大学大学院修士論文』2008）
3) 守田あゆみ「大都市における高齢者向け優良賃貸住宅に関する研究-川崎市の高齢者向け優良賃貸住宅の入居特性と今後の暮らし方の可能性に関する研究」（『明治大学大学院修士論文』2010）

高齢者専用賃貸住宅
早めの住替えに対応した住まい

名称：グランドマスト町田　所在地：神奈川県相模原市　完成年：2009年　戸数：85戸　設計：積水ハウス　管理：積和不動産　1R：10戸　1DK：10戸
1LDK：49戸　2LDK：16戸　入居者平均年齢：約78歳

3-4 サービスを付加した住まい

　高齢期における住まいには、自宅、高齢者住宅、施設という3つの選択肢がある。高齢者住宅と施設の境界は曖昧であるが、介護が必要となり転居するのが施設、その前に転居するのが高齢者住宅と考えるとわかりやすい。それでは、なぜ介護の必要性がないのに、高齢者住宅へ早めの住替えを行うのか。その動機には、①1人暮らしの不安解消、②家事負担の軽減、③都心回帰による利便性の向上などが挙げられる。

　この早めの住替えを想定した住まいの1つに、「高齢者専用賃貸住宅」（以下、高専賃）がある。高専賃とは、高齢者の入居を拒まない、もっぱら高齢者を賃借人とする賃貸住宅のことをいう。高齢者に特化したサービスを付加しやすく、自宅では得ることのできない「集まって住む」ことのメリットを受けることができる。

　「グランドマスト町田」は神奈川県相模原市にある高専賃である。住戸面積は約33㎡〜62㎡、1階には食堂や談話室が設置されている。ソフト面では、フロントスタッフ（9時から18時）が配置され、管理人が常駐している。希望者には食堂で朝晩の食事提供がなされ、気の合った仲間と過ごすことができる。また、1階には介護事業を想定した貸スペースがあり、現在はデイサービスセンターが入居している。

　通常の集合住宅に比べるとソフト面が充実しているが、この住まいを終のすみかとするためには、24時間の訪問介護や小規模多機能型居宅介護など24時間365日の介護サービスとの連携が必要不可欠となる。環境への適応能力が高いうちに転居を行い、介護が必要となっても住み続けることができる。早めの住替えは環境移行の負荷を和らげる1つの手法にもなる。（山口健太郎）

食堂（1階）　食事時間以外は談話室として利用可能

談話室（1階）　メールボックス横に配置。家族の宿泊も可能

厨房（1階）

1階平面図

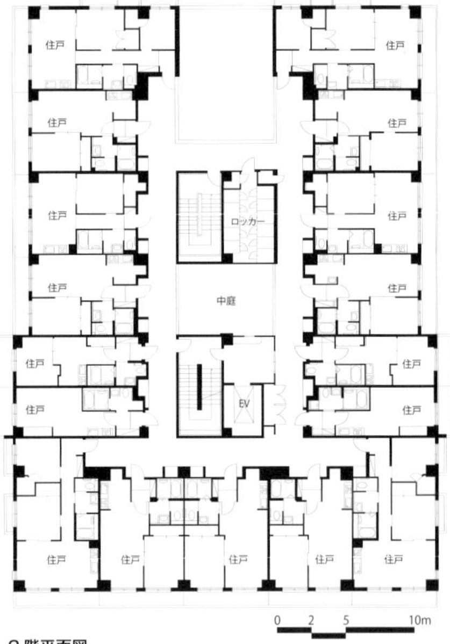

2階平面図

介護事業者を想定した貸スペースを設置。内部出入口で住棟につながる。現在はデイサービスとして利用。

● 参考事例

シンフォニー将監
9戸、仙台市、2006年、設計：井上博文＋医療システム研究所
住宅型有料老人ホーム、小規模多機能型居宅介護、保育園の併設事例。各住戸の面積は19.37㎡〜21.74㎡。
1階の小規模多機能型居宅介護が住宅型有料老人ホームの主な介護を担う。利用者にとっては安心・安全に加えて介護の心配がない。事業所にとっても介護、住宅双方の利用者を確保しやすいというメリットがある。

1階平面図（小規模多機能型居宅介護、保育園） 　　2階平面図（住宅型有料老人ホーム）

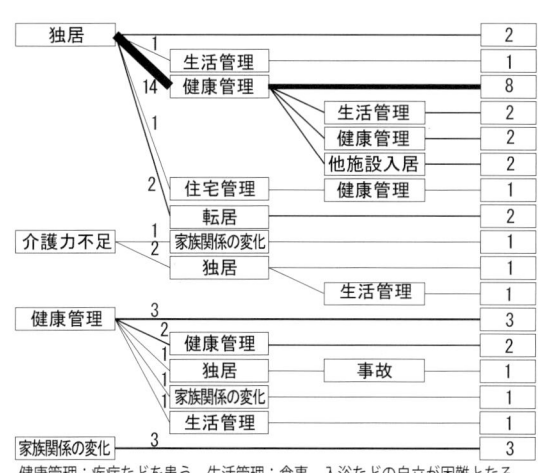

高専賃に関する情報の入手媒体・入手者および主な入居決定者

		情報入手者		入居決定者	
		本人	子ども・親族	本人	子ども・親族
物件情報入手媒体	新聞記事・雑誌・広告・DM	10	2	10	2
	ネット		6	1	5
	イベント	1			
	老人ホーム等紹介センター	2	1	2	1
	専門職・知人からの紹介	2	1	2	1
	不動産会社からの紹介		2		2
	建物の広告垂れ幕	3	4	5	2
	総計	18	16	23	11

健康管理：疾病などを患う。生活管理：食事、入浴などの自立が困難となる。
家族関係の変化：2世帯居住における家族関係の問題など。

高専賃への入居を決心するまでの出来事および生活の変化

情報の入手：子どもがグランドマスト町田の情報を入手した世帯は15世帯（44.1％）。
高専賃の主な情報入手媒体はインターネット。意外に多いのが建物のベランダに吊り下げられた垂れ幕による広告。散歩中に見つけ入居したという人もいる。
入居の最終決定者：子どもが10世帯（29.4％）、本人が23世帯（67.6％）。
入居に関わる全てを子どもに任せてしまう人も多い。

1R：約32㎡
単身女性
年齢：80代後半

1LDK：約49㎡
単身女性
年齢：80代前半

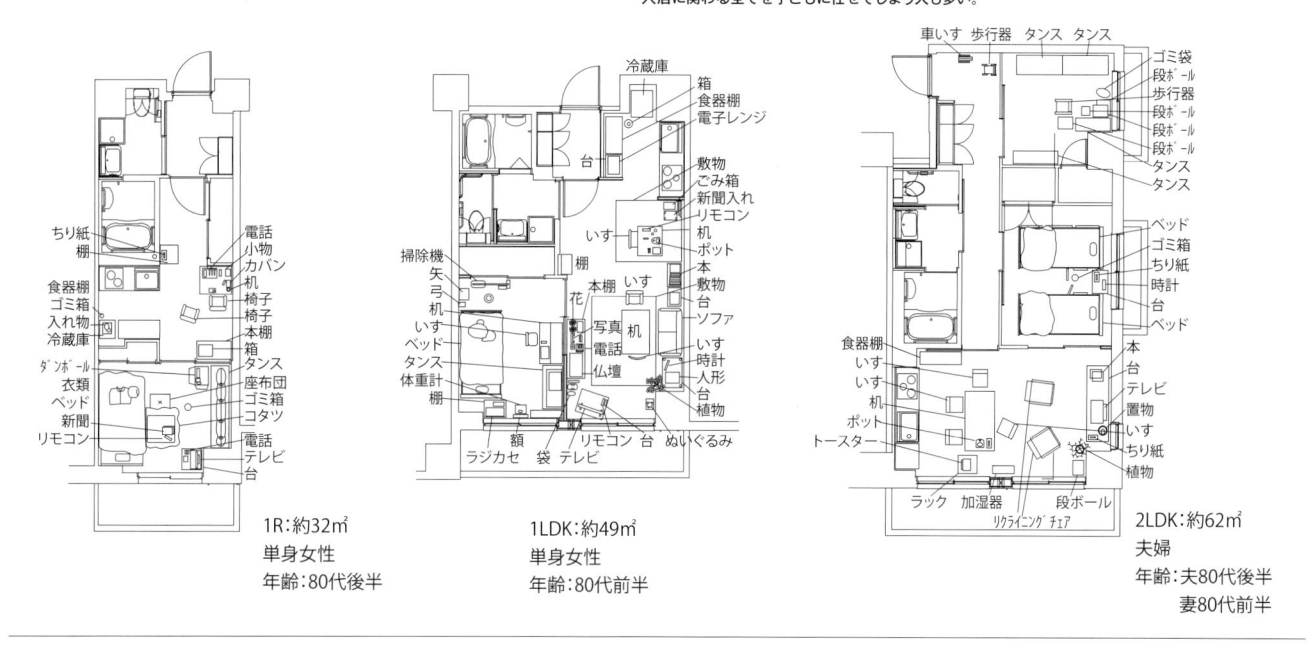

2LDK：約62㎡
夫婦
年齢：夫80代後半
妻80代前半

■入居を思い立つプロセス

早めに住替える主な動機は安心・安全である。だが、その内容は漠然としている。上図は、グランドマスト町田での調査から得られた入居を思い立つプロセスである。まず、約6割の高齢者が独居を経験しており、そのうち約4割の高齢者が入院を伴うような大病を患っている。夫（妻）に先立たれ不安な独居生活を送っている中で病気を患い、より一層の不安が高まり、高専賃や施設への入居を思い立つ。高齢者が求める安心・安全には、いつでも誰かがすぐに来てくれるという見守りの部分が強い。そのため、グランドマスト町田では常駐型の職員配置への評価が高い。

■入居者の主体的な物件検索への関与

高専賃では、入居時の物件情報の入手、現地見学、入居の決定という入居プロセスをすべて子どもに任せてしまうことが少なくない。ある高専賃で実施した調査から、家族が主体的に動くため本人は受動的になっている高齢者は、家族との関係性が密になるものの、友人関係や地域社会とのつながりが希薄になる傾向があった。その一方で、主体的に入居の決定を行った人は、住棟内に友人をつくり、地域の中に出ていく傾向が見られた。

都心に住む家族による親の呼び寄せは、高専賃の利用ニーズの1つであるが、遠方であっても利用者自身が建物や周辺地域の見学を行い、入居を決断することが大切である。

■高専賃では食事の場が重要

孤独の解消は入居動機の1つであるが、同世代が一緒に暮らす高専賃といえども、入居者同士の自然発生的な交流は生じにくい。この交流を促す1つの方法として食堂での食事がある。ある高専賃では、夕食後に茶話会を企画するとともに、毎週、意図的に食事の席順を変えていた。誰とでも気軽に話ができる環境をつくり出すことで入居者同士の交流の幅が広がっていた。

さらに食事は、生活支援の面でも重要である。毎日の食事提供は、家事に不慣れな男性や身体機能が低下してきた高齢者にとっては欠かせない生活支援となる。

■環境移行の緩和

高齢期における転居は、新しい環境への適応能力が低下した高齢者にとって大きな負担となる。この環境移行の負荷を軽減するためには、移行前後の環境の落差を少なくすることが重要である。使い慣れた家具の持込みは生活の継続を促し、住み慣れた地域内での転居は、まちとの関係を切り離さない。高専賃には、嫁入り道具のタンスや家族で使っていたテーブルなど多くのものが持ち込まれる。住戸は、生活の継続性に配慮した十分なスペースを確保すべきである。

■終のすみかを可能とするケア

高専賃は小規模多機能型居宅介護との相性がよい。小規模多機能型居宅介護とは、25名の登録者に対して通い、泊まり、訪問を一体的に提供する仕組みであり、1か月の自己負担額は定額となる。介護事業は、介護保険の上限を気にすることなくケアが行え、安否確認や緊急時の対応など短時間のケアや臨機応変なケアを行いやすい。

小規模多機能型居宅介護を効率的に運営するポイントは、自宅と施設の距離にある。利用者を施設周辺の人に限定すると、訪問や送迎にかかる時間を短縮でき、限られた職員数できめ細かなケアができる。高専賃に小規模多機能型居宅介護を併設すると、自宅と施設の距離が近くなり、施設に近い24時間365日の介護が提供可能となる。だが、毎日の生活が建物内で完結するのは好ましくない。買い物に行き自分の食べたいものを選ぶ、必要なものを揃えるなど、地域生活を切り離さない工夫が必要である。そのためには、利便性の良い場所に建てる、外部へ出やすい空間構成にするなどの配慮が必要である。

環境と健康に配慮したコープ住宅
コーディネーターと住民の協働で実現

名称：エコヴィレッジ鶴川・きのかの家　所在地：東京都町田市　完成年：2006年　敷地面積：2,500㎡　戸数：30戸
企画コーディネート：アンビエックス

　テーマ型のコープ住宅は、コーポラティブという事業方式に付加価値を加えたものである。コーディネーターの熱意に住民の積極性が加われば、住まいや暮らしの価値をより高める相乗効果が期待できる。

　「きのかの家」は、コーディネーターが地主と交渉して土地を予約し、エコと健康配慮というテーマを前面に打ち出したコーポラティブ住宅である。地主の自宅を含む約10,000㎡の敷地の一部であること、敷地の緑の多い環境を保全したいなどの理由から、住まい手の顔が見え、環境配慮も期待できるこの計画に地主も賛同した。30という戸数はコープ住宅としては大きいほうで、また予定価格も割高であったため入居者募集が懸念されたが、テーマと緑の多い立地が魅力となり約6か月で建設組合を結成でき、約1年の設計積算期間と約1年の工事期間で竣工した。

　特徴は、外断熱逆梁RC造の高耐久スケルトン、焼杉外装、自由設計、徹底した健康仕様、環境配慮、全戸屋上菜園区画付き、手づくりカーシェアリングなど。計画・建設期間中の会合は延べ100回以上、組合主催で7回のパーマカルチャーデザイン公開講座の開催、外装の焼杉板を住民自ら焼き作業をした、などなど、住民の多大な労力提供とすべてに協働したコーディネーターの努力が優れた集住のハードとソフトを実現した貴重な事例である。　（中林由行）

外観：西面の外観、焼杉の外装、薪ストーブの煙突が見える

集会室前：南面、3階部分にある集会室はさまざまなイベントに使用される

インテリア1例：水回りも含めて自由設計で30戸はそれぞれ個性的。この例は最上階住戸なので天井に梁が見えるが、中間階では梁は上階の床下になる

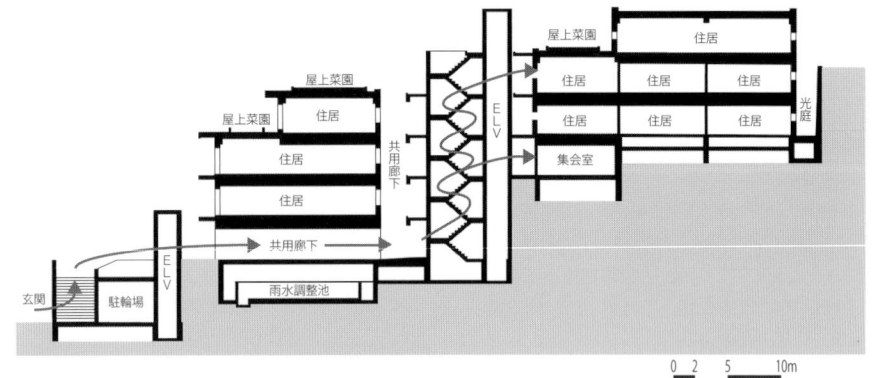

断面図：南西向きの斜面に建っており、矢印は玄関から集会室や上階に行くルートを示す

●参考事例

「経堂の杜」（写真上）（2000年、12戸、世田谷区）は、エコをテーマとして募集したコープ住宅。チームネットが企画した一連の計画（「欅ハウス」を含む）は都心部の地主が開発と環境保全の調和をコープ方式に託したものといえる。コープ住宅の場合は企画が優れていれば、緑を残し（容積いっぱいに建築しないで）周辺のマンションより割高になっても成り立つことが実例からわかる。
「さくらガーデン」（2002年、9戸、横浜市）は、郊外型の農園付きコープ住宅。敷地内の他、隣接した農地を借りての菜園が特徴。

屋上菜園
無農薬栽培のためには3年ほどの土づくりが必要で、まだその段階

住民の焼杉作業
バーナーで焼いて、洗って、磨く、という3工程が必要

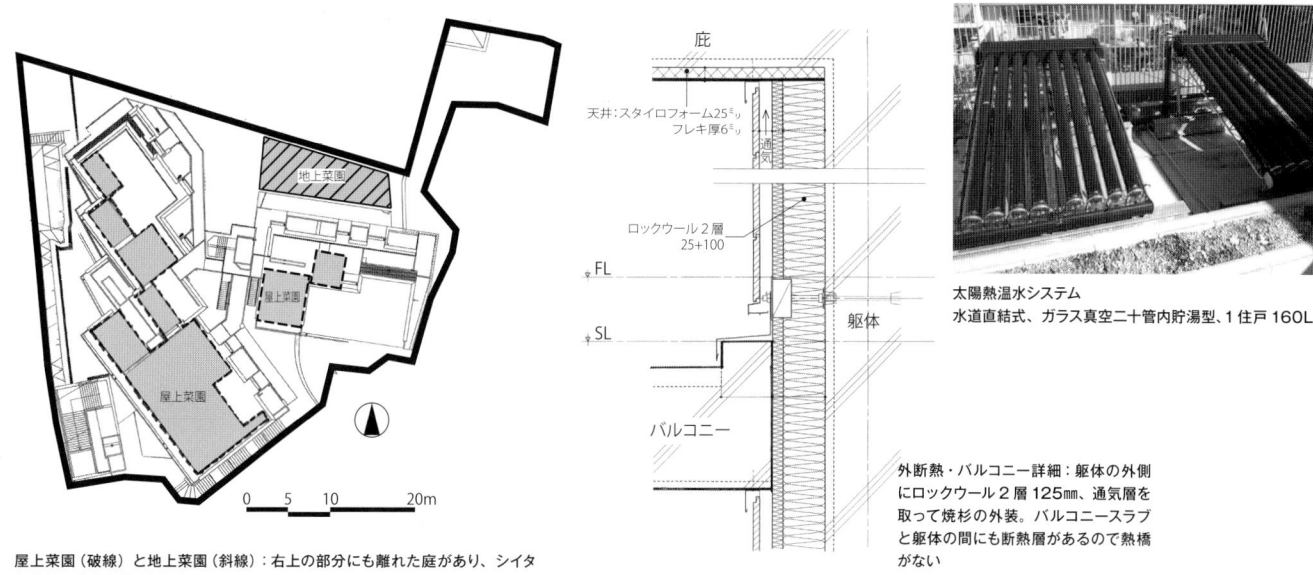

屋上菜園（破線）と地上菜園（斜線）：右上の部分にも離れた庭があり、シイタケ栽培、燕麦栽培などを行っている

太陽熱温水システム
水道直結式、ガラス真空二十管内貯湯型、1住戸160L

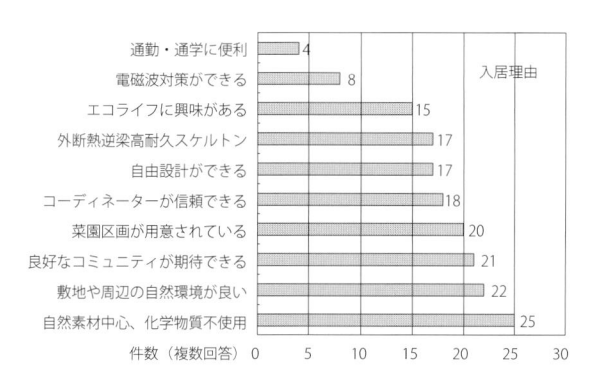

外断熱・バルコニー詳細：躯体の外側にロックウール2層125㎜、通気層を取って焼杉の外装。バルコニースラブと躯体の間にも断熱層があるので熱橋がない

入居理由（複数回答）：一般的には「自由設計」がトップにくることが多いが、この事例では「健康とエコ」をテーマにして募集したのでその志向が出たと思われる

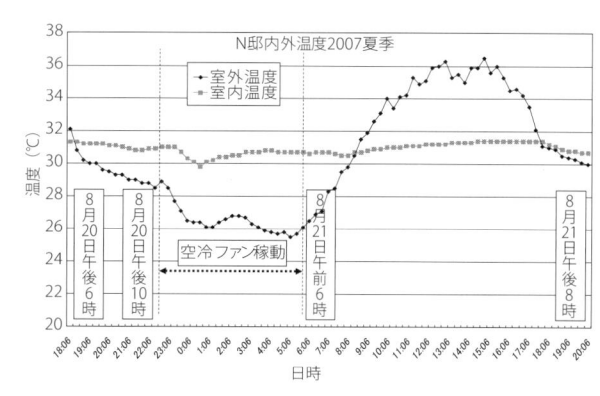

夏季室内外温度推移：エアコンを使用せず夜間の冷外気をファンで導入し、壁・天井の蓄冷熱で暮らしている住戸の事例

■高耐久高性能スケルトン

水セメント比を50％以下とし、階高は3,200㎜、水回りを含めて自由設計とするために逆梁構造とし、床下が600㎜あるので配管の部分を除いて床下収納として利用されている。外壁は外断熱。RC造で焼杉仕上げは珍しいが、入居者がエコ志向を表現したいということで選択した。バルコニースラブの切り離しと、屋上に約400㎜の菜園用土が載っていることなどから断熱性能は優れており、試算では一地域（北海道）の次世代基準と同等であった。斜面地でもあったので躯体のコストはかなり高くなっている。

■健康・環境仕様を徹底

標準仕様として推奨されたのはムクの木材、石膏ボード、漆喰系塗り材、エコ壁紙、金属、タイルなど、使用を控えるものとしては合成樹脂材、合板、集成材他化学物質を含むと思われる建材である。合板が選べないとなるとキッチンシステムや洗面システム、収納などの箱物は金属か石材かムクの木材でつくらざるを得ないし、合成樹脂も排除すると制約が大きく費用も高くなった。木材は宮城と神奈川近辺の杉材を中心に使用している。

■選択オプションの電磁波対策

電磁波に敏感な体質の入居者が数人いることもあって、室内電磁波対策にも配慮している。今回はIH調理器と電子レンジ、無線LANの使用を控えることとし、低周波電場を除去するための建築的対策を行った。主要配線回りをアースし、コンセントもアース付き、さらに敏感な人のために天井・床配線を導電性のシートでカバーしアースしている。完全に対策をした人は数人、残りの人は寝室などのみの部分対策となっている。蛍光灯は電磁波と水銀の問題で原則白熱球使用となったが、省エネ面からは逆行することになった。

■太陽熱温水とパッシブの利用

外断熱なので室内側はコンクリート打放しの住戸が多いが、それは室内の熱容量が大きいことを意味する。断熱性が高いこととあいまって冬は昼間の太陽熱が蓄熱されるし、夏は夜間冷熱が利用できる。上の図（夏季室内外温度推移）は冷房不使用住戸の真夏の温度推移を示すが、夜間にファンで外気を導入している。室温は安定しており昼間は外気より約5℃低く保て、夜は外気が約5℃低いのでパッシブ冷房に利用している。事実、エアコンを取り付けていない住戸が約半数ある。また太陽熱温水システムを約半数の住戸が利用している。太陽光発電も検討されたが電磁波の問題で見送られた。

■パーマカルチャーデザイン

オーストラリアから始まった循環型農園の体系に「パーマカルチャーデザイン」があり、この手法を取り入れようと日本の実践者を講師に7回の「公開研究講座」を建設組合主催で開催し、住民の大部分が参加した。屋上に25区画、地上に6区画の菜園が用意されほぼ全員が野菜づくりなどに精を出している。住民はエコと食の安全に関心の高い人が多く、玄米菜食主義の人もいる。

■コーディネーターの熱意と住民の労力提供

コープ住宅は入居者主体のプロジェクトなので組合の会合が多くなるが、今回はコーディネーターの熱意と入居者の熱意が合わさって普通以上の労力が提供されている。総会、理事会、各種の担当部会がほぼ毎月2年間にわたって開かれたので、会合の回数は100回を超える。それにパーマカルチャー講座を7回、外壁の杉を住民が製材所に毎週末通って焼いたのが270人日分もある。その結果として入居後の住民の連帯感は大変強い。

■入居理由の1番は健康仕様

入居者は30代から40代で小さい子どものいる家族が多い。30人以上の子どもがいるので共用部はけっこうにぎやかである。
居住者の家族の約6割には何らかのアレルギー体質の人がいて、その中に化学物質や電磁波に敏感な人が含まれる。その人たちにとって自分の住戸で十分対策ができ、建物全体も健康仕様であることは大きな満足であり、入居理由の1番になっている。他には、周辺環境の良さ、良好なコミュニティ、菜園付き、などが入居理由の上位に挙げられている。

コラム03

デザイナーズマンションの新たな展開

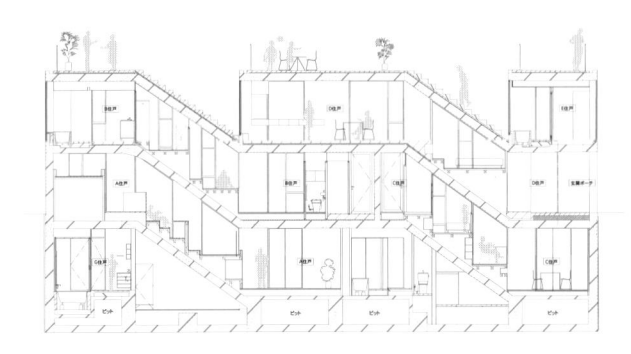

断面図（SLIDE 西荻）：住戸内外の階段が特徴的な設計
（提供：駒田建築設計事務所）

SLIDE 西荻（撮影：傍島利浩）

近年竣工したアーキネットによるコーポラティブ住宅

名称	設計者	戸数	住戸面積	竣工年月
SLIDE 西荻	駒田剛司ほか	9	60～102㎡	2008年12月
KEELS 四谷の棟状住居群	田井幹夫ほか	9	65～90㎡	2008年12月
由比ヶ浜ハウス	手塚貴晴ほか	5	68～103㎡	2008年11月
代田タウンハウス	早川邦彦	10	66～97㎡	2008年8月
Glasfall	北山恒ほか	6	63～83㎡	2008年1月
UNITE 神楽坂	千葉学	4	90～92㎡	2007年5月
co-HINATA	駒田剛司ほか	4	82～87㎡	2007年5月
TRAID	セルスペース	3	100㎡～	2006年10月
COURT HOUSE	タオアーキテクツ	5	66～95㎡	2006年3月

巷にあふれる「デザイナーズマンション」

デザイナーズマンションという言葉は、建築家による個性的な外観や間取りの賃貸集合住宅の呼び方として、1980年代後半バブル景気のころから使われはじめた。こう呼ばれる集合住宅の多くが、単身者やDINKSなど少人数向けでデザイン性が優先され、居住性や機能性が劣ったとしても、賃貸で居住期間が比較的短いことでこの問題が回避されてきた。その後も、ファミリー向け分譲マンションの外観や共用部分にデザイナーを起用した場合など、宣伝等のイメージ戦略に多用され続けている。

質の高い注文設計の集合住宅の登場

一方、質を求める住み手に対応する注文設計の住戸は特殊事例だったが、1990年代後半に「ライト型」と呼ばれるコーポラティブ住宅の登場を機に、自由設計による個性派マンションとして注目されはじめた。実際は標準設計をベースにした仕上げや造作家具の軽微な設計変更が多いが、一部の個性的な住空間が一般誌などでもてはやされた。なかでもアーキネット※による集合住宅は、ライト型のコーポラティブ住宅でありながら、建築専門誌に登場するアトリエ系の建築家を起用し、その作品は一般誌のみならず建築専門誌でも数多く取り上げられている。注文設計の住戸が個性的でも、建築家のデザインと融合しバランスを損なわない。本来の意味でのデザイナーズといえるのではないだろうか。

※アーキネットはコーポラティブ方式をコーディネートする会社。デベロッパーが仲介・販売を行うのと異なり、独自企画の集合住宅で、建設組合による建設の発注などをサポートする。1990年代後半に登場。

作品としてのデザイナーズ

住戸面積は一般の分譲マンションと同程度で、住戸数は多くが10戸以下と一般のコーポラティブ住宅よりも少ない。敷地は、スケールメリットが出ない、接道条件がよくないなど、マンション開発業者が手を出さない狭めで割安な土地を仕入れる。

建築家は、このような敷地条件を作品の価値に置き換えることが得意で、諸条件や周辺環境を巧みに利用して住宅の価値を高める。コンクリート打放しに象徴される初期デザイナーズマンションの特徴や、メゾネット、吹抜け、らせん階段などコーポラティブ住宅で多用されるデザインとも融合し、建築作品に仕上げている。

これからのデザイナーズマンション

このような集合住宅は、かつてのデザイナーズマンションの進化形ではない。建築家は住宅需用者の自由設計への過度な期待に対して適正なコストコントロールを行いデザインの質を高めている。中古市場ではマイナス査定となりがちな自由設計による特殊な住戸も、建築家の設計を経れば付加価値となり得る。建築家の創意工夫が、住宅が長く愛される契機となる。そして同時に、集合住宅を企画し建築家の職能を十分に引き出す、コーディネーターの職能が支えていることも重要である。

（佐々木 誠）

【参考文献】
1）鈴木紀慶『スズキ不動産 集合住宅編 - 有名建築家がつくった物件情報』ギャップ出版、1999
2）清水文夫『デザイナーズ・マンション Best Choice』グラフィック社、2002
3）篠原聡子「デザイナーズマンションという戦略」（『新建築2006年8月号』新建築社）

04 公私境界のデザイン

いまの集合住宅は、プライバシーを重視するあまり閉鎖的になりすぎた。その結果、集まって住むことのよさが最大限に発揮される機会が失われている。集合住宅は、「住戸→住戸近傍→住棟→都市」までが段階的・連続的に開かれながらつながり、公私境界がうまくデザインされていくのがよい。そして、段階ごとに建築的な工夫がされれば、集まって住む中での近所付合いや愛着感を生み出すきっかけをつくることができる。

ハードのデザインは、建築のプログラムや居住の仕組みと結びつくと説得力が高まる。単なるカタチの格好よさだけでなく、関係性や領域、距離感など、視覚だけでなくさまざまな要素を通じて居住者と相互作用を生み出しうる。それは特に、私的な住戸空間と半私的な共用部分、中でも公共空間の境界部分のデザインとして提案される。厳しい条件の中で、考え抜かれた計画とデザインからヒントが得られる。

戸建てコーポラティブ住宅
コモンを生み出す敷地計画

名称：野川エコヴィレッジ　所在地：東京都狛江市西野川　完成年：2004年　設計：大澤良二／エステック計画研究所　開発者：都市デザインシステム　戸数／棟数：9
敷地面積：1,353.27㎡（開発道路含む）　敷地区画面積：115.00～138.29㎡　各戸建築面積：44.73～51.96㎡　各戸延床面積：83.59～96.81㎡

4-1　公私境界のデザイン

複数の住宅をやや広めの敷地に配置し住みやすい環境をつくるという点で、集合住宅と戸建て住宅群の計画手法に多くの共通項がある。巧みに計画された集合住宅の中には、建築基準法上はいわゆる「一敷地一建物」としてではなく、複数敷地区画に分割した事例も見られる。道路と敷地区画からなる戸建て住宅群は、ミニ開発（たとえば旗竿敷地）等どこにでもあるが、それらの複数の住宅群として包括的な敷地計画が行われたものを「集合住宅」として考えることは、興味深い。

「野川エコヴィレッジ」は、そのように9つの敷地区画と開発道路からなる宅地開発をコーポラティブ方式で計画・実現した事例である。住民間の話し合いを経て、区画内の建築可能範囲、建物デザイン要素の統一、電線の地中化、塀のないオープンな外構などのルールを住民間の環境協定として定めて、協調的な整備を行っている。

開発道路は、終端部に回転広場を設けた袋路状のクルドサックとなり、周辺の外構と仕上げを共通化することで、中庭のような広がりのあるコモン空間が生まれた。ここは子どもたちの遊び場や住民間の交流の場として使われているという。協調的整備によって、隣接する野川の自然環境とも調和した連続感のある街並みも形成されている。コーポラティブ方式により自由設計、施工の合理化などのメリットもあるが、道路を含めた敷地全体を、包括的に計画・整備することで、集まって住むことで実現する環境の良さや付加価値を実現した事例といえる。

（田中友章）

野川エコヴィレッジ：開発道路を含むコモン空間

隣接する野川に面した外観

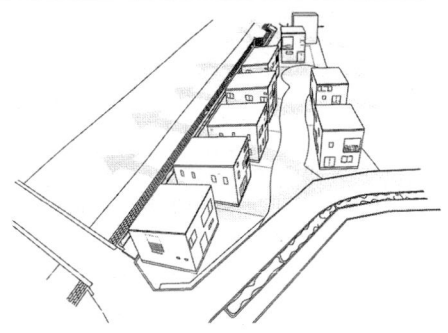

野川への風の流れを意識したボリューム構成

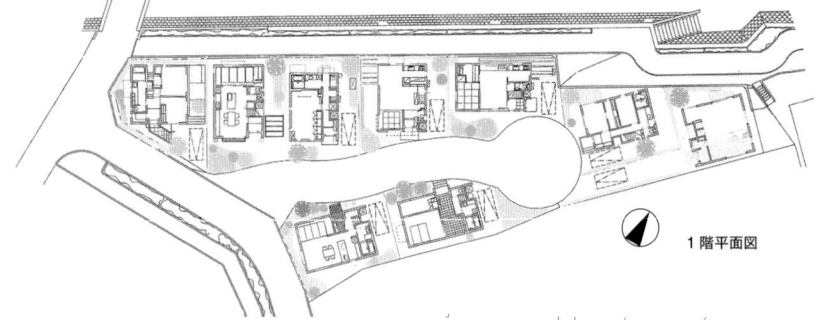

1階平面図

●参考事例

アパートメント鶉（じゅん）　（撮影：畑拓）
約1,400㎡の敷地に、ギャラリー併設のオーナー住宅と12戸の賃貸住宅が建つ。敷地は4区画に分割されて外周の道路に接道し、住棟が中庭や路地のコモンを取り囲む構成となっている。

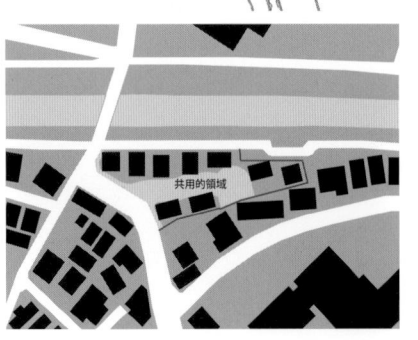

配棟計画図（Block Plan）では、対象区域の形状、建物およびオープンスペースの形態と配置を示し、構成要素による図と地の関係や建物により構成される共用的空間領域（コモン）のかたちなど、形態配置レベルのレイアウトを分析している

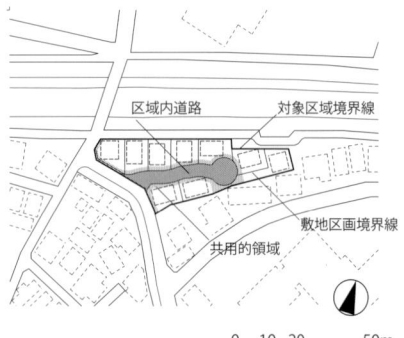

敷地区画図（Lot Plan）では、計画に伴って設定された各敷地区画や道路・通路の形状と位置を示し、公私がそれぞれ権原を有する区画の配置と境界、そして共用的空間領域（コモン）との関係など、区画境界レベルのレイアウトを分析している

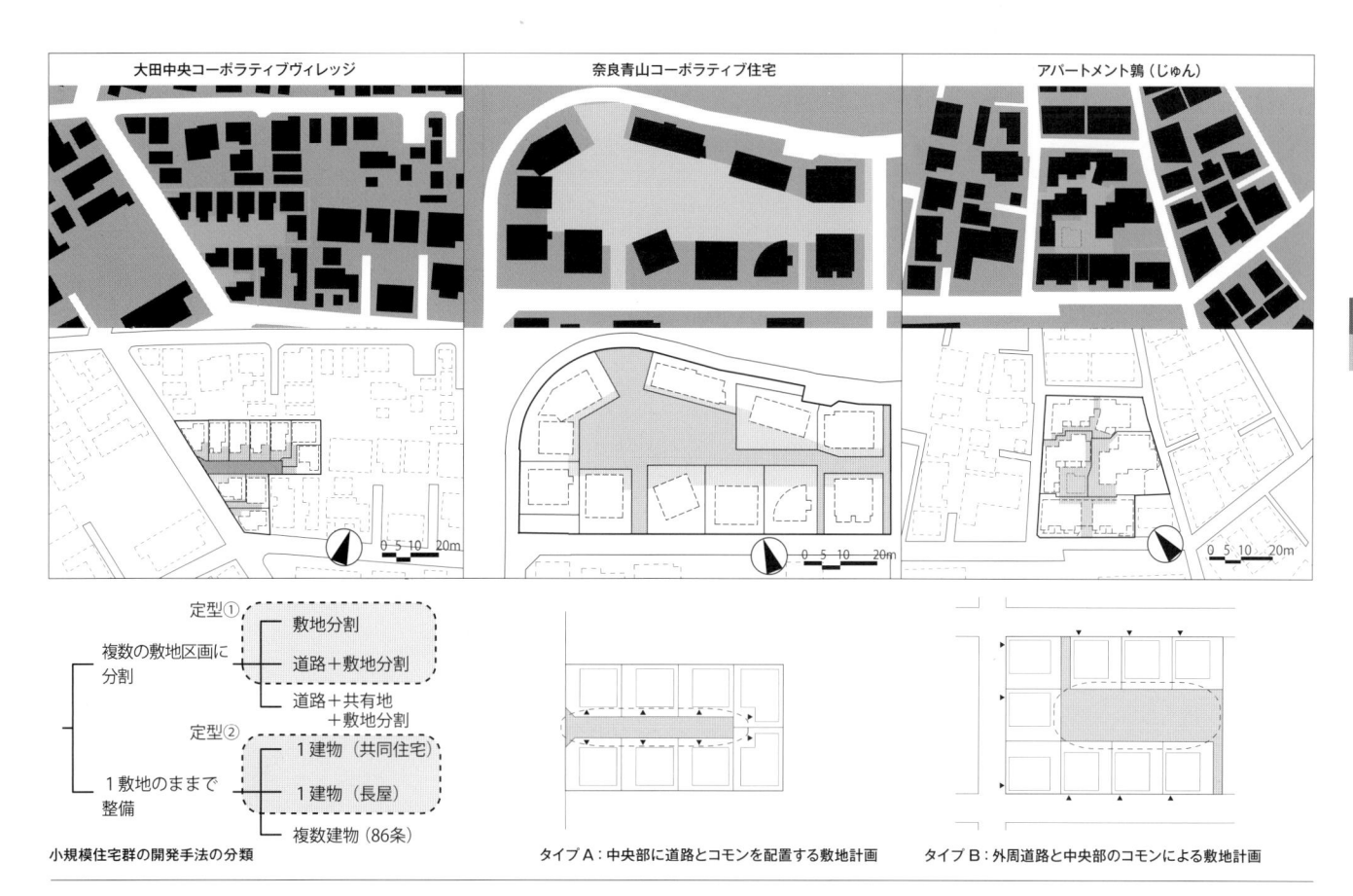

| 大田中央コーポラティブヴィレッジ | 奈良青山コーポラティブ住宅 | アパートメント鶉（じゅん） |

小規模住宅群の開発手法の分類

- 複数の敷地区画に分割
  - 定型①
    - 敷地分割
    - 道路＋敷地分割
  - 道路＋共有地＋敷地分割
- 1敷地のままで整備
  - 定型②
    - 1建物（共同住宅）
    - 1建物（長屋）
  - 複数建物（86条）

タイプA：中央部に道路とコモンを配置する敷地計画

タイプB：外周道路と中央部のコモンによる敷地計画

■敷地計画を工夫して住宅群の配置

複数敷地区画からなる住宅群を計画する場合には、法制度との整合を図るための工夫が必要となる。建築基準法では、建築物を単位として敷地、構造、設備および用途に関する最低限の基準を定めており、1つの建築物が原則として敷地に建ち（1敷地1建物の原則）、敷地は道路に2m以上接することを求めている（接道義務）。上図に、一団の敷地に複数の住宅群を整備する場合の開発手法を整理しているが、次の2つの方法が定型的方法となる。

①敷地を、道路を入れるなどして接道を確保して、複数の区画に分割する。そして各区画に戸建て住宅を計画する。

②敷地を分割せず、共同住宅・長屋などの1つの建築物を建設する。

定型①は、建売り住宅などの戸建て住宅開発でよく見られる方法で、定型②はマンションなど集合住宅で通常用いられる方法だが、どちらも法制度に適合するための手法だ。

コモンとなるオープンスペースを取り囲むような敷地計画の場合、建築確認上は複数の計画として申請するなど敷地区画割りを工夫するケースが見られる。「アパートメント鶉」や「森山邸」（設計：西沢立衛）は複数の住宅からなる集合住宅のように見えるが、実際には3～4の敷地区画に分割して建築確認が行われている。これは法制度が誘う敷地計画を無原則に受け入れるのではなく、提案する空間像を実現するため敷地計画の手法を工夫した例といえる。

■コモン空間を生み出す2つの手法

やや広めの敷地を分割し、各区画に接道を取って、住宅群がコモンを取り囲むように配置するには、2つの手法がある。

タイプA：敷地の中央部に各区画に接道を取る道路を設定し、道路を含む周辺領域をコモンとして活用する敷地計画。

タイプB：敷地外周部の道路から各区画の接道をとり、敷地の中央部に共用オープンスペースとしてコモンを配置する敷地計画。

取り上げた事例では、「野川エコヴィレッジ」「大田中央コーポラティブヴィレッジ」がタイプAにあたり、「アパートメント鶉」「奈良青山コーポラティブ住宅」がタイプBにあたる。タイプBは敷地外周に道路があらかじめあるなど恵まれた条件のケースに限定されるので、道路＋敷地分割の手法を用いた住宅群開発では、タイプAが主軸となるだろう。そこでは道路を中心にコモンとなる空間を一体的に計画することがポイントとなる。

■コーポラティブ方式で協調的に整備

この種の住宅開発にコーポラティブ方式を用いるメリットは何だろうか？ この方式には、居住者の合意による計画を共同で実現するという目的志向型の特性がある。戸建てのコーポラティブでは、敷地区画設定と建物配置を工夫した空間構成や、道路を中心としたコモン空間の整備、電線地中化や建物外観（色彩や材料）の共通化による街並み整備などを、合意により協調的に実現することができる。このような敷地全体の包括的整備には、住民間の合意形成にもとづくルール（環境協定、街並協定など）を活用した事例が多く見られる。

野川エコヴィレッジや大田中央コーポラティブヴィレッジでは、新設道路と各敷地区画の境界を限りなく消して一体的なランドスケープを施すことで、広がりのあるオープンスペースとして整備している。通過交通がないので、ほとんど自分たちの共用庭のようなもので、いわば道路空間をコモンとしてつくり出す試みといえる。

■戸建てコーポラティブの可能性

コーポラティブ方式には、住民間のコミュニティ形成、自由設計や価格の適正化などを図れるメリットがあるが、戸建てでも同様のメリットはほぼ実現可能だ。紹介した事例の大半では、施工を一体化・集約化し集合メリットを生み出している。集合住宅の場合は、個別設計対応による工期遅延や区分所有によるリスクなどのマイナス面も指摘されるが、戸建てのコーポラティブは基本は通常の戸建て開発と同じなので、土地・建物とも権利が専有となり、竣工時期をずらすことも可能だ。完成までの手間が過大との欠点もよく挙げられるが、野川エコヴィレッジは企画者が用意したプランをもとに進めるタイプで、参加者の負担を軽減している。

計画過程では、住宅の窓位置などプライバシーや相隣関係の調整が可能で、敷地全体の環境は個別整備の場合よりはるかに良好となる。また、事業過程で住民間の相互理解も進むので、入居後安心して暮らすための人間関係を築く機会も生まれるだろう。この方式は、各住宅への個別要求を実現したうえで、外構など集合メリットのある部分を中心に協調的に整備する手法と考えることもできる。戸建て住宅群を包括的・協調的に計画することで価値を付加し、コーポラティブ方式により実現しているのがこの方式の特徴といえる。本来は、このような整備に対応する制度があることが望ましいが、今後は一敷地複数建物の総合的設計にもとづく漸進的整備を認める連担建築物設計制度などの活用も期待される。

【参考文献】
1) 青木仁「ミニ戸建て開発ー小さな敷地がつくり出す街並みの可能性」（『新建築　第78巻9号』p155-157、2004）
2) 田中友章「複数敷地区画の協調的整備による住宅群計画に関する研究-過去10年間の先導的事例の比較による考察」（『日本建築学会　住宅系研究論文報告会論文集2』pp.225-234、2007）
3) 「住宅とマチの関係のデザイン」（『2007年度日本建築学会大会（九州）パネルディスカッション資料』2007）

管理規約付き戸建て住宅地
デザインと住民活動を結び付ける仕組み

名称：ロケーションヴィレッジ千葉　所在地：千葉県千葉市若葉区大宮台1丁目〜他　入居開始年：2007年　街区面積：13855.4㎡　計画戸数：44戸
販売会社：相互住宅16戸、東日本ハウス12戸、新昭和12戸、鎌形建設4戸　基本計画・事業者：都市デザインシステム

戸建住宅地内の共有地管理に対する意思決定の方法と、活発な住民活動が継続されることを目的として、マンションのように管理規約と統一デザインのルールがある戸建て住宅地が計画されている。このような住宅地では管理規約や、統一デザインのルールをもとに住民は管理組合を運営することになる。しかし、管理規約やルールを準備しただけでは、住民が自主的に組織を運営することは難しい。

「ロケーションヴィレッジ千葉」は、千葉市若葉区大宮台の北西に位置し、公社の賃貸マンション9棟の跡地における再開発である。既存住宅地である大宮台の活発なコミュニティと、東側の雑木林に対し大きく開けた眺望に、価値を見出し住宅地のコンセプトとしている。区画の特徴は4区画に1つのクルドサックが連続的に配されるもので、東側の斜面緑地とインターロッキング敷きの道路に地役権が設定されている。

ここでは、販売会社が管理サポート会社への委託費用を1年間負担して、管理組合の設立支援と運営支援を行った。サポート業務の中心は、理事が判断に困った時のアドバイスや他の住宅地における管理事例の紹介、住民アンケートや報告書の案文作成などである。住民同士では言いにくいことや管理に関する認識の違いといったようなことを調整する役目もあった。このように管理組合の設立段階から第三者的な立場の専門家が参加することで、住民管理組合が円滑に立ち上がり、自主的な管理が行われ始めている。

（温井達也）

住宅地計画の柱となった東側雑木林への眺望

第1回総会（事業者主催）

第2回管理組合総会後の懇親会
初年度の理事役員により準備と当日の運営が行われた

管理組合の初年度の活動内容

1. 定期的な理事役員会（月1回〜2回）
2. 管理組合の通帳と代表理事印の作成
3. 初年度管理組合費用および一時金の徴収
4. 組合運営に関するアンケートの実施
5. 管理規約の一部改定
6. 管理費用シミュレーションの改定
7. 植栽管理会社の選定および発注
8. 組合員への理事役員会の定期的な報告
9. 第2回管理組合総会準備
10. 活動報告書・会計報告書の作成
11. 管理組合役員候補者の打診と意見徴収
12. 第2回管理組合総会の実施
    ・新期理事の選出
    ・初年度理事経験者によるサポート開始

※1〜11には、管理組合サポート会社による管理サポート期間

●参考事例

高須青葉台ニュータウン「青葉台ぼんえるふ」
ニュータウン内のモデル街区として計画された105区画の住宅地、クルドサックで構成された共有地を住民が管理組合を組織して、管理組合規約とデザインのルールを活用して自主的に維持管理を行っている。

懇親会後の片づけ
参加した組合員が自主的に協力して行った片づけ作業

既存住宅地（大宮台自治会）の活動
居住者による公園内への花植え活動、その他自治会では、各種イベント活動など、活発に活動を行っており、住宅地内のさまざまな場所で確認することができる

全体図

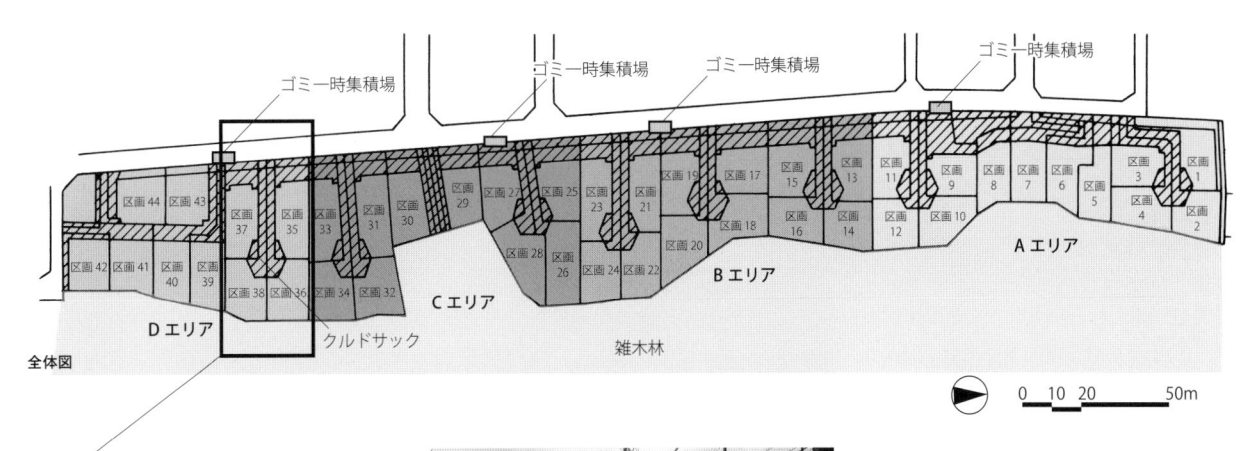

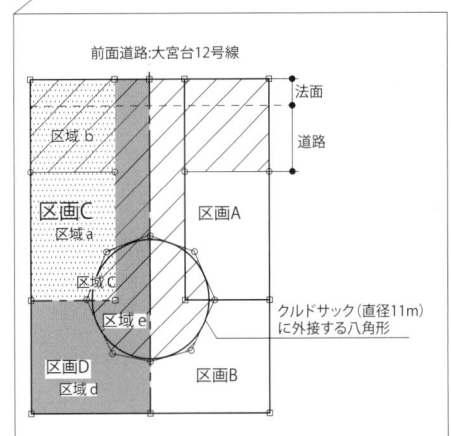

ゴミ一時集積場

区画44 区画43 区画37 区画35 区画33 区画31 区画30 区画29 区画28 区画26 区画24 区画22 区画20 区画18 区画16 区画12 区画10 区画4 区画2
区画42 区画41 区画40 区画39 区画38 区画36 区画34 区画32 区画27 区画25 区画23 区画21 区画19 区画17 区画15 区画13 区画11 区画9 区画8 区画7 区画6 区画5 区画3 区画1

Dエリア　クルドサック　Cエリア　雑木林　Bエリア　Aエリア

0 10 20 50m

前面道路：大宮台12号線

法面
道路

区画C（区域a）
区画A
区域c
区域e
クルドサック（直径11m）に外接する八角形
区画D（区域d）
区画B

- 地役権設定エリア　□ 区画境界杭
- 所有権範囲①　○ 地役権設定エリア境界杭
- 所有権範囲②

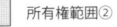

■区画Cは区域a、b、cで構成され、区域b、cに地役権が設定される。
■区画Dは区域d、eで構成され、区域eに地役権が設定される。

西側の斜面緑地とインターロッキング敷き道路
連続して見えるが、所有権は、44戸に分かれている、地役権を設定することにより、共有地として相互に利用し合える。これらの共有管理物があることが、マンションなどと同じく管理組合を必要とする理由になる

クルドサック
住宅地の特徴の1つとなるクルドサックは、一端が行き止まりになっている袋路で、4戸に1つ直径11mの転回スペースが設けてある。地役権が設定してあるクルドサック内に各戸の玄関は面しており、コミュニティが形成しやすくなるように、住戸配置がなされている

「ルールについて」

「ロケーションヴィレッジ千葉」では、管理組合運営のルールとなる「管理組合規約」と、デザインを守るためのルールとなる「街並協定」がある。「管理組合規約」の特徴は、管理組合が管理する共有地・共有物の維持、点検、保守、清掃、管理および修繕全般を管理組合の義務と位置付けている。また、役員の任期を2年間とし、1年目は役付き理事、2年目は新理事を補佐する役員となることが規定されており、引継ぎ方法と補佐の仕組みがある。
「街並協定」は、街並み統一の観点から、シンボルツリーの植樹、生垣の種類や高さと位置、一定規模の物置や駐車場屋根の設置規制など、21項目からなる詳細なデザインルールが規定されている。

■地役権の設定と共有地管理

地役権が設定された土地は、居住者が相互に利用できる共有地として考えられる。各区画は、地役権の設定が必要な承役地と、他の区画の要役地として相互に地役権が設定されている。

地役権は、利用される側の土地（承役地）と利益を得る側の土地（要役地）があり、登記することができる。これら地役権を設定することにより生まれた共有地を管理するために、管理組合規約とデザインのルール（街並協定）がある。管理費用は、管理組合規約により1万8千円/年と一時金20万円である。この費用は30年間の修繕シミュレーションをもとに事業者によって算出された。管理費用は、斜面緑地の日常的な植栽管理と、インターロッキング舗装や埋設配管の補修費用に充てられる。

■管理組合規約と運営の工夫

管理規約は、管理組合の役員構成についてある工夫がなされている。管理組合理事役員の任期を2年間とし、1年目の役付き理事が次年度の役員となるように、理事経験者が新年度の理事をサポートするような仕組みとなっている。これは理事役員のあいだで得られた細かなアイデアが次の人に伝わるように、住民活動が継続するようにとの意図が込められている。

運営方法では、理事役員会の開催に加え数度にわたるアンケート調査を行い、組合員の意見聴取と各理事への作業分担が実施された。このように、組合員の意見聴取をアンケート形式で行うことにより、理事会の決定を迅速に行うことができる。また、各ブロックに2名の役員を置き、1名が役付き、もう1名が補佐を行うという引継ぎの仕組みは、役員の負担を軽減するとともに、各ブロックの情報発信と情報収集の時間短縮に効果がある。また、作業分担を明確にすることは、各役員が運営にかかわる機会と責任感を増し、自主的な管理活動を促進させると考えられる。

■管理活動の「きっかけ」となるルール

管理組合のある住宅地は、販売事業者からは細かなルールがあるので売りにくいと考えられることが多い。しかし、住宅地の購入動機として、ルールがあることを挙げる住民もいるように、積極的にルールのある住宅地を購入する人もいる。こうしたことから、ルールに対する理解、ひいては住宅地への理解の高い人が集まる住宅地となり、近所付合いを円滑に進めるうえでのメリットは大きい。住宅購入後に、住民は管理活動等を通じて情報交換を頻繁に行っている。しかるべき社会的地位や能力、経験を持った人が集まっており、自主的な住宅地の管理を意識すれば、住民が必要とするサポートを行うことで多くの活動が可能となる。管理活動の「きっかけ」となる管理規約等のルールは、活動をサポートする仕組みを整えれば、住民による自主的活動の早期立ち上げとその継続に効果があると考えられる。

【参考文献】
1）温井達也・花里俊廣・渡和由「青葉台ぽんえるふとグリーンテラス城山における管理活動に関する比較調査」（『日本建築学会大会学術講演梗概集』2007）
2）温井達也・花里俊廣「住宅地マネジメントへの企業としてのアプローチと管理組合活動」（『日本建築学会大会研究懇談会』2009）

コミュニティ空間を持つ高層高密住棟
住まいを街に開く公私領域のつくり方

名称：東雲キャナルコートCODAN 中央ゾーン　所在地：東京都江東区　敷地面積：約4.8ha（全体16.4ha、約6,000戸）　完成年：2003年　戸数：1、2、3、4、6街区UR賃貸1,712戸　5街区東京建物賃貸住宅423戸　生活支援施設：保育園、学童クラブ、ショッピングセンター、店舗、クリニック、デイケア施設など　住宅市街地総合整備事業、高層住居誘導地区、まちなみ誘導型地区計画

　都心居住を推進する場合、地域ポテンシャルの高さから高密度な計画となりがちである。その場合、超高層住棟を活用して高密度を達成することが多い。超高層住棟はオープンスペースが建物周辺に確保され緑地系の住環境は確保することはできるが、一方、出来上がる空間はどうしても大づくりとなり、周辺とのなじみに乏しい空間となることがある。

　多様な街並みや住空間を獲得するための高層住棟による高密度な設計手法を手に入れつつも、本来集合住宅の魅力であるコミュニティ空間を高密度な中に取り込むことはできないであろうか。また、日照やプライバシー性能も、高層高密度な中で、新たな水準はできないであろうか。こうした課題に対し、公私の領域が緩やかに接し、中低層の集合住宅の持つコミュニティ空間やギャラリー的な生活の表出空間を住棟内にとろうとしたプロジェクトを紹介する。

　「東雲キャナルコートCODAN　中央ゾーン」は、UR都市機構が東京都江東区で実施した約2,000戸、14階建て容積率約350％のプロジェクトで、住戸から共用部、中庭、街路へと空間的連続を目指して設計がなされている。　（井関和朗・高橋正樹）

航空写真

配置図

●参考事例

リバーハープコート南千住
UR都市機構では、公私領域のつくり方に関して、葛西クリーンタウンのリビングアクセスメゾネットや多摩ニュータウンのストリート住宅、幕張ベイタウンのメゾネット型ストリート住宅など、住宅と共用部や街路との関係を親密にする設計を実現してきた。
1階部分が機械室等で街並み的に無表情になる場合、2階の住戸とメゾネットを構成し、ストリート住宅を街路に面させて街並みを形成した例に「リバーハープコート南千住」ストリート住宅がある。

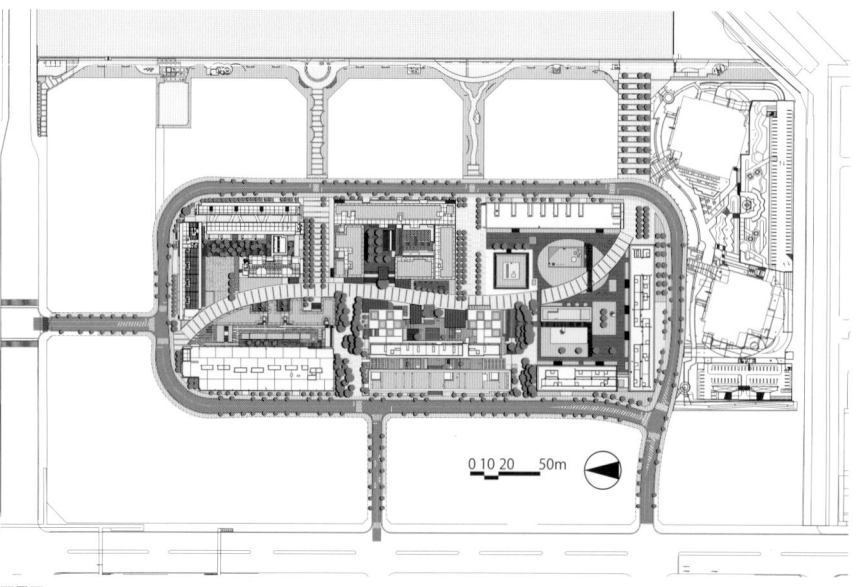

SOHO住宅

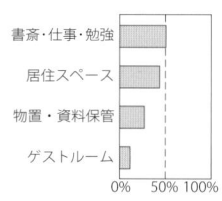

応募者調査における応募理由 (MA n=271)

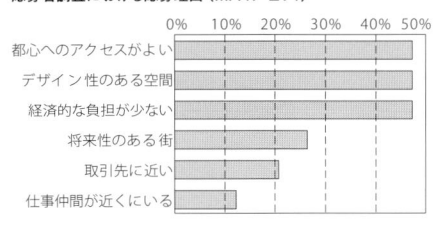

ホワイエルーム

ホワイエルームの評価 (n=35)

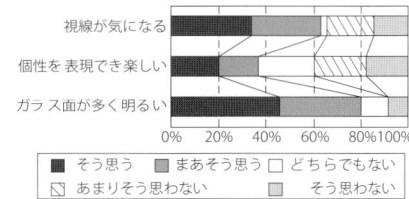

アネックスルーム

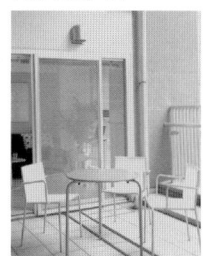

アネックスルームの使い方 (MA n=18)

1・2街区のボイド

シースルーエントランス

シースルーエントランスの評価 (n=70)

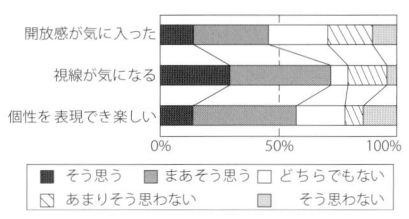

サンルーム型水回り

サンルーム型水回りの評価 (n=35)

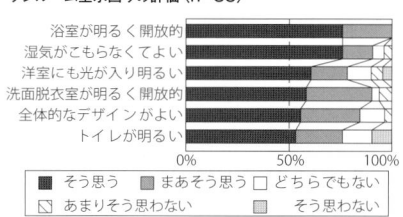

居住者による商品企画の応募時の評価

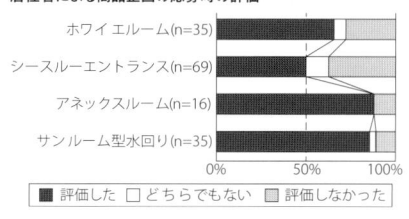

調査概要

街区	管理開始	調査時期	住戸数	アンケート配布数	回収数	回収率
1街区	H15.7,9	H17	420	407	137	33.70%
2街区	〃	〃	290	283	94	33.20%
3街区	H16.3	H18	356	344	123	35.80%
4街区	〃	〃	321	321	120	38.60%
6街区	H17.3	H19	325	305	102	33.40%
合計			1,712	1,660	576	34.70%

(調査主体:都市再生機構 東京都心支社、調査実施:URリンケージ 都市・居住本部)

■住まいから街に開かれていく空間連鎖

住戸は住棟共用部に開かれ、住棟は中庭に、中庭はS字街路に、S字街路は街に開かれていく。そのように各スケールを開きながらつないでいく空間の連鎖に取り組んでいる。全体の配置計画は周辺の運河や通りに開かれた構造となっている。住戸の住棟共用部への開放は、防火上の要件をクリアしたうえで、生活の表出型の住戸を計画し、居住者により新たな住戸プランに呼応した住まい方が実践されている。

■SOHO住宅

都市型の生活スタイルの代表的なケースに住宅のスモールオフィス・ホームオフィス(SOHO)化がある。ここでは、オフィス部分と住戸部分を持つユニットを2階デッキ部分に計画した。2つの領域はメゾネットの上下階に分離され、外部とのアクセスもオフィス部分と住戸部分で分離し、生活時間や領域の違いに配慮し、居住者の評価を得ている。

■コミュニティボイド

住棟内にコミュニティボイドと呼ばれる吹抜けをつくり、暗くなりがちな中廊下や共用部に光と風を入れる試みをした。ボイドは共用部として設計したケースと専用部のケースがあり、ボイドに対しては表出型の住戸を配して、住棟内にかつてのタウンハウスとコモンの関係を取り込んだような空間計画に取り組んだ。こういった新たな共用スペースと住戸の関係に対しては、プラスの評価が多かった。

■共用部に開かれる住戸、ホワイエルーム、シースルーエントランス

住戸を共用部に開くには、表出型ライフスタイル提案とプライバシ対策の双方が必要と思われた。住戸を閉じてしまえば、居住者はたとえば壁部分を開くことは不可能となるが、開いておけば、閉じることと開くことの選択を居住者に預けることが可能と理解し、今まで難しかった「開くこと」に取り組んだ。コミュニティボイドに面したホワイエルーム(多目的室)においては、ギャラリー的な活用をした住まいも見受けられた。また、プライバシ保護と断熱の観点から「内雨戸、インナードア」を設置した。建具はストライプにデザインされ、住戸が閉じられている場合もコミュニティボイドの活気を演出している。

透明ガラスの玄関ドアを持つシースルーエントランス型住戸においても、多くの楽しい表出がなされている。ここでもプライバシ対策をかねたインナーウォールが玄関部の空間のグラデュエーションをつくり出し、それぞれの表出の安定感につながっている。

■アネックスルーム

母家と離れの関係を持った分離型のユニットを計画し、離れにあたる部分をアネックスと呼んでいる。アネックスと母屋は専用の大きなテラスを挟んでいるケースや上下に分かれているケースなどがある。アネックスの利用は家族同居や趣味の部屋などいろいろなケースが調査で確認された。

■サンルーム型水回り、ビューバス

住戸においてはハイサッシを用い居室への採光を重視した。水回りはセンターコアとし機械換気とするのが一般的であるが、一方水回りの役割も変化し浴室は重要なリラックス空間となりつつある。そこで、水回りを外接部に置き、ビューバスと呼ばれる窓辺の浴室と常時はサンルーム的に活用できる洗面脱衣スペースを計画し、居室部分との壁はガラスとした。ふだんはデッドスペースとなる水回り空間も、ガラス越しに入る光によって快適な空間となり、住戸の広さの演出にもつながって高い評価を得た。

【参考文献】
1)「CODAN東雲は、集合住宅を変えるか」(『日本建築学会春期学術研究集会』2004)
2) 日本建築学会・住宅小委員会編『事例で読む現代集合住宅のデザイン』彰国社、2004
【写真提供】都市再生機構
【編集協力】長澤愛子

開いた公営住宅
リビングアクセスとプライバシーの調整

名称：仙台市営荒井住宅　所在地：宮城県仙台市　設計者：阿部仁史＋阿部仁史アトリエ　計画：東北大学建築計画研究室　完成年：2004年　敷地面積：4,189㎡
建蔽率：50.6%　容積率：76.7%　階数：3階　戸数：50戸

社会のセーフティネットとして大きく転換した公営住宅に、建築空間を通じて、ある回答を導き出そうと考えたのが「仙台市営荒井住宅」である。この住宅では、閉鎖的な従来型の住戸が招いた居住者の孤立という問題を緩和し、自律的な地域社会形成を支援することを目的として、全住戸の約6割にリビングアクセスが導入されている。

リビングアクセスとは、共用廊下側に居間を開放的に配置することで、居住者の視線を共用空間に向け、近隣交流を生み出そうとする集合住宅の設計方法である。荒井住宅では、リビングアクセスで懸念されるプライバシー問題を緩和するために、従来は避けがたかった住戸前通路を改めて、並行する住棟を縦通路で接続する方式を取っている。そのほか、断面をセットバックし、専有のベランダを緩衝帯として確保した。これにより、各住戸の居間が共用空間に開放的に接続されている。

実際に、荒井住宅では居住者によるコミュニケーションの幅や頻度が入居前と比べ増えている。一方で、直接、近隣交流を望まない居住者もいるが、そのような場合でも、単身高齢者は孤独死の不安から、若年世帯は子育て環境として、開放的な住まいの効用を認めている。プライバシーやコミュニティは実態として多義的であり、空間構成と一対一で対応するものではないが、居住者が自らの住まい方を調整する余地として、共用部との緩衝帯となる中間領域をいかに豊かに確保できるかが、リビングアクセス導入の鍵であることは確かなようである。

（小野田泰明・北野央）

外観

テラス
住戸と共用空間をゆるやかにつなぐ緩衝帯となる。プランターで園芸活動が行われている。

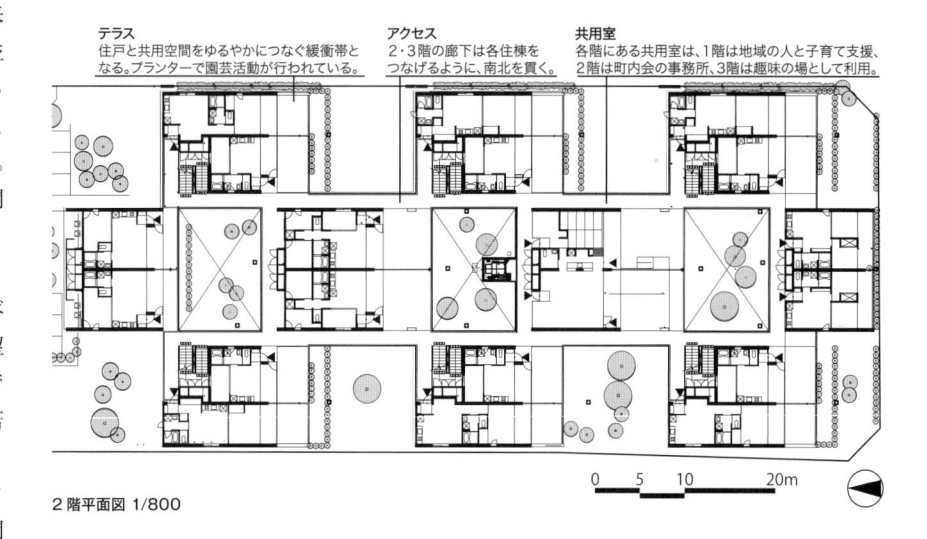

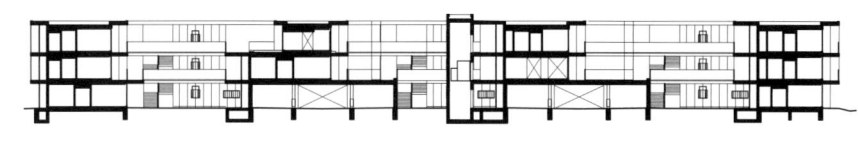

アクセス
2・3階の廊下は各住棟をつなげるように、南北を貫く。

共用室
各階にある共用室は、1階は地域の人と子育て支援、2階は町内会の事務所、3階は趣味の場として利用。

2階平面図 1/800

断面図 1/800

● 参考事例

● 葛西クリーンタウン

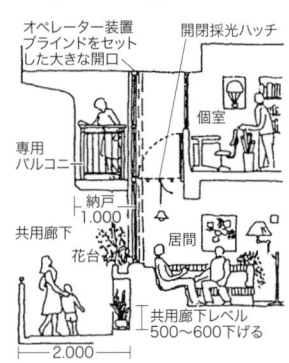

断面図

住戸前の緩衝帯

設計：住宅・都市整備公団東京支社、構造計画研究室　階数：8階
戸数：32戸　完成年：1993年

● 相模原市営上九沢団地

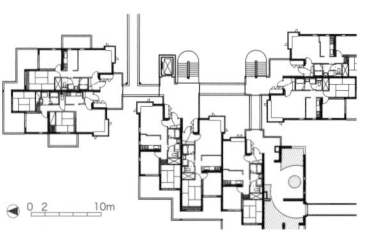

上九沢団地3階平面図 1/800

空中歩廊に面する住戸

住棟に囲まれた中庭

設計：船越徹＋ARCOM　階数：地下1階、地上6階～14階　戸数：564戸　完成年：2002-2004年

居間の開口は出窓とし、共用廊下の下間にヴォイドを設けることで、露出を控えている。また、住棟は囲み型配置にすることで、他棟の住戸からの視線が中庭を通して交わる。

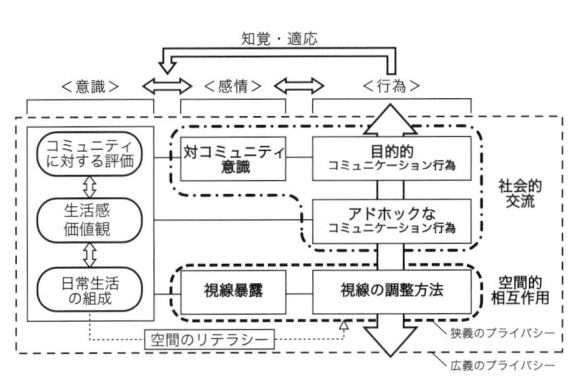

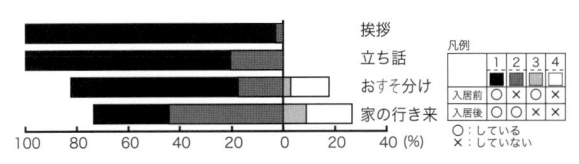

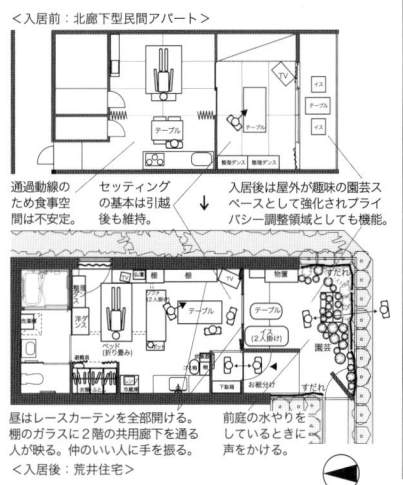

■プライバシーは個と共の境界の調整

リビングアクセスにおいて、懸念される問題の1つがプライバシーである。しかしプライバシーは、広く信じられているような視線暴露にとどまる問題ではない。日常生活の時々で、各自が個と共の境界を調整する動的な過程なのである。居住者は、個人の生活意識やコミュニティに対する評価にもとづいて、空間的調整やコミュニケーション行為の調整（社会的交流の調整）を行うことで、広義のプライバシーを調整している。

■空間的な仕掛けと居住者の住みこなし

プライバシーを和らげるためには、住戸と共用空間の間の緩衝帯が重要になる。リビングアクセスを初めて取り入れた「葛西クリーンタウン」（1983年）では、共用廊下と居間の間に段差を設けることで、プライバシー問題の緩和が図られている。しかし、こうしたレベル差による解決はバリアフリーとの整合性やコスト面での課題などを孕んでいるためか、その後、普及しなかった。

1990年代以降、一部ではあるが、公営住宅にもリビングアクセスが導入され、段差の代替となる新たな緩衝帯の設計手法が提案されている。たとえば、「茨城県営滑川アパート」ではバルコニーや広い玄関（グラスルーム）といった中間領域が設定され、共用廊下の間もボイドを設けている。では、実際に居住者はこうした緩衝帯をどのように住みこなしているのだろうか。荒井住宅では、外からの視線感受意識の有無にかかわらず、居住者が家具やカーテンなどの設えを住戸内外で段階的に調整して生活領域を形成する様子が観察された。つまり、居住者は、開口部のカーテンにとどまらず、住戸前を植栽スペースにしたり、住戸内の家具の置き方などを工夫することで、自分の生活に合わせて、リビングアクセスを住みこなしている。

■空間をやわらげるコミュニケーション

荒井住宅の居住者の入居前後の近所付合いを比較すると、入居後、立ち話やおすそ分けが20％近く増加しているほか、家の行き来が頻繁に行われるようになっている。住戸の向きが開放的なため、ベランダと共用廊下・共用テラスの間で立ち話が行われたり、その延長で家に招きやすくなったようである。また、子育て、高齢者との交流、町内会や住宅の維持管理などのように、コミュニティに対して明確な目的を持つ場合は、自住戸内だけでなく、共用空間を積極的に活用して近所付合いが行われている。

■リビングアクセスによる生活の変化

ある高齢者は外からの視線は気になるが、孤独死が心配という理由で共用部へ開放的な住戸を評価している（ケース1）。また、子育てをする母親は、キッチンは丸見えになるが、子どもにとって外に出やすいのは良いと評価している。このように、視線が気になっていても、リビングアクセスを一概に否定しているわけではなく、前述のように空間とコミュニケーションの両者を調整しつつ住みこなしている。

また、かつて住戸の一番奥に位置するベランダで行っていた趣味の園芸を転居後は南庭に移し、通路を通る知人に声をかけるきっかけに変化させている例（ケース2）も見られた。空間の変化に伴い、趣味活動がコミュニティとの紐帯としての役割も果たすようになっているのである。

■リビングアクセスに住むこと

リビングアクセス居住者には、その空間の特性を読み解き、自分の生活を順応させることが要求される。また、調整するための設えの設置といった調整行為は、居住者にとって面倒なことかもしれない。しかし、日常生活の中で他者との境界を調整するという経験が、コミュニティとの距離感の形成に寄与し、結果、高齢者の見守り環境や子育ての環境の構築につながっているという側面もあり、評価は難しい。

【参考文献】
1) 小野田泰明ほか「コミュニティ指向の集合住宅の住替えによる生活変容とプライバシー意識」（『日本建築学会計画系論文集 Vol.642』2009）
2) 北野央ほか「リビングアクセス型住戸の比較研究」（住宅総合研究財団助成研究）

超高層分譲マンションの住戸平面
住棟形式と販売戦略との関係

名称：ザ・トウキョウ・タワーズ（シータワー）　所在地：東京都中央区勝どき　完成年：2008年　計画面積：17028㎡　計画戸数：1,333戸　建ぺい率：70％
容積率：960％

民間分譲マンションというと画一的な「定型3LDK」を思い浮かべる人も多かろう。しかし、超高層の1,000戸を超えるような大規模住棟には住戸がさまざまな型で計画されている。

超高層の住戸類型を調べると、居間を中心にした生活を送ると理解される「居間連結型」（あるいは「居間中心型」「リビングイン型」）と、個室のプライバシーを重視した空間構成と理解される「廊下連結型」（あるいは「公私分離型」「PP（パブリック・プライベート）分離型」）と、それらの中間の「中間型」が、住棟に混在しており、住戸類型のうえでは、定型3LDK（中間型）の繰り返しでなく、多様である。これは1つには住棟形式が住戸類型に影響を与えることが要因であると指摘できる。

また、販売業者や設計者の間では、居間連結型はプライバシーが十分に確保できない住戸類型と理解されているが、面積の小さな住戸を確保するため、また、住戸を差異化するために導入されているようである。

「ザ・トウキョウ・タワーズ」は、東京都中央区勝どきに建つ58階建てのツインタワーで、1棟1,333戸と大規模である。住戸は2LDKや3LDKが大部分だが、階数や眺望などの条件によって住戸類型に差が付けられており、販売戦略上の位置付けの違いが指摘できる。　　　　（花里俊廣）

島地区に次々に建設される超高層分譲マンション群（左上のツインタワーがザ・トウキョウ・タワーズ）

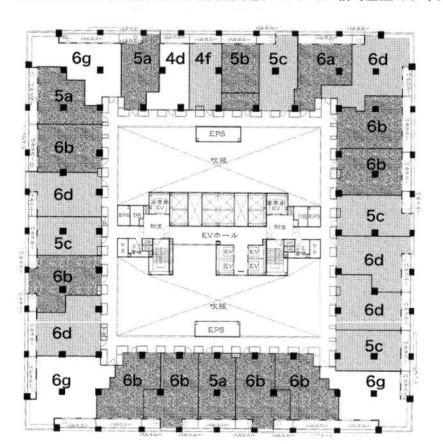

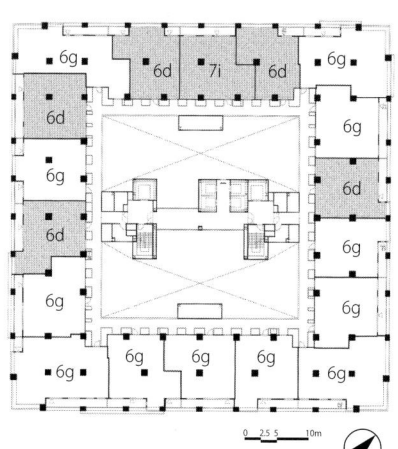

ザ・トウキョウ・タワーズ（シータワー）の住棟平面図（ボイド型住棟）。途中階（左）とペントハウス階（右）

途中階は27住戸、ペントハウス階は18住戸からなる。途中階は居間連結型（濃いグレー）と中間型（薄いグレー）がほぼ半数ずつあり、角住戸が廊下連結型（白）である。一方のペントハウス階は、中間型と廊下連結型がそれぞれおよそ1対2の割合である。たとえば同じ位置にある3LDKでも途中階は居間連結型であるのに対し、ペントハウス階は廊下連結型となっている。居間連結型はコンパクトな非角住戸に多く、廊下連結型は大きめの住戸や角住戸・広間口に多いということが特徴である
（図中4f、6g等の記号は隣接グラフによる分析上用いたものである。）

●参考事例

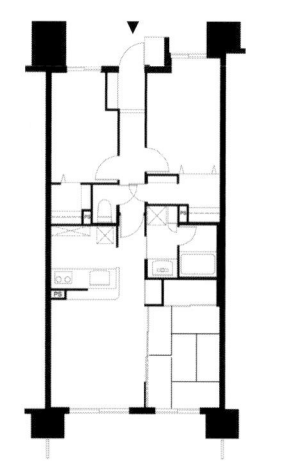

中高層の分譲マンションで一般的な「定型3LDK」
この型のルーツは、長谷工のコンパスシリーズ（1974）といわれているが、住棟のフロンテージ利用における効率性の面から、非常によくできた平面型であり、1980年代から、現在に至るまで中高層の集合住宅には数多く採用されている。住戸類型のうえでは、中間型にあたる。

居間連結型の事例
途中階の住戸平面は居間連結型が多いが、住戸面積の小さい、コンパクトなものが多い

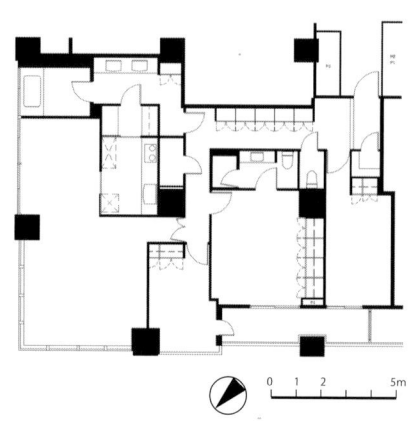

廊下連結型の事例
ペントハウス階の住戸平面は途中階と同じ3LDKが主だが、住戸面積が大きく、廊下連結型が多い

居間連結型の事例 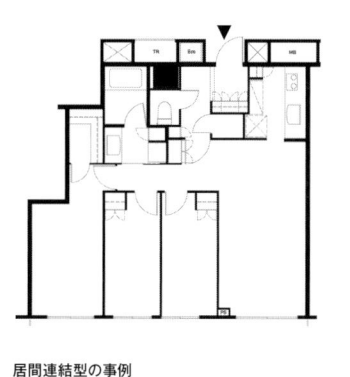　　　居間連結型の事例 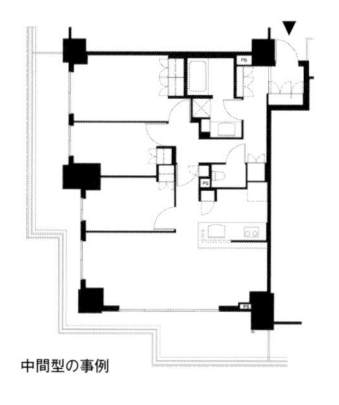　　　中間型の事例 　　　廊下連結型の事例

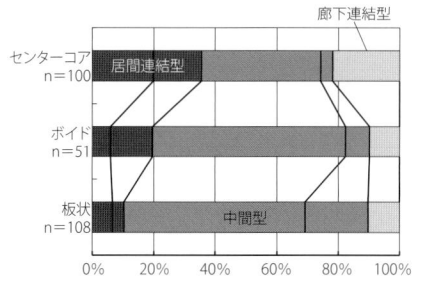

住棟形式別に見た住戸類型の割合

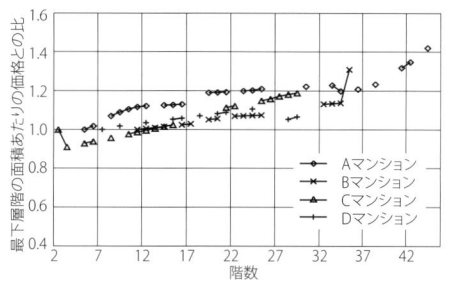

超高層マンションの住戸販売単価の階数別推移
グラフは横軸に階数を縦軸に面積あたりの販売単価を最下層階を1として求めたもの（ABCD4住棟の結果をまとめて表示）。超高層マンションは眺望をセールスポイントにすることが多く、高層階ほど販売単価は高い（高層階は低層階の30～40％程度販売単価は高くなっている）。特に、最上階の数階はペントハウスとして眺望を売り物にすることが多く、傾きが急になっている

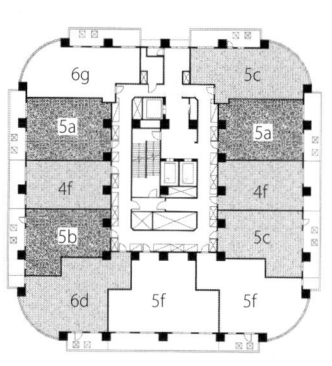

センターコア型住棟の途中階の住戸平面図
10住戸からなるこの住戸平面図を見ると、居間連結型（濃いグレー）と中間型（薄いグレー）、廊下連結型（白）がほぼ同数あり、どの住戸類型の平面を望む人にも販売上の対応ができるようになっている。ただ、廊下連結型や中間型は角住戸や広開口などに多く、逆に、居間連結型は非角住戸の比較的コンパクトな住戸が多いという特徴はある。この住棟では下層階から上層階まで同じような住棟平面であり、特別にペントハウス階を設けていない

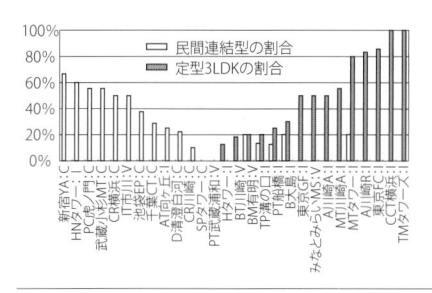

（左）超高層分譲マンションの住戸を住棟ごとに見たときの居間連結型と定型3LDKの割合
（C:センターコア型、V:ボイド型、I:板状型）

■夫婦と子どもが住む超高層分譲マンション

2000年代に入り超高層分譲マンションの建設が急増した。2005年には首都圏だけで約15,400戸が供給され、現在も総供給戸数の15％程度を占めている。しかし、近年の特徴は量的な増加傾向のみではない。「平成17年度首都圏白書」の調査によると、夫婦や子どものいる世帯が約70％を占め、年齢層も30、40歳代が約50％となるなど、一般的な世帯が住むようになってきた。

■住戸類型の割合

これらの超高層マンションでは、居間連結型・廊下連結型が数多く見られる。従来の中高層分譲マンションでは定型3LDKに代表される中間型が多かったが、超高層では、対極の特徴を持つ住戸が共存している。ここで示す住戸類型は、隣接グラフにより居間や廊下などの相対的な位置関係に着目して分類したものである。

■住棟形式と住戸類型の関係

超高層の住棟形式は、センターコア型・ボイド型・板状型に分類できる。主な違いはアクセス通路への開口部の有無だが、この違いが住戸設計に影響を与えるようだ（ただし、その因果関係を説明することは難しい）。上の「住棟形式別に見た住戸類型の割合」のグラフを見ると、板状型からボイド型、センターコア型と移るにつれ居間連結型の割合は多くなる。また、上の「超高層分譲マンションの住戸を住戸ごとに見たときの居間連結型と定型3LDKの割合」のグラフのように居間連結型の割合と定型3LDKの割合は相反する関係にあり、中高層分譲マンションでは板状型住棟が多いために定型3LDK住戸が多いが、超高層ではセンターコア型やボイド型住棟が多いため、たとえば上の図「センターコア型住棟の途中階の住棟平面図」のように、3つの住戸類型をほぼ同じような割合で配するものが見られる。

■公私の分離とリビングインによる住戸差別化

設計者らにインタビューした結果、販売業者側としては居間連結型を好んで選んでいるのではなく、比較的安価な住戸をコンパクトに計画できることから選んで設計していることがわかった。一般に、超高層の上層階ほど、眺望を売り物に特別な仕様にして高く売ろうとする。最上階はこの傾向が顕著である。しかし、一棟を計画するとなると、居住者層の一般化に対応し、多くの住戸を計画しなければならない。そのため住戸にも差異を設ける必要があると考えられる。

左頁の図は、ザ・トウキョウ・タワーズの途中階とペントハウス階の住棟平面を分析したものである。単価を高く設定するペントハウス階では、各住戸の面積が広いだけでなく、プライバシーを重視した廊下連結型の割合が高い。一方で、途中階では単価を安く設定しているのでコンパクトな居間連結型が多い。つまり、上層階や角住戸などで眺望が得られるなど条件の良い住戸は、高く売るために公私の分離が意識され、廊下連結型として設計されている。他方、そうでないところには効率的に部屋数を確保できる住戸として居間連結型が多い。超高層におけるこういった住戸類型の混在は、値段にふさわしい差をつけて住戸を設計する手法として使われている。

設計者へのインタビューからは、居間連結型にふさわしい家族像として「小家族」や「小さな子どものいる家族」等の回答が得られた。コンパクトなものが多い居間連結型の住戸には小規模な家族が想定されるようである。

■住戸類型と居住者評価

居住者の評価はどうだろうか。先の首都圏白書によると、超高層マンションの居住者の間取りへの関心は高く94％が購入時に「重視した」と答えていた。居間連結型が20～40％も供給されるという事実は、この型が居住者に受け入れられている証と判断される。また、データは少ないが杉山らの調査でも、これらの住戸は半数の居住者から「好ましい」という評価を得ていた。

このように住戸に差をつけるため販売戦略として導入される超高層における居間連結型だが、図らずも、居住者の評価は高い。世帯人数が少なくなっている社会的傾向から、居間連結型が超高層マンションに限らず中高層でも普及する可能性がある。

【参考文献】
1) 長谷工総合研究所『CRI』2009
2) 国土交通省『平成17年度首都圏白書』2005
3) 花里・佐々木ほか「首都圏で供給される民間分譲マンション100㎡超住戸の隣接グラフによる分析」（日本建築学会）
4) 『計画系論文集 No.581』pp.9-16、2005
5) 杉山・友田「L-Hall型住戸プランの評価とその可能性について－超高層住宅の商品企画調査-その3」（『日本建築学会大会梗概集』2006）

コラム04①

デザインガイドラインによる街づくり

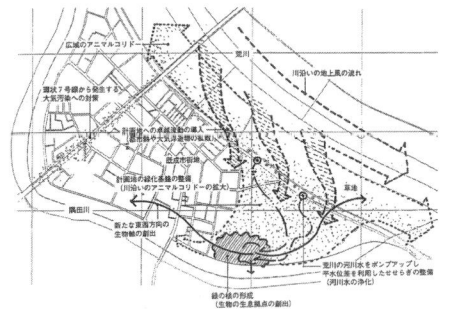

自然環境特性の分析
地形や風向き、動植物の生態等、自然環境の特性を読み取り、街づくりの課題や配慮事項を抽出整理する

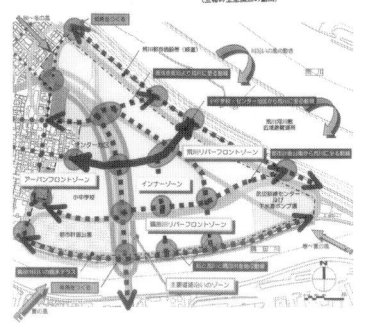

街づくり方針図
土地利用計画や生活動線、景観形成のゾーンや軸、風環境など、街づくりの方針やハード・ソフト両面での配慮事項を整理する

表情豊かな街並み

ボスケ(小樹林)と雨水利用施設

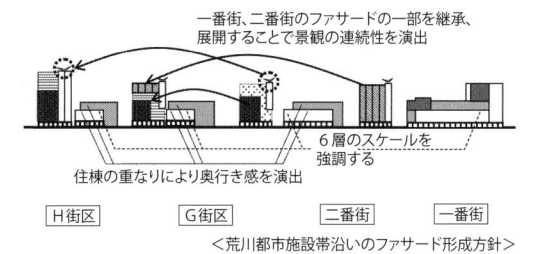

ガイドラインによる具体的なイメージの提示
(例)荒川沿いにおける美しい遠景の創出

<荒川都市施設帯沿いのファサード形成方針>

	デザインガイドラインの項目・内容		遵守事項	調整事項
街づくりの目標(全街区共通)	歩くことが楽しい街	「景観軸」による連続的で一体感のある街並みの形成	メインストリート	-	-
			コミュニティ通路	-	-
			街と川を結ぶ歩行者通路	-	-
			水辺のオープンスペース	-	-
		「景観拠点」による賑わいと美しい都市空間の形成	景観形成上、特に重要な視点や視線	-	-
			街角	-	-
			街の顔	-	-
	個性豊かな街	「景観ゾーン」による個性の創出と、街の段階的な成熟	荒川リバーフロントゾーン	-	-
			隅田川リバーフロントゾーン	-	-
			インナーゾーン	-	-
			アーバンフロントゾーン	-	-
	豊かな自然、環境とともに生きる街	環境共生型の街づくり	地域の緑の連携を図る	-	-
			豊かな河川環境をつなぐ、水を感じられる街づくり	-	-
			さわやかな川風を感じられる街づくり	-	-
		水と緑の軸	水と緑の骨格軸	-	-
			水と緑の連携軸	-	-
	全体配置計画図(マスタープラン)			-	-
街区別のデザインガイドライン(例)	美しい遠景をもつ、街を創出する	美しい遠景の創出	ランドマークや、変化のあるスカイラインの形成 等	★	
			住棟の位置やボリューム 等		○
		奥行き間のある重層的な街並みの形成	壁面分節、隣接街区のファサードデザイン等のリレー 等	★	
			垂直性を演出する、棟頂部やマリオンによるアクセント 等		○
	歩いて楽しい表情豊かな沿道景観を創出する	沿道型住棟による街路の演出	街路に面する住棟・施設の配置	★	
			沿道性の確保、圧迫感の軽減 等		○
		賑わいと親しみを感じる住棟足元のデザイン	賑わい創出への配慮	★	
			住棟1階の住戸やコミュニティ施設の計画 等		○
		表情豊かな街なみの創出	シーケンシャルな景観の移り変わり等	★	
			手すりやスクリーンによる建物の外観デザインの工夫 等		○
		交流を支えるコミュニティスペースの確保	街区ごとのプレイロット等の確保	★	
			居住者のコミュニケーションの形成を図る工夫 等		○
	豊かな自然、環境とともに生きる街を創出する		街路からの見え方に配慮した修景、美観の維持		○
		特徴ある地域の緑の創出	ボスケ(小樹林)の創出	★	○
			緑化面積の確保	★	○
			豊かな河川環境をつなぐ、雨水を活かす		○
		さわやかな川風を感じられる街づくり	風環境や微気候に配慮した住棟の配置、オープンスペースの確保	★	
			風環境に配慮した防風植栽、通風の良い住まい 等		○
			新田桜堤の創出による荒川の新名所づくり		○
	トータリティによって街の魅力をアップする		街の奥行きと賑わいを演出する色彩計画		○
			魅力的な川の手の夜景をつくる照明計画		○
			連続性ある街路のデザイン(形状、材料、配色、パターン等)		○
			わかりやすく、親しみのわく屋外サイン計画		○

　複数の事業者や建築家が参加をして街づくりを行う際、デザインガイドラインの整備やデザイン会議による調整の手法が取られることがある。自由にデザインすることは、一方で隣地のデザインとの調整が不可能ともいえ、結果として街のイメージをあいまいなものとし、事業全体の価値を上げることはできない。景観は事業全体の価値を左右するもので、丁寧な調整がなされた幕張ベイタウンをはじめ多くのプロジェクトで成果が上がりつつある。これらの手法はどのようなプロセスで行われているのだろうか。「ハートランドSHINDEN」(東京都足立区)における取組みから紹介しよう。

街を読み取る

　まず、街の持つ歴史や地域性、文化、生活関連施設などを読み取ることからはじめる。自然環境や地形、主な風向きなども把握する。

まちづくりの方向の確認

　事業者はどのような開発意図を持っているのか、行政にはどのような意向があるのか、地元の意向はどうなのかといった関係者の街づくりの方向性を確認する。街づくりの中で変えていかなければいけない要素、継続すべき要素、周辺との接点になる空間、軸になる空間、ハードの要素、ソフトの要素などを確認していく。

デザインガイドラインの作成

　街の現状と街づくりの方向性の確認ができれば、具体的な課題について、目標像を共有するガイドラインを作成する。条件設定にあたっては、社会性が強く統一的に計画する要素は「遵守事項」とし、個別性が高く多様に計画することに適した事項は「調整事項」として位置付ける。条件が定性的か定量的な事項か、行政や地元、事業者の意向を踏まえて、プロジェクトの性格に応じて、規制型、誘導型等の特徴があらわれる。

デザイン調整会議の実施

　デザイン調整にあたっては、マスターアーキテクトに調整をゆだねる方式やデザイン会議での調整などの方式がある。申請等の事業スケジュールに合わせて、計画、設計段階でどの時点で何を決定するかを決めておく。

　また、維持管理や運営は街の価値を大きく決定する。エリアマネジメントと呼ばれる地域レベルでの管理運営方法の検討を計画段階から行うことも重要となる。　　　(井関和朗)

コミュニティ空間を生み出す住棟計画

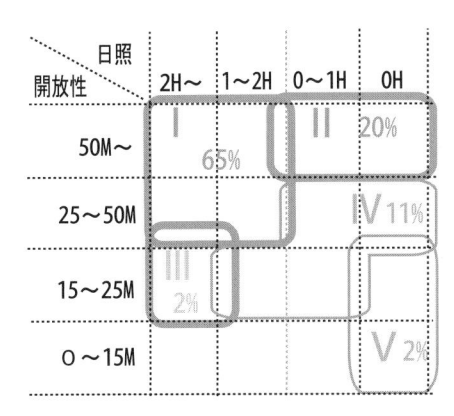

都市空間マトリクス
I、II、III領域:堅実なライフスタイルの中にも新しさのある住宅企画(ファミリー向け)
II、IV領域:多彩な家族・ライフスタイルを受け入れる生き生きした住宅企画(生活提案型)

多様な住棟形態 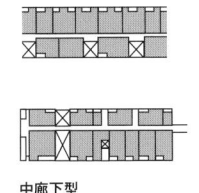
中廊下型 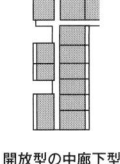　開放型の中廊下型 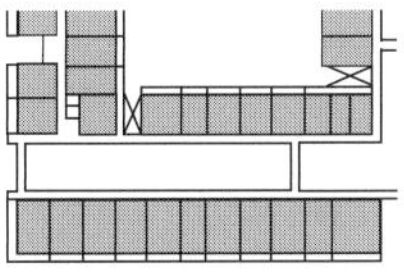　新型のツインコリドール型 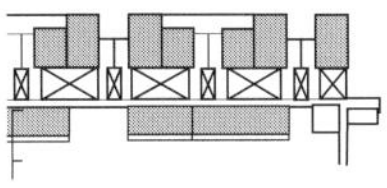
フライングコリドール外廊下型

コミュニティボイドから、みんなで花火を見ている風景

共用部の吹抜け　S字の街路

住戸計画 ベーシックプラン　ワイドフロンテージ

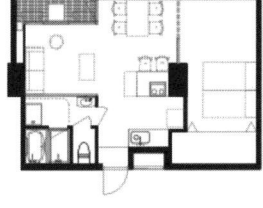

都市型住宅の性能

住棟の配置設計は、複数の性能や価値を総合化して決定されていくが、当初中心的にチェックをするのは日照性能である。日照が確保できると、おおむねプライバシー距離が保てるなど、経験的に日照は中心的な性能として位置付けられ、建築基準法86条の認定条件などにも含まれている。ただ、高層住宅の開発では、容積が250％程度を超えると全戸日照を確保するのは難しくなり、一方、日照を受けられる壁面積が限られるために日照確保を目指すほど空間は均質化し、住戸の間口が狭くなる傾向になる。

都市空間マトリクス

郊外型の団地と違い、都市型住宅では当初から日照を確保することが難しいケースも多く、また住宅に要求される性能も多様なことから、日照に代わるいろいろな指標が考えられてきた。「東雲キャナルコート」では容積率約350％という高密度配置の中で、日照のとれない住戸が生じ、日照に代わる性能として圧迫感の軽減を考えた。前面住棟との離隔を「前面開放性」と名付け、日照を2h、1h、0h、前面開放性を50m、25m、15mの3段階でとらえ、その関連を「都市空間マトリクス」として、配置設計の考え方の中心に置き、日照、開放性の性格に応じて住戸ユニットをIからVまでグループ化した。

住棟内の性格に応じた住戸計画

住棟に日照や前面開放性についていろいろな性格の部位が生ずることは、多様な住戸を配置する際にプラスに働く。東雲においては日照条件のよいところにファミリー向け、デッキに近いところにSOHO住宅といったように家族像やライフスタイルに応じてふさわしい住戸プランを組み込んでいった。

コミュニティ空間と住棟計画

住戸設計では外とのつながりを重視し、透明のサッシを通じて共用部とつながる部分にギャラリー、アトリエ的に使えるスペースを用意した。また、一部の住戸の日照を割り切ることで、建物の非日照面の大きな間口が活用でき、浴室や台所を窓際に持ってきて、広い窓面積を持つ特徴あるプランを実現できた。住棟形式も高密度を実現するため多様な形式が生じ、中廊下型やツインコリドール型が実施されたが、いずれも「コミュニティボイド」という吹抜けを介して外部とつながり、明るさや風を感ずる共用空間となっている。

低層部においては、開放性とは違う価値観を活用し、街的空間の魅力をつくり出そうとした。前方がむしろ見通せないような界隈性のある親密な都市空間を目指し、その結果10mの幅員のS字街路と呼ばれる湾曲した街路が実現した。

（井関和朗）

コラム04 ③

街路のような中廊下

ルーマー・ススン・ソンボ外観

緑あふれる外部空間

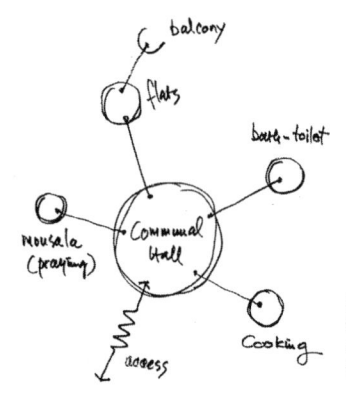

シラス教授によるコンセプト図
住戸とは別に礼拝・調理・水浴びのためのスペースが共用空間から派生している

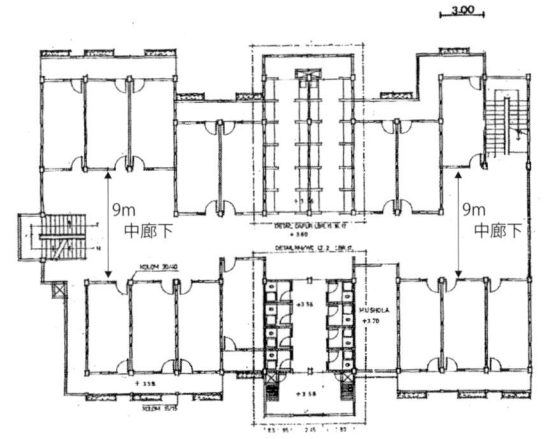

ルーマー・ススン・ソンボ平面図

　9m幅員の中廊下では、結婚式が行われていた。きらびやかな衣装をまとった新郎新婦が住棟と住棟の間を練り歩き、2階・3階の廊下から多くの人々が祝福の拍手を送っていた。廊下は、子どもたちの遊び場や、大人たちの作業場、休息の場にもなる。ボール遊びやトランプ遊びをする子どもたちのそばで、ミシンを廊下に置き裁縫作業をする人々がいる。電気機器の修理の作業、木箱づくり、日用雑貨の販売、部屋の内装・家具づくり等の作業が行われている。露台を廊下に並べ、近所の人たちが集まって談笑したり、晩御飯の準備をしたり、寝転がって昼寝をしていたりする。廊下の一部には礼拝のためのスペースが設けられ、毎日多くの人が通っている。

　インドネシア第2の都市スラバヤに1994年に建設されたルーマー・ススン・ソンボの光景である。住戸の内部・外部を含めた生活空間全体が積層化された集合住宅である。豊かな共用空間形成のための仕掛けが数多く指摘できる。スラバヤ市土地住宅局による事業で、スラバヤ工科大学のJ.シラス教授が計画指導を行った。1.74haの敷地に10棟750戸の住戸が、住戸規模3m×6mの18㎡を基本として計画された。開発地には低層の居住地（740世帯）が形成されていたが、従前居住者の入居を前提に計画が進められた。

　計画にあたっては、従前居住地で、住居の規模、権利関係、平面・立面図の実測、居住年数・職業・収入・世帯構成などの調査が行われ、その空間構成・空間利用の継承が試見られた。2段階供給システムを取り入れ、居住者によるセルフビルドを許容した点も特徴的である。核家族居住や、親族同士の同居、作業場としての利用など、それぞれの使い方や経済状態に合わせて、自力建設で床や壁などの内装が整備されている。また、職住近接の実現のために、住戸ならびに中廊下の利用は居住のみに限定されず、作業空間や販売空間、事務空間として機能している。用途の混在を否定せず、居住以外のさまざまな利用を許容することで、職住近接の生活が実現している。専有部分は切り詰められ、共用部分を広く取っている。狭小住戸・水回りの共用も特徴の1つである。最大9m幅員の中廊下は多様なアクティビティのための場になり、従前の生活形態に対応して、共有の台所・水浴び場・礼拝室も設置されている。また、あまり指摘されることがないが、建築デザインの質の高さもソンボの特徴である。屋根や庇、壁面の凹凸に配慮することで、ファサードを分節化するとともに、建物回りに豊かな植栽や路地空間を設けヒューマンスケールの空間をつくり出している。中廊下にもアルコーブを設けながら変化を付け、外部へ向けた開口を適切に配置し、光と風の抜ける空間をつくっている。

（脇田祥尚）

【参考文献】
1) 山本直彦・田中麻里・脇田祥尚・布野修司「ルーマー・ススン・ソンボ（スラバヤ、インドネシア）の共用空間利用に関する考察」（『日本建築学会計画系論文集第502号』pp.87-93、1997）
2) 布野修司『カンポンの世界』パルコ出版、1991
3) 「群居38号　J.シラスと仲間たち」1994

05 時間の経過と住まい

長く住み続けられるストックとして集合住宅をつくろうという動きが加速している。そのためには、つくられた当時の住まいの評価と、時間が経過したときに住民の評価が変わらないものであるか、場合によってはより高くなることが求められる。

その共用施設や共用空間に特徴がある集合住宅では、時間が経過し住民自身が少子高齢化するなど変化しても、空間計画が評価され続け、利用頻度も変わらず、設計の優れていたことを示しているものがある。このような時間の変化を追う研究成果からヒントを得たい。

また、熱い思いでつくられたコーポラティブ住宅が、その後どのように使われ、世代が交代しつつある中で、その子世代によってどう評価されているかを知ることは興味深い。時間経過後でも価値が下がらない集合住宅の条件とはなにかを探ってみたい。

空中公園を持つ高層集合住宅
居住者特性と利用の経年変化

名称：芦屋浜シーサイドタウン高層住区　所在地：兵庫県芦屋市　完成年：1979年　敷地面積：202,851㎡　建ぺい率：15.9%　容積率：127.5%　戸数：3,381戸
設計：ASTM企業連合、兵庫県住宅供給公社、芦屋市

居住者間の良好なコミュニティ形成、および大規模団地や高層集合住宅での生活環境の質の向上の手段として、設計者は昔からさまざまな挑戦を行ってきた。その結果、つくられた空間・施設は大きく、①地上のオープンスペース、②中間階の小オープンスペース、③屋内型の共用施設に分けることができる。

「芦屋浜シーサイドタウン高層住区」は、1972年実施の建設省・通産省（当時）等が主催の提案競技の入選作であり、設計面では当時の大小のオープンスペースを持つ集大成といえる事例である。具体的には、住棟間の特色を持たせた広場、住棟の4層ごとに設けられた空中公園であり、集会所は広場近くに設けられた。

四半世紀の時の流れの中で、この広場と空中公園やその利用にどのような変化が見られるのか、居住者特性や住宅全体の評価なども含め、1980年（竣工直後）、1988年、2006年の居住者調査の比較により明らかにする。

なお全体計画の特徴は、配置計画では4事業主体による住棟の混合配置、および住宅地を全住棟と各住棟の共有地に2分したうえでの全体での一団地設計となっている。住棟計画では超高層住棟と2面開放型住戸の両立のため鉄骨造による柔構造とし、スキップフロア型のアクセス方式である。

（高井宏之）

●参考事例

ヴィルセゾン小手指
1980年代後半より定着した、充実した屋内型の共用施設を持つ集合住宅の先駆的事例。スタディルーム、OAルームなどの諸室が設けられた。しかし今日、PC等の家庭内普及など時代変化の中で役割を終え、他用途に転用されたものもある。

芦屋浜シーサイドタウン高層住区の外観

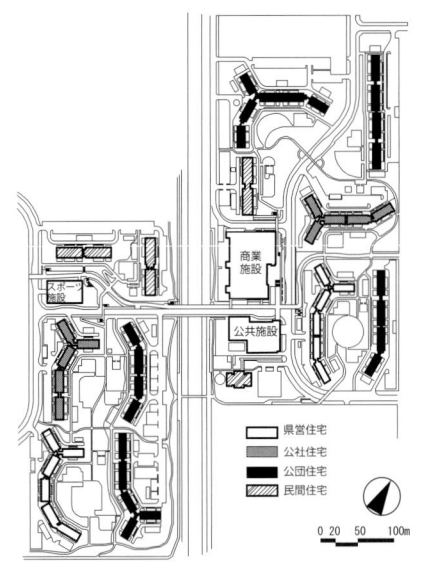

広場

空中公園

住棟配置図および調査対象住棟

高層住区全体の棟数／戸数および調査対象

所有形式	供給主体	計画特性				調査対象
		棟数	階数	戸数	住戸専有面積(㎡)	戸数
分譲	民間A	2	19	133	75	67
	民間B	4	24、29	368	81	200
	民間C	1	29	98	69〜186	98
	公団	9	14、19、24	614	60、69	151
賃貸	公団	14	14、19、24	977	60、69	151
	公社	10	14、19	595	58	133
	県営	12	14	596	50	150

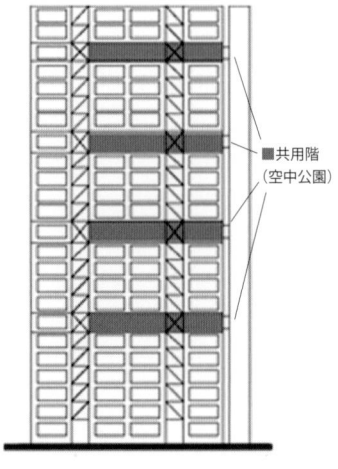

住棟立面図（29階建）

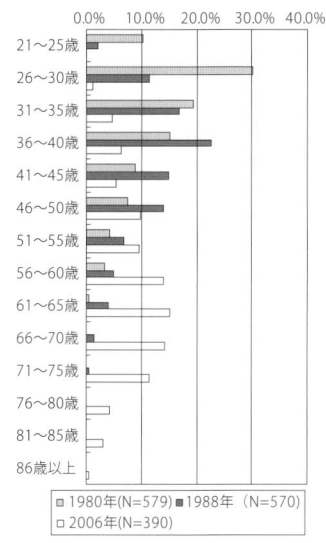

世帯主年齢

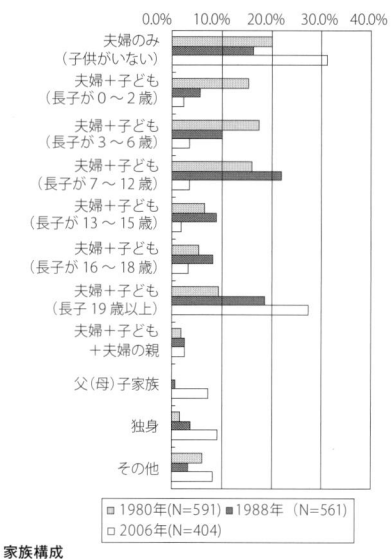

家族構成

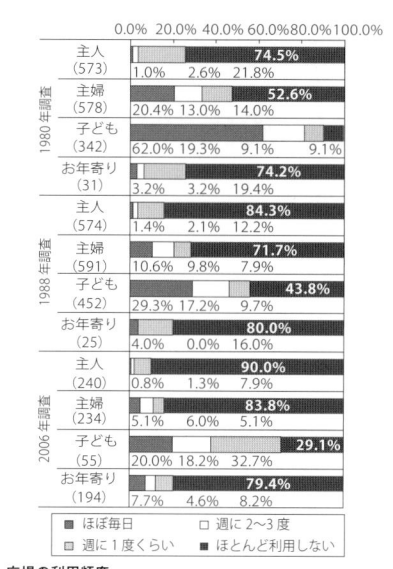

広場の利用頻度

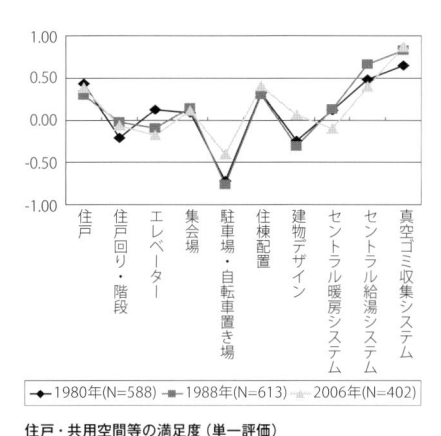

住戸・共用空間等の満足度（単一評価）
（満足＝1、どちらともいえない＝0、不満＝−1とし平均）

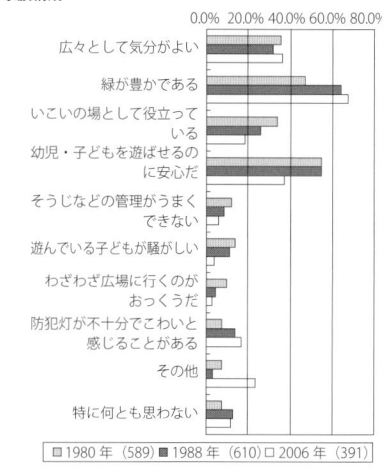

広場に対する意見

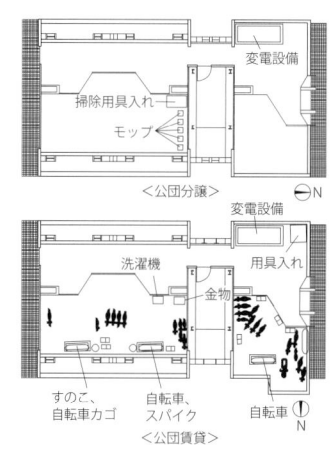

空中公園の利用の様子（2005年）

■設計・管理のあり方に変化なし

供給した事業主体単位での管理を基本とし、全住棟共有地に関しては芦屋浜四者管理協議会で協議されるが、この仕組みは竣工当初より変わっていない。住宅地で2区分されている共有地の境界、共用空間・施設や集会所の設計も竣工当初の状態が保たれている。全体として、設計者・管理者が目指した住環境が、その仕組みも含め保持され、時が流れているとの印象を持つ。

■徐々に進行する少子高齢化

世帯主年齢は、当初20歳代後半がもっとも多かったが、徐々に高齢化が進行してきた。家族構成は、高齢者世帯を含む「夫婦のみ」がもっとも多く、「夫婦＋子ども（長子19歳以上）」がこれに続く。12歳以下の子どものいる世帯は9％であり、同時期竣工の他の団地と同様の傾向を示している。

居住者の満足度では、いまだ他の事例でもまれな「真空ゴミ収集システム」と、広場を取り囲む形態の「住棟配置」の評価は高く、調査年であまり変化していない。「セントラル給湯システム」「セントラル暖房システム」は、設備の老朽化等で評価は低下傾向にある。「エレベーター」も低下傾向にあるが、これはスキップフロア型に対する不満の増加を表している。具体的な意見の「階段の上り下りがめんどうだ」も調査年ごとに増加し、現在約4割である。このように、居住者の高齢化が新たな課題として浮上してきている。

■広場の役割──利用するから眺めるへ

住棟間の広場は、幼児や児童向けのプレイロットと、水や山・大地などの具体的なイメージを設定した、より年長の子ども向けのテーマ広場から構成される。竣工当初の利用者は設計の意図通り子どもおよび同伴の主婦が主体であるが、この数は減少してきている。子どもの遊びには「時間・空間・仲間」の3条件が必要とされ、特に近年の時間・仲間の減少が大きく影響していると考えられる。

居住者の意見では、現在「緑が豊かである」が約7割でもっとも増加、「幼児・子どもを遊ばせるのに安心だ」「広々として気分がよい」も約4割であるが、後者は減少。総じて、広場の設えと居住者特性との乖離、また樹木の生長の中で、広場は利用する空間から眺める空間へとその役割が変化してきた。

■当初より課題の空中公園の利用

「眺望を楽しむ」「知人が来たときに案内する」空間としての利用は見られるが、当初より少数であった。風が強いこと、下階に住戸があることによる利用方法の制約が原因である。物の置かれている状況は、利用規約の差異もあり分譲と賃貸で大きく異なっている。

居住者の意識は、竣工当初「防災拠点として重要だ」が多かったが徐々に減少、居住者の空中公園に対する意識が希薄化しつつある。しかし「今のままでよい」は約3割と比較的少数で、この空間を何とか活用したいとの意識がうかがえる。

■今後の2つの方向性

(1) 空間の改善と活用

アクセス方式は、高齢化の中での改善が急務である。空中公園は、少子高齢社会において求められる居住者の「共助」や新たなコミュニティの拠点としての活用が期待できる。広場は、子ども中心から、高齢者も含めた多様な居住者の利用を念頭においた居心地の良い空間・設えに変更したい。その際、広場に点在する集会所の活用や広場と連動した設計が考えられる。

(2) 用途複合化

商業施設や行政・サービス施設を除き、本事例は住宅のみを計画してきた。低層階住戸を高齢者向けの共用施設やサービス拠点等に用途変更することや、他の非住宅用途を団地内に複合することが考えられる。

本事例は、量の時代における最先端プロジェクトであった。そして、これから取り組まれるであろうこの改善は、今日の社会的命題である建築ストックの重視・活用においても先導的役割を担うことになるであろう。

【参考文献】
1) 高井宏之・高田光雄・外岡翼・吉野雅大・神崎直人・白金「芦屋浜シーサイドタウン高層住区の経年変化に関する研究-管理主体・管理組合等のヒアリングと観察調査を通して」（『日本建築学会住宅系研究論文報告集No.1』pp.241-248、2006）
2) 高井宏之・高田光雄・白金・多原明美「芦屋浜シーサイドタウン高層住区の経年変化に関する研究 その2-居住者の意識・評価と共用空間の利用」（『日本建築学会住宅系研究論文報告集 No2』pp.157-166、2007）

共用庭と専用庭を持つ低層集合住宅
経年変化から見た内と外の関係

名称:見明川団地　所在地:千葉県浦安市　供給主体:日本住宅公団　完成年:1977年〜　敷地面積:約95,637㎡　戸数:481戸

タウンハウスは、良好な環境や住民同士のつながりをつくる場としての共用庭を有する接地型の低層集合住宅として提案され、1970年代後半から80年代にかけて数多く建設された。

背景として、1970年代前半、公団はフラット式中高層住宅の標準量産建設を行い、大量の空き家が発生しつつあった。それらは高密度における環境形成などのハード面で優れていたが、ソフト面では住民と近隣関係は育たなかったといえる。一方、都市部ではミニ開発が盛り上がりを見せていたが、緑も少なく、子どもがのびのび育つ環境とは言い難い環境であった。

「見明川団地」は10戸1連棟の住棟2棟で1つの共用庭を囲む住棟配置となっている。各住戸の南北にはそれぞれ専用庭が設けられ、住戸(プライベート)と共用庭(コモン)、アクセス路(パブリック)の緩衝空間として機能している。

現在では、30年の経年変化に伴い高齢化が進み、住まい方や空間の使われ方が、子育て世代中心の入居開始当初と同じとは考えがたい。

年月を経て、人々の住まいに対する意識の変化と、空間の使われ方を今一度見ていく必要がある。

(丁 志映・佐々木智司・小林秀樹)

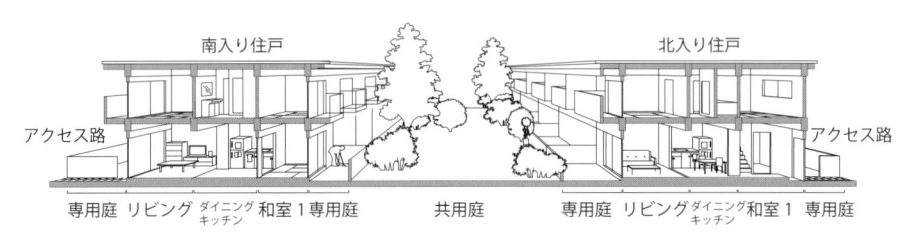

断面パース

入居開始当初の様子　　現在の様子

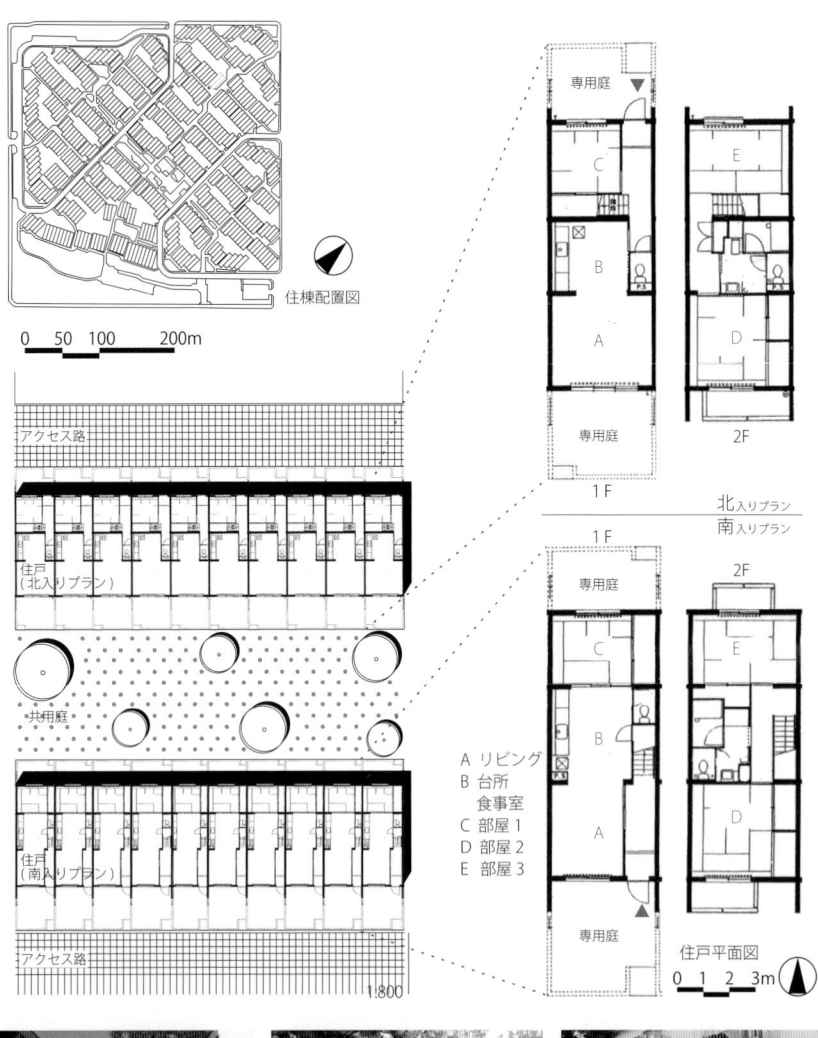

住棟配置図

A リビング
B 台所 食事室
C 部屋1
D 部屋2
E 部屋3

住戸平面図

アクセス路　　共用庭　　専用庭

● 参考事例

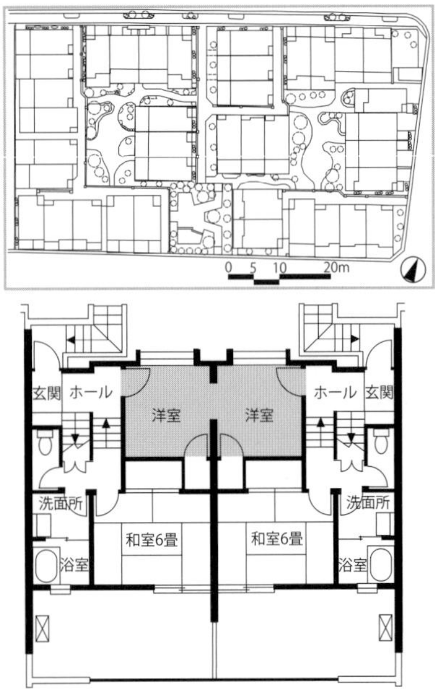

南行徳ファミリオ
ツーバイフォーでつくられたため、家族の拡大に伴い共有壁に開口をとり2戸1化が行われた事例が見られる。

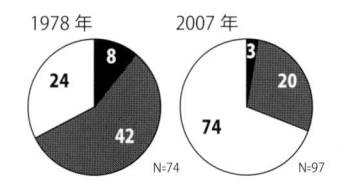

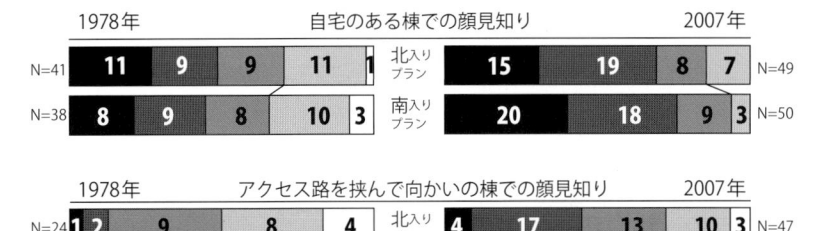

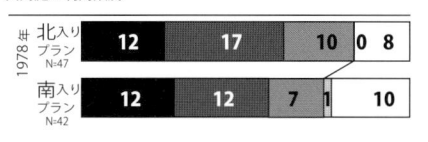

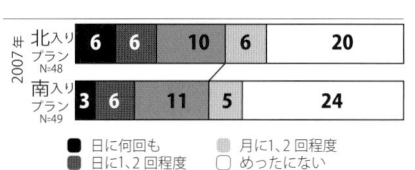

■核家族中心から多様な世帯の混在へ

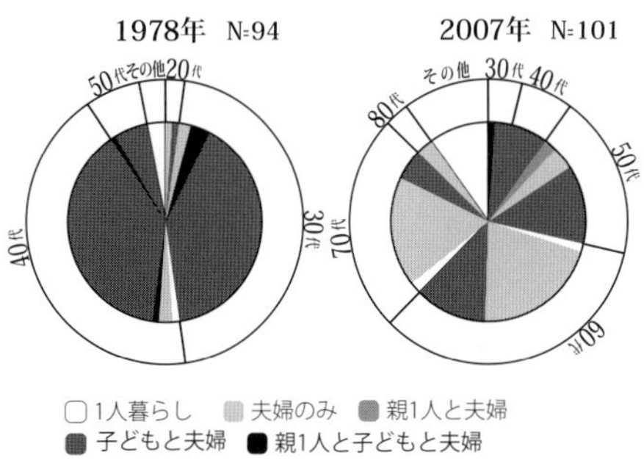

入居者の世帯構成を入居開始当初（1978年の小林、鈴木らの調査※）と現在で比較してみると、入居開始当初では子持ちの30、40代夫婦という典型的な核家族世帯が圧倒的に多かったのに対し、現在は60、70代の夫婦のみの世帯、子と同居する50、60代夫婦の割合が高くなっており、全体的に高齢化がうかがえる。しかし、下は子持ちの30代夫婦から上は80代夫婦までと幅広く、更に高齢単身世帯や2世代同居などさまざまな世帯構成が混在している。

■食事をする部屋のシフト

1978年では食事をする部屋は95％がB室と結果が出ているのに対し、現在ではB室での食事は25％と大きく減少し、代わってA室が67％を占めている。

同時に、1978年にはなかったA、B室以外での食事も、ごく少数ながら現在では見られるようになった。なお、それらはすべて南入りプランの北側に位置するC、E室である。台所横の襖を取り払い、C室と一体的に利用していることが考えられる。南入りプランのC室は共用庭に面しており、緑を感じながら食事を愉しむ生活の様子が想像される。北入りプランで北側の部屋で食事が行われない理由としては、台所とC室の間は壁で遮断されており、かつ南側のA室が共用庭に面していることが考えられる。

家族が団らんする部屋は、1978年ではA室が95％を占め、現在もほとんど変化は見られず、A室が90％を占めている。就寝する部屋についても大きな変化は見られない。ただし、少数例ではあるが、A、B室で就寝を行う人が10人見られるようになった。高齢化に伴い、住戸内での活動が、1階の生活の中心となっている部屋でほぼ済まされている様子が推測される。

■時間をかけ共用庭が評価されてきた

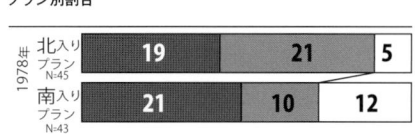

1978年の調査では、共用庭を狭くして専用庭を広くしてほしい、またはすべて専用庭にしてほしいという意見が67％を占めていたが、現在では24％にまで減少し、代わって現状維持が大多数を占めるようになった。このことから、共用庭は実際に利用を通じてその意義を認められている様子が確認できる。

一方で、現在では共用庭の利用頻度は大きく減少している。利用内訳では植木草花の手入れやゴミ捨てに大きな変化はないが、立ち話や何となく、近所のお宅へ行くのに通るといった項目で大幅に減少している。

入居開始当初は子育て世代中心の居住者に対し、共用庭はまだ木々が少なく子どもの遊びをはじめとした活動の場として適していた。そして現在では、高齢者が多い居住者に対し、共用庭は木々の生長により狭くなったが、観賞の対象として、緑環境という面で適しており、高い満足度に寄与しているといえる。

■共用庭の利用頻度は30年経てもプランに変化なし

現在においても30年前と変わらず、北入り住戸のほうが共用庭に対し強い領域意識を示していた。北入り住戸では、リビングが共用庭と近接しており、また共用庭の利用も多く、共用庭を自分の領域と感じやすくなっていると考えられる。住戸プラン、特に生活の場と共用庭とのつながり方が領域意識に影響を与えていることがわかる。長い年月を経ても南北プランの差には変化は見られず、初期設計の重要さを改めて認識させられる。

■生活の場の位置が周囲の顔見知りの多さに影響

現在では周囲の顔見知りの数が増加している。ここでもプランによって顔見知りの棟、共用庭を挟んで向かいの棟と、すべて相手のリビングが向けられた側で顔見知りが多いという結果になった。周囲の住戸との良好なコミュニティ形成を目指し計画するうえで、住戸内外を一体的に考えた空間の配列の計画は重要といえる。

※1978年の調査結果は、当時東京大学工学部建築計画研究室の小林秀樹・鈴木成文他によるものである。

【参考文献】
1) 小林秀樹「集合住宅における共有領域の形成に関する研究」（『東京大学博士論文』1984）
2) 小林秀樹『集住のなわばり学』彰国社、1992
3) 山本妙子「タウンハウス型住宅の居住実態と住環境の運営に関する研究」（『千葉大学修士論文』2008）

代替りするコーポラティブハウス
集住文化の継承と新しい展開

名称：ユーコート　所在地：京都府京都市左京区大枝北福西町　設計：京の家創り会設計集団 洛西コーポプロジェクトチーム　完成年：1985年
規模：地上3～5階建　戸数：48戸　敷地面積：3,315.79㎡　延床面積：5,866.70㎡

1970年代にわが国で本格的に建設が始まったコーポラティブ住宅（以下、コープ住宅）は、古いものは入居後20～30年を経ている。居住者の希望が住戸や共用空間に反映でき、また、入居後の集住生活が良好で維持・管理も比較的スムーズに運営できるといった利点があるコープ住宅は、長い時間を経た結果、一般の分譲集合住宅と同様に、少子高齢化、居住者の入れ替わり、ハードの老朽化などの課題を抱えつつある。一方で、住環境形成の主体として、居住者に積極性が見られるコープ住宅では、これらの課題に対して対峙しうる経験と議論の蓄積があることが予想される。

ここで取り上げる「ユーコート」は、京都市洛西ニュータウンに立地、1985年竣工、現時点で入居後約25年経過している。中庭囲み型住棟配置と48通りの自由設計の住戸からなり、計画設計段階から積極的に参加し、入居後も主体的に集住生活の運営と管理を行ってきた。

現在、子どもたちの独立と高齢者の増加、居住者の入れ替わり、それに伴うコミュニティの変容が「ユーコート」にも表れつつあり、居住者は将来の生活に向けて検討に入っている。

入居開始から継続的に実施された調査の内容から、時間とともに成熟していく住環境を考えるうえで、示唆に富む事例である。

（森永良丙）

ユーコートの中庭・住棟

中庭の豊かな緑が隣接する公園に連続する

ユーコートの公園側ファサード

親子2世代による集会所でのクラシック演奏会

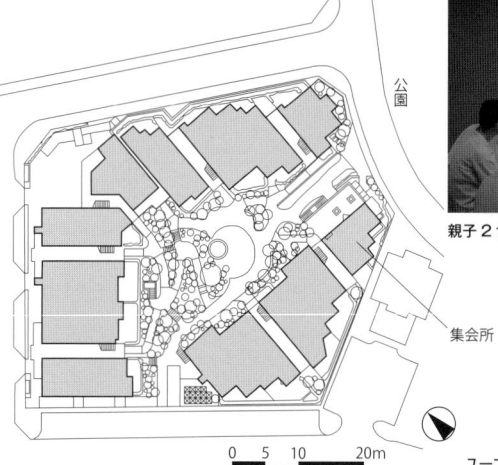

ユーコートの配置図・計画概要

20年間の変化の概要（1）

調査年月	1986年8月	2005年4月
総人口	195人	130人
第2世代人数	96人 （小学生以下86人、中学生以上10人）	50人 （幼児1人、10～19歳8人、20歳以上41人） ※20歳以上の第2世代は大学で一時転居している者あり。大学卒業時に戻る可能性あり。
世帯数	48世帯	47世帯（調査時では1軒空き家のため）
単身世帯	0世帯	6世帯 （70歳以上1世帯、50～59歳3世帯、第2世代2世帯） ※第1世代が他所に住み第2世代の子どもだけで住んでいる世帯が3世帯ある。
夫婦のみ世帯	2世帯 （30歳代2世帯）	11世帯 （夫婦のうちどちらかが70歳以上2世帯、夫婦のうちどちらかが60～69歳4世帯、夫婦のどちらも50～59歳5世帯）

20年間の変化の概要（2）

初期入居家族	2005年4月まで43世帯 （その後1年間に初期入居の2家族が転出、その1つの住戸に第2世代が親世帯から独立入居）
世帯交代住戸	5戸 （うち1戸は初期入居家族が所有。親の面倒を見るため一時転居し賃貸化。将来は戻り入居予定）
転出した世帯	2005年4月まで8世帯 （同一住戸での複数回の転居あり。障害児対応改造した狭小住宅で3回。一時賃貸化住戸で2回）
共用部分管理	長期修繕：1995年 約1,500万円、 2005年 約2,500万円 植栽管理：2003年以前 住民自主管理 → 2004年以後 業者委託
住戸改造	大規模改造8戸、部分的改造4戸

● 参考事例

(提供：中林由行)

コーポラティブハウス柿生
サンケイ新聞でユーザーを募集。オイルショックを挟んで竣工した。
所在：神奈川県川崎市
完成年：1975年
戸数：66
事業主体：柿生コーポ建設組合

改造住戸の概要

改造時期	NO.	専用面積(㎡)	家族構成タイプ 1990年	家族構成タイプ 2005年	住戸改造	改造概要	動機・契機	居住者の評価と今後
入居後10年未満	1	85.11	A-5	A-4	○	2階の増床（8畳から約14畳へ）／浴室の排水系の修繕	子どもの成長に伴う個室の確保	増築のおかげで圧迫感がなくなった
	2	67.34	A-4	C-3	◎	主寝室の壁を撤去し居間と一体化／居間コーナーにアルコーブ収納空間設置／屋根裏を主寝室と収納に改造	家族構成の変化（夫の転出）／子どもの進学による転出／心理的転換 入居後8年目、11年目の2回改造	居間の拡大による開放感と最上階の眺望の満喫／心の開放感
	3	84.57	A-4	A-5	◎	北側の2つの居室を一体化し子ども室へ改造／住戸中央の収納をまとめて夫の仕事室（兼子ども勉強室）へ改造	北側居室の結露・カビ対策／子どもの成長に伴う空間の確保	長女・次女が子ども室を占有し、長男の空間を確保するのが課題
入居後10年以降15年未満	4	78.96	A-5	A-3	◎	キッチンを対面式からDK一体化・床の張り替え／廊下と個室間の壁撤去／北側窓をペアガラスに	家族と一緒にキッチンを使いづらい／防寒・防湿と結露対策	キッチンにはいまだ不満が残る／将来バリアフリー化希望／浴室広くしたい
	5	92.41	A-6	A-5	◎	北側子ども室を間仕切りを設け2室に改造／子ども室の壁と居間の襖を張り替え／浴室トイレ一体空間だったものをカーテンにて仕切り	子どもの成長に伴う個室の確保	子ども室間仕切りはとればまた一室に戻すことができるようにした
	6	106.72	A-4	A'-2	◎	客間・子ども室・仕事室・納戸の全面的間取り変更による改造・SOHO空間や広い客間の確保など／バリアフリー化／ペアガラス採用など	北欧居住経験から得られた床暖房・バリアフリー・ペアガラスの効用／子どもの独立	段差でケガをしなくなった／資料を広げられる書斎・本棚をたくさんつくったが、すでにいっぱい
	7	98.32	A-4	A'-2	◎	全面的な住戸改造（子ども部屋2室を一体化しSOHOへ・対面式キッチンを一体型DKへ・バリアフリー化・ペアガラスの採用など	入居当初から不満（通風の悪さ・玄関の暗さ・キッチンのつくりなど）／他の住戸のリフォーム事例を見て	納戸をなくしたので通風がよくなった／居間で寝転がることができる／昔の家の感覚は残る
	8	92.17	A-5	A-4	○	メゾネット1階部分玄関コーナーを子ども用個室に改造	子どもの成長に伴う個室の確保	3人の子どもの成長とともに、1階2部屋と小屋裏部屋の使い方を変えている
入居後15年以降	9	81.65	A-4	C-2	◎	主寝室の可動間仕切りに窓設置・天井と床の張り替え／納戸を子ども部屋に改造	家族構成の変化（夫の転出）／子どもの成長に伴う個室の確保	主寝室の居心地がとても良い／子どもの独立後ワンルームにしたい
	10	103.53	A-4	A-3	◎	全面的な住戸改造（通風の確保・採光の工夫・玄関を土間風に・床にナラ材・バリアフリー化など抜本的な改造）	入居後10年頃から改造したかった・通風の確保・カビや結露対策／子どもの独立	エアコンを使うことがなくなった
新規入居	11	92.30	(A-4)	B-5	◎	メゾネット2階を子ども部屋に1階を夫婦の部屋に改造（その後祖母が同居するため1階の1室を祖母の部屋へ）／トイレと脱衣室を改造	空き住戸への入居の際に改造（1997年）	設計は自ら行う（夫は設計士）／地域の建材を実験的に使用／祖母の同居はこの面積で可能に
	12	68.81	(A-4)	A-3	○	居室の壁の塗り直し（自主改造）／キッチンの改造・仕切り壁の撤去／床の張り替え	空き住戸への入居の際に改造（2005年）	ワンルームのようなので小さな子どもに目が届いて安心

凡例1　家族構成タイプ（家族型A～C、数字は家族人数）　A：核家族・子どもあり　A'：夫婦のみ　B：2世帯家族　C：父（母）子家族　※1990年欄の（ ）は、前居住者の家族構成タイプを示す。
凡例2　◎：大規模住戸改造（2単位区間以上）　○：部分的住戸改造（1単位空間）

住戸改造事例1（住戸No.2）

住戸改造事例2（住戸No.6）

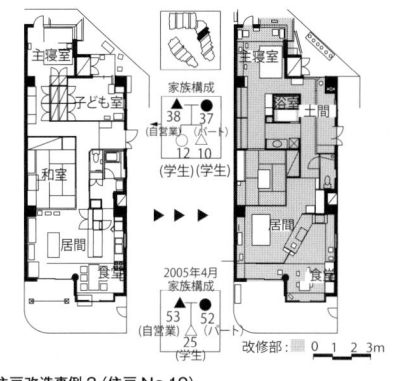

住戸改造事例3（住戸No.10）

■住戸改造もさまざまなかたち

ユーコート全48戸は、1戸の面積62.78～110.96㎡（平均85.30㎡）とさまざまな規模であり、可能な限り自由な住戸計画が目指されている。しかし、当初の住要求をもとにした間取りも、家族の成長とともにさまざまな変化が起きている。2005年の調査では12戸の住戸改造が確認された（表：改造住戸の概要）。

住戸改造の時期と住戸面積との相関関係は特に見られないが、子どもの独立等の転出による家族成員の減少が改造の契機となっているものは大規模改造である。計画段階では子どもが学齢期である家族が多く、できるだけ子ども部屋を確保した間取りであったが、その後ゆとりを持つことが可能となって改造するのは当然予想される。

開放的な間取りを採用している大規模改造が多く、ほぼすべてがバリアフリーとなっている。併せて、通風の確保、結露の防止など環境的な改善と、健康に配慮した建材を使用する傾向がある。また、事例数は少ないが、SOHOのような新しいスタイルを取り入れたものも見られる。

■身近にある住戸改造の手立て

ユーコート設計者の1人であり、その後空き住戸に住むことになる居住者は、自宅を含む少なくとも6戸の改造設計あるいは助言をしている。家族の状況をよく理解し、人体に優しい建材を使用した設計をするため、依頼した居住者の満足度は高いようである。

ユーコート内で先行して改造した住戸を見学するといった居住者同士の情報交換もうまく機能しているようである。

■緑の成長と人の成長

豊かな自然があふれる囲み型の中庭は、安全で良好な子育て環境を希望した親の意向が強く反映している。木々や花々あふれる中庭は、子どもたちにとって絶好の遊び場であった。中庭の植栽は最近まで自主管理されていた。成人した第2世代へのヒアリング調査で聞かれた「維持管理の苦労があっても自然環境は身近に必要」といったコメントにあるように、少なからず住環境を主体的に形成する姿勢は伝わっているようである。

■集住ならではの季節感の共有

1階住戸の専用庭の1つにある入居後植えられた桜が、数年後上階にまで伸び3階レベルまで達している。桜が満開となる春には、中庭からも楽しむことができるが、桜を植えた住戸上階の居住者は居間の窓いっぱいに借景している。枝葉が伸びることに苦情はなく、季節の楽しみを相互に享受できる関係があるうえでの出来事である。集住生活の履歴には緑の存在が大切である。

■集住環境のエイジングと世帯交代

現在のユーコートは、中庭や集会所での行事・イベントの規模や自主的な管理活動が減退の傾向にある。魅力ある子育て環境を支えるために、あえて手のかかる管理運営を選択してきたが、その期間を終えたことも一因であろう。一方で、管理組合理事会役員を第2世代が担い始めるなど世代交代が始まっている。行事・イベントにも企画者として、あるいは、親子共にかかわるようになってきている。空き住戸に第2世代家族が入居した事例も見られる。

さらに、高齢者が住みやすい環境を整えるための活動や提案が、徐々にではあるが出始めている段階にある。集会所を地域拠点としてデイサービスの運営を行うなどさまざまな将来像が提起されているが、現段階では、集会所でお茶会・食事会を催すなど、有志のグループで高齢化に向けた試験的な活動が始まっている。

【参考文献】
1）森永良丙・小杉学「経年変化したコーポラティブ住宅の評価研究」（『住宅総合研究財団研究論文集No.33』2006）
2）福田由美子・延藤安弘・乾亨ほか「コーポラティブ住宅における集住生活の変容過程に関する研究」（『日本建築学会計画系論文集Vol.74、No.635』2009）

時間とともに変化する住まい
居住履歴でたどる住戸の可変性

完成年：1965年　規模：RC造5階建て（中層階段室型）　戸数：2,050戸（分譲298戸）

近年、住宅の長寿命化が求められ、集合住宅の住戸内部の可変性（Adaptability）の重要性が再認識されている。とはいえ、将来に備えて、住戸内部のどの部位に可変性を持たせておけばよいのかを設計段階で判断することは難しい。長期間に渡る家族構成などの変化とそれに伴う住まい方の変化やインフィルの改修履歴などを調査・分析することは、住戸に求められる可変性や、長期居住を実現する建築計画の基礎的知見を得ることにつながる。右頁の図は2つの世帯の居住履歴を示している。家族の成長に従い、部屋の利用方法を工夫し、公的賃貸住宅として制約があるものの、改修工事も行われている。

ここで紹介するKF団地ではバルコニー側に一間増築を行っているが、その結果、若い世帯の入居につながっている。増築を行わなかった住棟に高齢者のみが住まう世帯が多いことと対照的である。既存のストックを活用しながら、長期にわたって住み続けるためには、間取りの可変性とともに住戸規模の可変性も重要である。規模を大きくすることにより、高齢化した親との同居が容易になるなど、社会的ニーズに対応した住まい方を提供できることにつながる。

たとえば、UR都市機構が行っているアネックスルーム付き住宅のアネックスルームを、母屋から切り離して、期間限定で賃貸するような、新たな供給手法が開発されると、家族の成長に対応しながら同じ住宅に継続して居住することが容易になるものと期待される。

分譲住宅、賃貸住宅とも、ハード面の研究だけでなく供給方法を含めたソフト面の対応も重要である。　　　（南 一誠）

バルコニー側に増築された居室

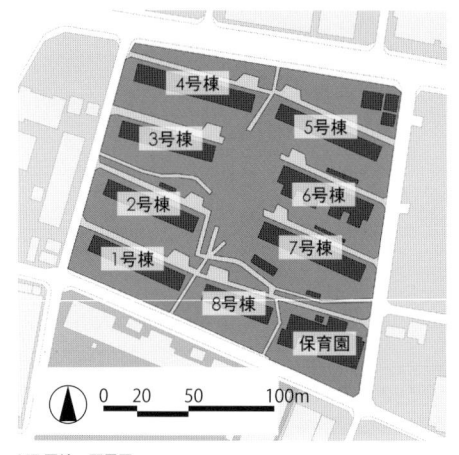

KF団地　配置図
バルコニー側に増築したのは、すべての世帯が合意した6号棟のみ

バルコニー側に増築された居室（右側）

外部と動線を持つアネックスルーム

母屋：78.85㎡　ANルーム：9.58㎡ 
母屋：54.59㎡　ANルーム：10.35㎡

●参考事例

アネックスルームの使用例

アネックスルーム付き住宅の平面
左：バルコニーに位置するタイプ、
右：共用廊下側に位置するタイプ、
出典：UR都市機構パンフレット

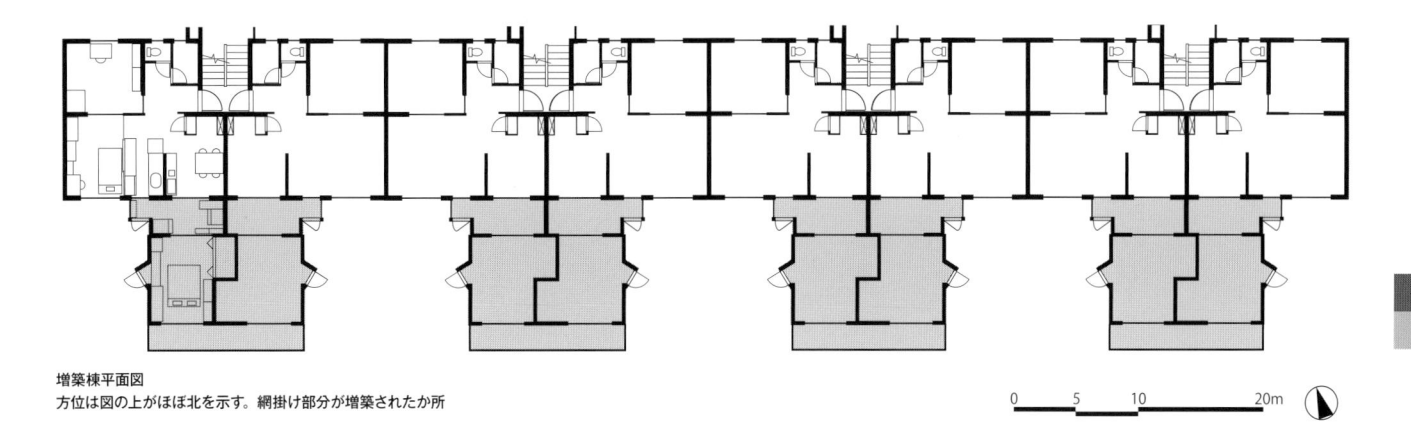

増築棟平面図
方位は図の上がほぼ北を示す。網掛け部分が増築されたか所

増築棟におけるある世帯の居住履歴

| 1977年 M32 F30 f5 m3 | 1983年 M38 F36 f11 m9 |
| 1987年 M42 F40 f15 m13 | 1997年 M52 F50 m23 | 2002年 M57 F55 |

非増築棟におけるある世帯の居住履歴

| 1966年 M24 F21 F'— | 1968年 M24 F21 F'— f0 | 1973年 M31 F28 F'— f5 m2 m0 |
| 子ども学齢期 | 1983年 M41 F38 F'15 m12 m10 | 1995年 M41 F38 m22 |

凡例：Mは大人男性、Fは大人女性、mは子ども男性、fは子ども女性、F'は祖母を示し、数字は年齢を示す。M、F、m、fの記号を記入した部屋は就寝場所であり、方位は図の上がほぼ北となっている

■高齢化が進む団地住民

KF団地は、東京郊外に所在する日本住宅公団が1965年に建設・管理を開始した公的賃貸住宅である。敷地内には緑が多く、交通の便もよく、教育その他の生活関連施設が充実した良好な住環境であるため、長期にわたって居住している世帯が多い。

団地自治会が2008年度に行った調査によると、居住期間が35年以上経過している世帯は全居住世帯の35%にのぼっている。65歳以上の割合が34%（3年前の調査）から57%に増加しており、単身世帯の割合は24%（同前）から30%に増加、一方、3人世帯の割合は減少している。管理開始当時から、長く住むことを希望していた世帯が多かったが、当初は一時的に住むとしていた世帯の多くも、結果的には継続して居住している。

竣工後40年以上経過しているが、1987年に一部の住棟においてバルコニー側に1居室、増築が行われている。その結果、子どものいる若い世帯が新たに、入居することにつながっている。一方、増築を行わなかった住棟では、高齢者のみが居住する世帯が多い。増築の有無が、現在では家族構成の変化となって表れている。

家族のライフステージや家族構成の変化に対応して、居住者が家具レイアウトの変更や居室の用途（使い方）を変更する行為を「住みこなし」、住戸の内装、設備の老朽化・陳腐化に対して行う修繕・改修工事を「インフィル改修」と定義すると、ほとんどの世帯が、居住期間において、何らかの「住みこなし」や「インフィル改修」を行っている。子どもの誕生、成長、独立などがそれらの契機になることが多い。

■増築棟におけるある世帯の居住履歴

上の左図に示す世帯は、1977年に入居し現在まで30年以上にわたり、居住している。入居時の家族構成は父32歳、母30歳、長女5歳、長男3歳の4人世帯であった。1997年に長女が、2002年に長男がそれぞれ結婚のため独立し、現在は60歳を超える夫婦のみの世帯となっている。30年の間に子どもの成長に伴う子ども部屋の確保や子どもの独立に起因した居室の使い方の変更などが実施されている。

インフィルについては自費改修、住宅・都市整備公団（現UR都市再生機構）によるライフアップ改修が行われている。賃貸住宅は住戸内の改修について一定の規約があり、退去時に原状復帰することが原則であるが、この世帯は将来的に長く住むことを希望していたため、南側バルコニー側への増築により、採光が取れなくなった居室の内壁を一部撤去して、食事室として使用できる明るい空間に模様替えしている。

■非増築棟におけるある世帯の居住履歴

上の右図に示す世帯は、団地竣工1年後の1966年に入居し、それ以降40年以上、継続して居住している。入居時の家族構成は、20歳代の夫婦とその母の3人家族であった。3人の子どもが誕生し、もっとも多いときは6人世帯となっている。

現在は夫婦と次男の3人家族となっているが、子どもの誕生に伴う夫婦の寝室と祖母の寝室の交換、子どもの成長に伴う子どもの個室確保、祖母の別居や長女の独立に伴う居室の使用方法の変更などが継続して行われている。

【参考文献】
1）南一誠・関川尚子・石見康洋「KEPエステート鶴牧-3低層棟における居住履歴と住戸の可変性に関する研究」（『日本建築学会計画系論文集 第621号』pp.29-36、2007）
2）石見康洋・南一誠「KEP方式による可変型集合住宅の経年変化に関する研究」（『日本建築学会技術報告集 第24号、pp.335-338、2006）
3）南一誠・竹ノ下雄輝・古屋順章「付加室付き共同住宅の居住実態に関する研究」（『日本建築学会技術報告集 第16巻第32号』pp.233-236、2010）
4）南一誠・大井薫・竹ノ下雄輝「公的賃貸住宅団地における長期居住履歴に関する研究」（『日本建築学会計画系論文集 第651号』2010）

コラム 05

ヴィンテージ・マンション

ビラ・ビアンカ：時代を反映している迫力のあるデザイン

ビラ・ビアンカのディテール：細部までのこだわりが伝わってくる

「ヴィンテージ・マンション・カタログ」
www.vintage-mansion.jp

　われわれ東京R不動産では、「ヴィンテージ・マンション・カタログ」というウェブサイトを運営している。独自に選定した物件を紹介している文字通りウェブ上のカタログだ。

　掲載している物件は、「ビラ・ビアンカ」、「ビラ・モデルナ」、「ビラ・セレーナ」などのビラシリーズや外国人向け高級マンションの「ホーマットシリーズ」などがある。1960年代から70年代にかけての東京オリンピック前後に建築されたものが中心で、特徴としては、外国人向けに計画された建物が多く、海外からの視点を意識した日本的意匠が用いられていたり、この時代独特のゆったりとした空間構成の物件が多い。

　この「ヴィンテージ」という言葉は、もともとはワインやジーンズなどの質を表す言葉としてよく使われていたが、住まいに関してはそれほど使われていなかった。しかしこの数年、30代前後の世代を中心に新築から中古へ物件購入の指向の変化と相まって、「ヴィンテージ・マンション」という言葉が使われるようになってきたようだ。

　これまでいろいろな物件を取り扱って来ているが、その特徴は下記のように整理できると思う。

①場所が良いこと

　不動産市場における資産価値が高いエリアであるといった立地の良さに加えて、敷地がゆったりとしており、庭が広い、アプローチが長い、南向きの傾斜地に位置している、借景となる景色が良いなど、周辺環境のよさを巧みに利用している物件。

②良い管理状態が維持されていること

　時間の経過が良いかたちで積み重なっていること。きちんと掃除が行き届いており、経年変化による素材の味を引き出して、さらに敷地内の草木がよく手入れされている。それが数十年続けられたことで、新築当時にはない独特の雰囲気をまとっている物件。

③時代を反映しているデザインであること

　大胆な空間構成や細部までのこだわりや新しい住まい方の提案がなされているもの。60年代の建物であればコンクリートを活かした造形的な意匠、手間のかかるディティールや質感を活かした素材の選定など、設計者の意思を感じることができ、かつ魅力的な物件。

④思い入れを持って住まわれ続けていること

　住まい手がその建物を本当に気に入って、愛情を持って大切に使われている物件。住まい手が変わってもその思いを引き継いでいきたいような魅力があり、大事に住み続けられているということがもっとも重要だと思う。

　こういったヴィンテージ・マンションの価値を持つ建物を供給していくためには、多元的な視点が必要である。不動産デベロッパーが事業主となるマンションは、経済合理性が強く求められる結果、長い期間を見据えた建物を建築できにくい。その一方で、住まい手が求めるものを、デベロッパーは供給するといった側面もある。すなわち、住まい手が良い建物を長く使うといった、ヨーロッパでは多く見られる価値観を持つ人が増えてくれれば、事業主側の採算も合い、計画の実現性は増してくるだろう。

　建築家の立場としては、このような視点を踏まえつつ、長期的に収益を生み出す資産であることを理解したうえで、地に足の着いた、素材と使いやすさを意識した、シンプルな計画を心がけることが重要だと思う。

　「ヴィンテージ・マンション・カタログ」では、この1年で約200件ほど問合せがあった。実際の購入では、融資が問題となってくる。建築年が経っているため、融資がつきにくいのである。通常の新築物件をローンを組んで購入するというわけにはいかない。これはヴィンテージ・マンションが不動産としての市場での流動性を持ちにくいということである。つまり、気軽に売ったり買ったりしにくい状況にあるということである。

　東京R不動産というメディアを通して、時代の流れの中で残ってきた古いからこそ持つ良さを評価する価値観を伝えていきたい。住まい手のこだわりが多様化する中で、その選択肢の1つとして、ヴィンテージ・マンションを位置付けていきたいと思っている。

（吉里裕也）

06
居住者が育てる居住空間

　集合住宅のユーザーは、既成の住戸タイプの空間に自らを適合させて生活することが多い。住戸空間に手を付けるとしても、大げさなものではなく、限られた面積内でのシステム化されたリフォームどまりである。1970年代からのコーポラティブ住宅では、居住者の個別のニーズに対応する自由度を受け入れる個性的な住宅もつくられるようにはなったものの、その数は少ない。

　これらの流れとは別のところに、住み手のニーズと積極的な働きかけにより、創意工夫し居住空間を育て上げ、住みこなしている事例がある。それは、事例として取り上げた、住戸のDIYリフォームから、増改築までと幅広い。

　居住者が自らの意志で生活向上を図ることは、住宅を思い出のある、愛着が持てるものに変えることができ、大きな魅力になるはずである。これらは単純に一般化できるものはないが、これからの集合住宅の住まい方において、大きな手がかりとなるはずである。

DIYによる賃貸住戸のリフォーム
住戸再生のオルタナティブ

名称：高洲第一団地　所在地：千葉県千葉市美浜区　DIY：ちば地域再生リサーチ　実施年：2005年

　高度経済成長期につくられた郊外の大規模団地は、時代のニーズに合わなくなったばかりでなく、都心や駅直近の新しいマンションに人気がうばわれている。建物や設備の老朽化に加え、ライフスタイルの変化への対応が遅れているのがその原因の1つである。

　分譲住宅であれば古くなっても、住民自身がお金をかけてリフォームができる。しかし、賃貸集合住宅では、オーナー側が設けたルールの中で、限られた範囲でしかリフォームが許されていないので、古いインテリアや雰囲気のまま住み続けている住民が大多数である。

　そんな中、賃貸集合住宅でも、自ら居住環境のニーズを満たそうとするリフォームに取り組んでいる例が見られる。それが「DIYリフォーム」（Do-It-Yourself：住民自身の作業によるリフォーム）である。安上がりなリフォームで、自らの住まいを愛着のあるものに変えるのである。これは、古くなった賃貸集合住宅に、長く住み続ける試みである。そこで、賃貸住宅の原状回復というルールを守りながら、DIYリフォームによって、団地の賃貸住戸のインテリアや雰囲気をどの程度更新できるかを試行実験した例を取り上げ、可能性を見ていきたい。

（鈴木雅之・陶守奈津子）

カスタマイズ DIY

表層模様替え DIY

テイストパッケージ DIY

●参考事例

豊四季台団地のセルフイノベーション実験（東京理科大学）

住民によるDIYの例
押入れの中段を外し（左）、和風調に雰囲気を変える（右）

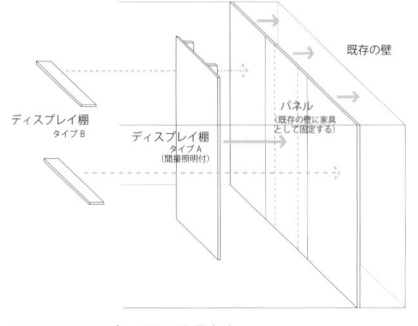

DIYリフォームのタイプ

カスタマイズ DIY	原状回復をしやすくするためのパネル等の装置があり、パネル上は居住者のカスタマイズによって自由になるモデルである。パネルによって居住者のインテリアを誘導するものである。
表層模様替え DIY	原状回復を前提とした表層だけの模様替え的なモデルである。材料を釘や画鋲を使って、掛ける、かぶせる、吊るす等のみであるので原状回復はもっとも容易である。
テイストパッケージ DIY	あらかじめいくつかのテイストのパターンと、その材料の仕様、工法のパッケージを提供するモデルである。個性化の自由度は制約がある。テイストの例としては、和風、北欧風、アジア風などが挙げられる。

パネルとディスプレイ棚の設置方法

DIY前の雰囲気

カスタマイズDIY

特徴	・原状回復は簡単 ・パネルは壁面にネジ等で固定される ・パネルを持ち運ぶポータビリティが高い ・テイストに限界があるが、自由度が高い

パネル作成 — 24時間 ￥30,000
1、パネルへの塗装
2、パネルにL字金具の取付け
3、パネル横にダボ埋め、反対側は穴のみ

パネル設置 — 14時間 ￥8,000
4、ドリルによる壁の穴開け
5、アンカープラグの打込み。L字金具固定
6、パネル同士をダボ接続
7、壁面パネルの完成

ディスプレイ — 2時間 ￥46,000
8、ディスプレイ棚の取付け
9、間接照明の取付け

工具：振動ドリル、電動ドリル、のみ、かなづち
総作業時間数：40時間：パネル同士のダボ接続に多くの作業時間を要する
難易度：パネル作成、設置は正確さが必要である。材料運搬に若干の困難性がある
総費用：￥84,000、解体・撤去費用：￥0、原状回復費用：￥0
材料：ランバーコア、L字金具、水性塗料、上薬、MDF、照明器具、棚受け、アンカープラグ他
作業内容の規制：パネル取付方法のみ規制あり

DIYリフォームモデルの骨格

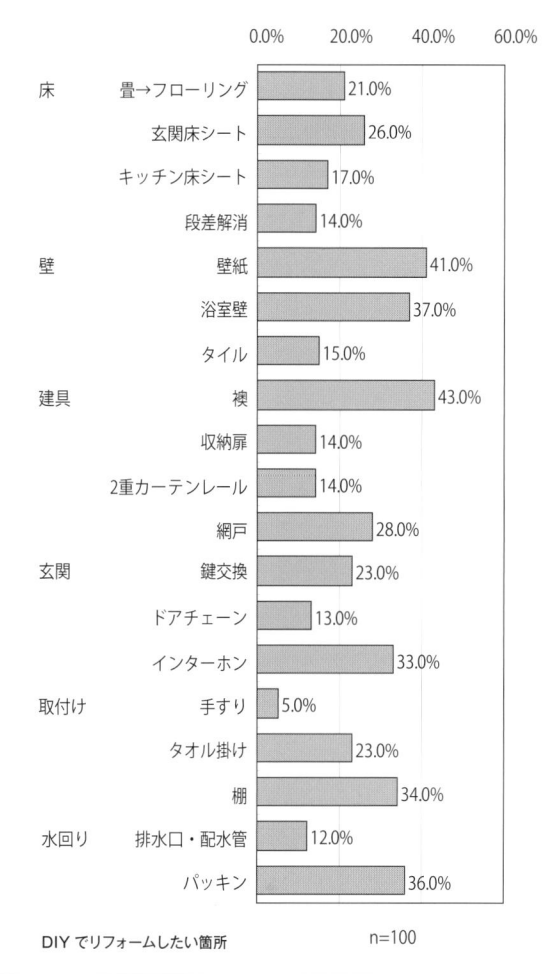

目的への対応：A) 個性化、B) 機能向上
原状回復への対応：a) 原状回復、b) DIY存置
□ 大がかり　□ 装置化　□ 模様替え

DIYでリフォームしたい箇所　n=100

区分	項目	割合
床	畳→フローリング	21.0%
床	玄関床シート	26.0%
床	キッチン床シート	17.0%
床	段差解消	14.0%
壁	壁紙	41.0%
壁	浴室壁	37.0%
壁	タイル	15.0%
建具	襖	43.0%
建具	収納扉	14.0%
建具	2重カーテンレール	14.0%
建具	網戸	28.0%
玄関	鍵交換	23.0%
玄関	ドアチェーン	13.0%
玄関	インターホン	33.0%
取付け	手すり	5.0%
取付け	タオル掛け	23.0%
取付け	棚	34.0%
水回り	排水口・配水管	12.0%
水回り	パッキン	36.0%

■ DIYリフォームの潜在的ニーズ

団地住民は、住まいに不満を持ちながら生活を続けている。その不満に対して改善ニーズも高く、リフォーム費用の自己負担も許容している。そのリフォームの内容に、DIYリフォームへのニーズが少なからずあることがわかってきた。

ところが、賃貸住宅では、住民による自由な住空間の改善とインテリアの個性化というニーズは制度的に抑えられている。住民の改善欲求は、オーナーが実施するシステム的・近代的なものだけではない。

一般には古くさいと思われる住戸でも、居住の価値向上が図れるDIYリフォームの普及を図ることは、ストック活用の1つの視点となる。

■ 賃貸DIYの例はまだ多くはない

賃貸住宅のDIYリフォームの件数は、まだそれほど多くはない。退去時の原状回復義務による制約や、長期居住でたまった家具や物品の多さがリフォーム意欲を抑圧しているためである。賃貸住宅のDIYリフォームの事例では、壁紙・ふすま紙の張替え、押入れ改造、棚の設置など補修や機能向上のためのリフォームが多く、雰囲気を大きく変える個性化のためのリフォームはまだ少ない。また、大がかりなDIYリフォームはほとんどなく、大きな費用はかけられていない。

■ DIY実験により新しいモデルを

DIYリフォームの真価は、住民の自由な発想と自らのテイストによって居室を改造できることにある。しかし、賃貸リフォームの制約となっている現行の賃貸借契約には、原状回復義務がある。そこで、原状回復のルールを守りながら、どの程度インテリアの個性化と機能向上を図れるかを探った。

試行実験の1つの「カスタマイズDIY」モデルは、原状回復をしやすくするためのパネル装置を住戸の壁面上に設け、パネル上は居住者のカスタマイズによって部屋のテイストを自由にするものである。

これまでの古い賃貸集合住宅のイメージを大きく変化させることから一定の評価を得た。一方、住民のテイストの嗜好の多様性を考えると、パネル設置によってパターン化したテイストを押しつけることにもなり、DIYによる個性化という魅力に抵触している。かたちや色を限定しきらないキットも必要になるだろう。

■ DIYの普及可能性と期待

賃貸集合住宅のDIYリフォームを普及させるためには、仕組みも必要である。DIYの範囲を制約するもので、原状回復義務を前提とすると、オーナーが改修すべき部分と、住民がDIYリフォームしてもよい部分などの明確な区分けをつくることは有効となる。

個性的なリフォームは需要に応えられないという声もありそうだが、古い住宅では逆に価値が高いかもしれない。たとえば、若い住民にとっては魅力にも映り、若者を地域に呼び込むような魅力を持つ住宅供給システムとなりうるだろう。

DIYは住民自身がその活動で生活の質の向上を図る内発的な再生の手段であり、このような思いの集積が、思い出のある団地を愛着のある「終の住処」へ再生するプラスの影響を及ぼしていくと期待できる。

【参考文献】
1) 陶守奈津子・服部岑生・鈴木雅之「住民参加による団地再生の可能性に関する実践的研究-DIYによる住戸改修の検討」（『日本建築学会技術報告集』2006）
2) 「築年の古い公的賃貸集合住宅のDIYリフォームによる実践的研究」（『住宅研究総合財団研究論文集』2007）

コアハウジングの増改築
最小限からはじめる住宅

名称：トゥンソンホン住宅地　所在地：タイ　開発時期：1978〜1984年　面積：約43ha　計画戸数：3000戸　計画人口：約18,000人

住まいとは、居住者によって手が加えられ、たえず変化していくものではないだろうか。最小限の空間から居住者が住まいづくりを行う事例としてコアハウジングを紹介したい。

コアハウジングとは、道路や水道、電気などのインフラが整備された住宅地に、それぞれの敷地に簡単な水回りのコアもしくはワンルーム程度のコアハウスを供給して、その後の建設を居住者にゆだねる方法である。居住者のニーズに応じて増改築しながら住まいをつくり上げていく、居住者主体の住まいづくりといえる。1970年代から世界銀行が積極的な融資を行うことによって多くの発展途上国で実施された。

「トゥンソンホン住宅地」は、タイ住宅公団（NHA）によって建設されたコアハウジング住宅地である。バンコクの中心から17kmの立地にあり、7タイプのコアハウスと生活コミュニティ施設が計画された。全体は30の小地区（55〜196戸で構成）からなり、各地区に自治組織があり集会や行事を行っている。入居が始まった1984年から居住者はどのように住み続けてきたのか、居住支援のあり方や計画の特徴であるコアハウスの増改築を中心に、住まいに見られる工夫や空間特性について見ていきたい。

（田中麻里）

トゥンソンホン住宅地 1981年建設当時（提供：布野修司）

トゥンソンホン住宅地 1996年　地区内幹線道路沿いに建ち並ぶ2階建てコアハウス
タイ初のプレハブ工法のコアハウス住宅地も建設後12年が経ち、活気ある町並みへ

R1タイプの町並み
各地区内には、さまざまな住戸タイプが混在するよう計画されている。路地に面してR1、R3、R5などが並ぶ。各戸が思い思いの門扉や塀、窓を取り付けている。前庭には、果樹が植えられ、家並みの揃った景観となっている。

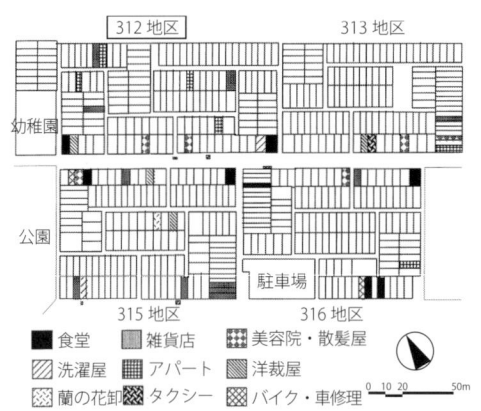

土地利用図
道路に面して食堂や美容院、バイク修理屋などの商業活動が見られるが、路地奥にも雑貨店などがあり、住宅だけでなく、さまざまな活動が住宅地に組み込まれている。

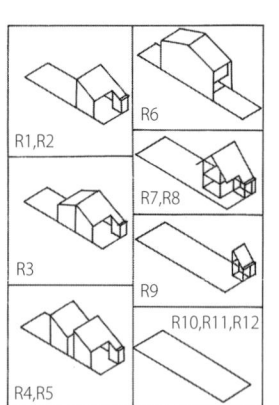

コアハウスの形態
R1、R2：水回り＋1ユニット／R3、R4、R5：水回り＋2ユニット／R6：ショップハウス／R7R8：2階建て／R9：水回りのみ／R10〜12：敷地のみ

● 参考事例

フィリピンのデラコスタ・コアハウジング住宅地（1996年）
1980年代から続くデラコスタ・シリーズ。入居前のさまざまなワークショップを通して、住宅建設だけでなく居住地の維持管理を円滑に進める。

増改築されたコアハウス

テラスも重要な居住スペース

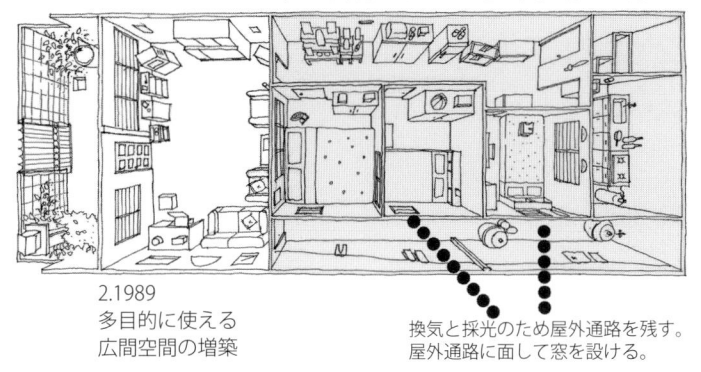

1.1985
住める状態にするため窓と間仕切りを設置

2.1989
多目的に使える
広間空間の増築

換気と採光のため屋外通路を残す。
屋外通路に面して窓を設ける。

R3タイプの増改築プロセス（グレー部分は元のコアハウス）

2階建てコアハウス（R8 住戸A）

屋外水場（住戸A）

2.1993
多目的に使える広間空間の増築と
成長した子どものための寝室を増築

通気性を考えた
半屋外空間

3.1994
退職後に雑貨店を
開業するため店舗
部分を増築

採光のため一部
透明屋根材を使用

1.1984
住める状態にするため
窓と間仕切りを設置

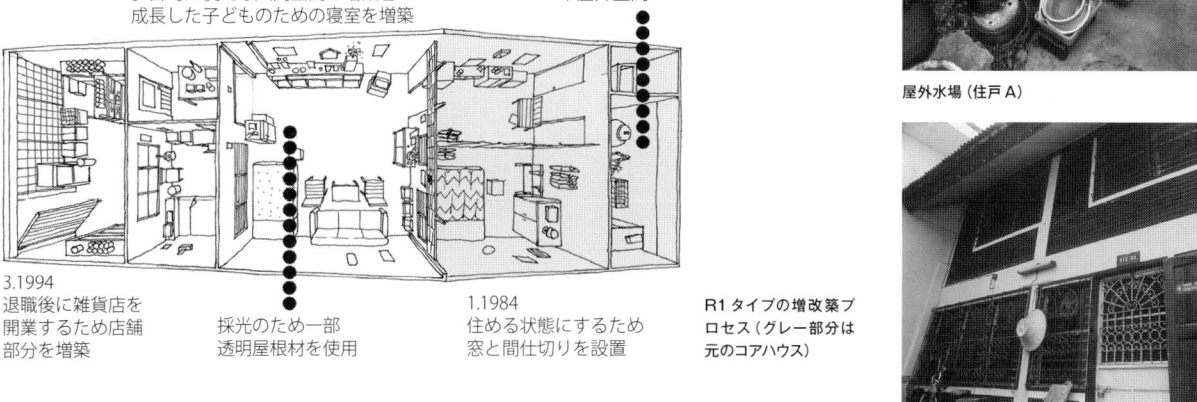

R1タイプの増改築プロセス（グレー部分は元のコアハウス）

通風を考えた窓や扉（住戸A）

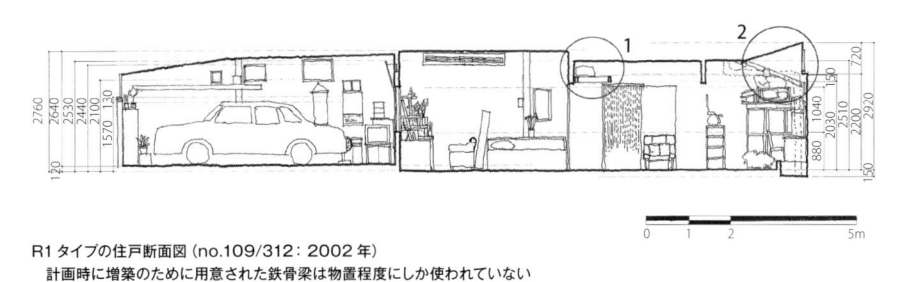

R1タイプの住戸断面図（no.109/312：2002年）
計画時に増築のために用意された鉄骨梁は物置程度にしか使われていない
居住者が高窓を付けるといった単純な方法で採光と換気に対処している

広間空間（住戸A）

■セルフビルドが可能な最小限ユニット

自分で増改築を行った割合が多かったのは、コアユニットが2つ連結されたタイプ（R3：41㎡）であった。増改築が複雑な2階建て（R7、R8：49㎡）では8割が業者に依頼し、最小タイプ（R1、R2：22㎡）でも5割を超えていた。初期ユニットが小さすぎても構造体の工事を必要とする場合がある。R3（41㎡）くらいが、大がかりな増改築を必要とせず、セルフビルドが可能なのかもしれない。

■設計者の意図を居住者が理解する機会

増改築を行うにあたって、コアハウスの特徴を居住者に理解してもらう機会やサポートはほとんど行われなかった。建設直後は6割が住環境を不満として、すぐに住めないという理由も多く、コアハウスの特徴が十分に理解されていなかった。

2階建てに増築するために用意された鉄骨梁や通風・採光のための中庭など、よく考えられた工夫や計画意図を居住者が理解することはなく、個々に増改築が行われた。

居住者は、より単純な形で増改築を進め、通風や換気、採光については高窓を付ける、屋外通路を残す、台所を半屋外にするなど独自に対処していった。計画意図が理解されていたら、その後の増改築の展開も違っていたかもしれない。

■供給サイドと居住者が共にまちをつくる

コアハウジングは、物理的なコアハウスの計画および供給とともに、居住者による環境形成の支援が両輪となる住宅計画手法である。しかし、タイでは住民の自力建設過程において供給側から支援がなかったため、増改築の遅延をもたらした。トゥンソンホン以降のコアハウジングでは、供給側からの支援として増改築用モデルプランの青焼き図面を希望者に販売するようになった。

しかし、そうした一方的な支援ではなく、設計や維持管理を行う供給側と居住者が相互にかかわりながら、環境形成が行われていく仕組みが必要ではないだろうか。

■生活を映し出す住まい

もともと7タイプの多様なコアハウスが建設されたが、増改築を経て、現在では前庭、広間空間、寝室そして最後部にトイレと半屋外の台所が設けられる空間構成に収束している。このような類似した空間構成は、敷地の形態に制限されることにもよるが、調理の仕方や僧侶を招く空間を確保するといったタイの生活様式が反映された結果もたらされたものであると考えられる。

■敷地全体が居住スペース

熱帯のタイでは台所は日除けのある半屋外または屋外につくられることが多い。また、広いテラスや木陰にテーブルを置くなど、屋外空間も暑さをしのぐ大切な居住スペースである。住戸内部から半屋外、屋外へと自然を活用しながら、敷地全体を居住スペースとしてうまく利用している。

【参考文献】
1）田中麻里『タイの住まい』圓津喜屋、2006

都心居住を支えた下駄ばき住宅
商業者家族によるフレキシブルな住みこなし

名称：馬車道Ａ共同住宅（仮称）　所在地：神奈川県横浜市中区　建設：1964年度事業　事業主体：神奈川県住宅公社（当時）　敷地面積：923.568㎡
建築面積：679.911㎡　戸数：26戸

高密な都心居住の受け皿として集合住宅に求められるデザインとは何か。長期経過した住宅ストックの履歴を辿ることは、その特徴を発見する方法として有効である。神奈川県住宅公社が中心となり横浜関内地区で供給が進められた住商併存の集合住宅（いわゆる下駄ばき住宅）もそうした住宅ストックの1つである。戦後焼け野原となり、「関内牧場」といわれた横浜関内地区の復興を支えた鉄筋コンクリート造の建築群である。

欧米諸国で見られる街区型集合住宅を参考に、通りに面して中層集合住宅が配置され、敷地内にはオープンスペースを設ける工夫が図られた。敷地共同化の過程で、地権者の多くが店舗営業者として再入居し、営業を続けながら上部住宅に居住する職住近接の住まい方を選択したことも、関内地区の都市的性格を特徴付けてきた。

現在では「馬車道Ａ共同住宅」（仮称）を含む数棟にその痕跡を見ることができる。オープンスペースへの店舗拡張や住棟内での複数住戸利用など、商業者家族による「住みこなしの履歴」が、都市の賑わいと居住の安定の両面に寄与した建築であったことを物語っている。

建設から約半世紀を経た現在、新たな都心居住の受け皿としての再生・活用が期待されている。　　　　　（藤岡泰寛）

戦後復興期の下駄ばき住宅が横浜関内地区には数多く残る（馬車道Ａ共同住宅）

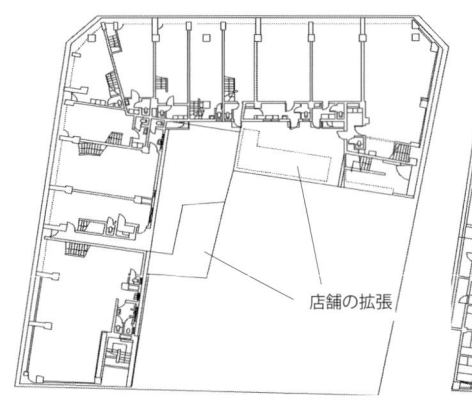

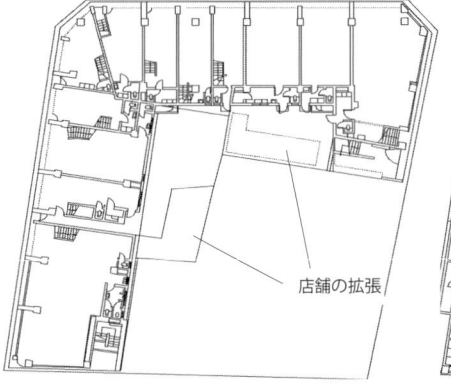

1階平面図 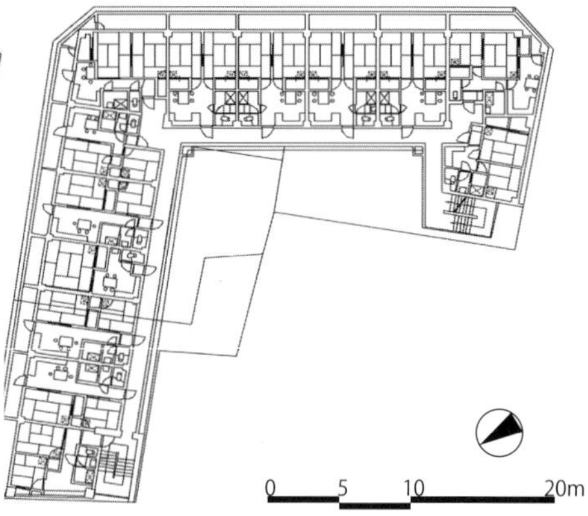　　3・4階平面図

●参考事例

横浜に限らず、全国の都市部で防火建築帯建設が進められた。写真（上下）は八幡市住宅協会（当時）による下駄ばき住宅。

敷地の分割所有が、その後の住戸単位の多様な増築を可能としている（増築の詳細や住生活の実態については文献5に詳しい）。

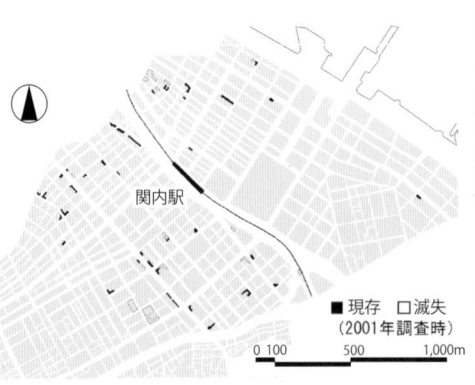

供給分布図
1953年から1966年にかけて、関内駅を中心とする半径約1km圏内に神奈川県住宅公社により52棟が供給され、このうち馬車道Ａ共同住宅を含む30棟あまりが現存している。

店舗営業者による増築（馬車道Ａ共同住宅）

街区内部の土地利用はやや混乱している（馬車道Ａ共同住宅）

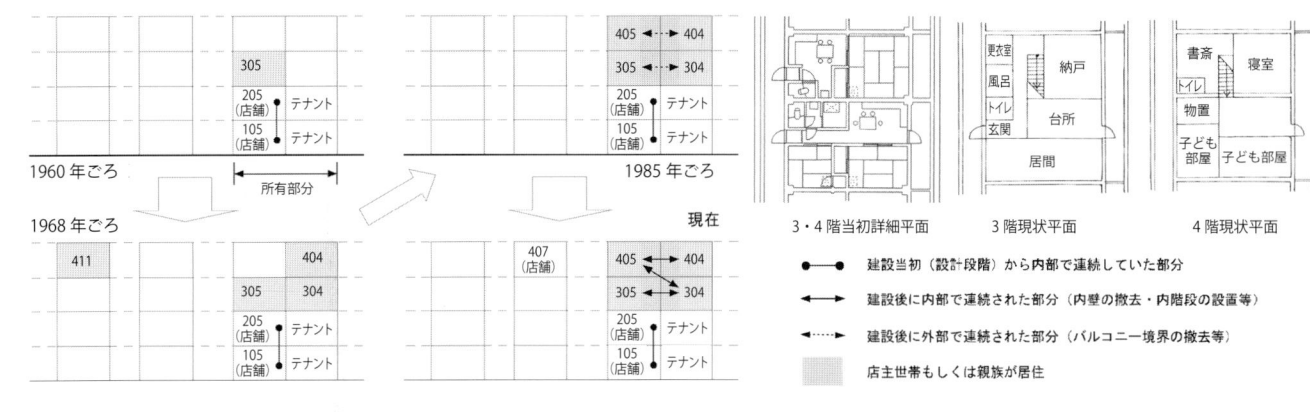

E 料理店（馬車道 A 共同住宅）に見る住戸融通のプロセス
入居後、店舗部分については土地所有の半分にあたる部分をテナント経営にまわし、残りの半分で営業開始。住居部分については空き住戸の取得や優先入居権活用による隣接住戸・上階住戸の取得に加え、バルコニー境界の撤去、内壁の撤去・内階段の設置等の改変を経て、現在は3・4層部分の計4住戸を一体的に使用している。

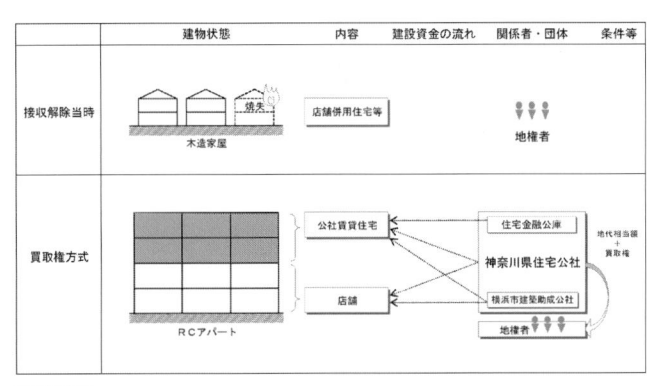

買取権方式
神奈川県住宅公社の取り組んだ復興住宅では、県公社と共同建築主との間に買取権（上部賃貸住宅の優先譲渡権）が設定され、建物所有関係の将来的な変化が内包されていた。地権者負担金は発生せず、上部賃貸住宅への優先入居も認められる等、横浜関内地区の復興を最優先し住宅供給に取り組んだ経緯が推察される。

使用ユニット数の推移（馬車道 A 共同住宅を含む複数住棟調査による整理）
おおむね建設当初からの継続営業世帯を複数住棟にわたり取り上げ、居住用途・商業用途のそれぞれについて使用ユニット数の推移（拡大を△、縮小を▼と表記）を2001年調査時まで変化順にまとめたもの。1ユニットは柱間隔1スパン相当の住戸または店舗とし、この柱間隔は住棟ごとに共通である。多様な住戸融通の推移が見られる。

■商業者家族による住みこなしの履歴

　馬車道A共同住宅では、建設後半世紀を経る中で特徴的な住みこなしが見られる。これは商業者家族によるものであり、利用戸数の増加、二戸一化、空き住戸の賃貸活用、居住用途以外（たとえば倉庫やオフィス等）への転用などである。当時の店舗営業は基本的に家族営業であり、住み続けられることと営業の安定とは密接なかかわりを持っていた。実際に利用戸数の増加は主に家族数の増加や子どもの成長によってもたらされたものである。自営店舗部分についても、継続営業の過程で余剰床のテナント化や敷地内オープンスペースへの増築等の変化が見られる。区分所有の枠組みが未整備の時代にできた集合住宅であったため、土地所有区分のままに建物が分割所有された集合住宅であったことも商業者家族の住み続けを可能にした要因として大きい。

■下駄ばき住宅を二分する評価

　一方で、これらの下駄ばき住宅には将来的に所有関係が変化する可能性が組み込まれていた。建設時点では下層階の自営店舗部分の所有にとどまるが、ある一定の年数を経たのちに上層階の公社賃貸住宅部分を地権者に払い下げることが予定されていた（県公社はこれを「買取権方式」と呼んでいた）。しかし、一般入居者（県公社の公募による賃貸住宅入居者）にはこのことが入居時に説明されておらず、払い下げ後は家賃の上昇も必須であるため反発を招いた。現在でも多くの住宅が払い下げられないまま残っており、この問題が現在進行形で残されていることが、都心居住を支えた下駄ばき住宅の評価を二分している。

■住戸スケールの空間単位

　多様な住戸融通を可能とした計画的特徴としては、40〜50㎡の住戸を1ユニットとする空間の単位性が挙げられる。これは建築構造上の制約から上層階住宅の柱割りが下層階店舗にまで及ぶことによるものであり、住居部分だけでなく、店舗部分の基本単位にもなっている。このことが、たとえば自営店舗の1スパンをテナント化する等のフレキシブルな対応を可能にしていた。現在では住居部分に個人事務所等のSOHOが入居するなど、小規模なオフィス需要の受け皿としても機能し始めている。

■敷地内オープンスペースの位置付け

　横浜関内地区の復興事業では、防火建築帯を「線」ではなく街区型の集合住宅群による「面」としてとらえていた。こうすることでオープンスペースを創出し、都心部でも良好な居住環境を獲得できることを目指していた。しかし実際には地権者合意の難しさから断片的な供給にとどまり、このオープンスペースの位置付けが不明確となる課題を残した。本来はパブリック性の強い空間となることが期待されたが、実際には個別増築によってプライベート性の強い空間となっていた。

■変換のデザインへの期待

　馬車道A共同住宅をはじめ、現存する下駄ばき住宅の多くが構造的にも設備的にも老朽化しており、権利関係の調整に加えて具体的な再生の道筋を示すことが課題である。40〜50㎡の住戸面積は家族向けとしては狭いが個人事務所や都心居住を望む若いアーティストなどに向けた住居であればまだまだ十分に訴求力はある。内装のリフォームだけでなく、隣接住戸の二戸一化や、空室のシェア利用等も含めて考えれば、フレキシブルな住戸単位が現代ニーズの受け皿としても十分に機能する可能性がある。敷地内オープンスペースを再活用する可能性もあるだろう。復興まちづくりの一翼を担った建築ストックを評価し、新しい価値を付加して現代社会の用途に変換・適合させるデザインが求められている。

【参考文献】
1) 「横浜市建築助成公社二十年誌」横浜市建築助成公社、1973
2) 「街づくり40年のあゆみ」横浜市建築助成公社、1992
3) 首都圏総合研究所編「市街地共同住宅の再生」、神奈川県都市部都市政策課・日本住宅協会、1987
4) 藤岡泰寛・大原一興・小滝一正「買取権付き市街地共同住宅における生業隣接型居住の実態と共同建築手法に関する考察－住商併存の共同化建築に関する研究その1」『日本建築学会計画系論文集 No.565』pp.309-315、2003
5) 西村博之・高地可奈子・菊地成朋・柴田建街区型集合住宅「平和ビル」に関する研究-その1・その2」『日本建築学会大会学術講演梗概集E-2分冊』pp.103-106、2001

フレキシブルな共用空間の利用
多様な活動と屋外オープンスペース

名称：チュントゥ団地　所在：ベトナム・ハノイ　建設：1974～78年　面積：15ha　大型PCパネルによる低層住棟

ベトナムのいくつかの集合住宅の共用空間においては、日本では見られない多様な活動が行われており、居住者の能動的な空間への働きかけや時間帯ごとの活動の入れ替わりなども見て取れる。これらの活動は共用空間のさまざまな空間の特性を居住者が読み取り、住みこなしていく中で生まれたものと考えられる。ここでは屋外のオープンスペースでの活動に焦点を絞り、多様な活動を可能にしている空間的条件・社会的な状況を考えてみる。

ベトナム・ハノイでは、市中心に近い所に1950年代後半から1980年代半ばの計画経済時代に建設された集合住宅団地が多く存在するが、住戸面積が小さく、躯体・設備の老朽化もあり、再開発が進みつつある。「チュントゥ団地」もそんな計画経済期の集合住宅である。建設当初は市街地外縁に位置していたこともあり住棟間には十分なオープンスペースがとられ、小公園が適宜配置されていた。これらのスペースでは仮設的な設いにより路地や小公園が飲食店、店舗、市場などに仕立てられ、日々の生活に密着した活動が生み出され、共存している。これは場当たり的につくり出された面も見られるが、既存の空間の特徴や行われる活動の種類に合わせて適切な空間が選び取られ、設えられたものである。

（篠崎正彦・藤江創）

住棟間のカフェ
チュントゥ団地でのオープンスペースでは、大きく育った樹木の木陰はカフェとして設えられ、近隣の住民がくつろぐ場所となっている。もともとの住棟間空地がカフェとして程よい大きさの空間だったことに加え、樹木は日除けを固定するのに用いられ、歩道との区画である腰壁は調理台や什器置き場として使われている。

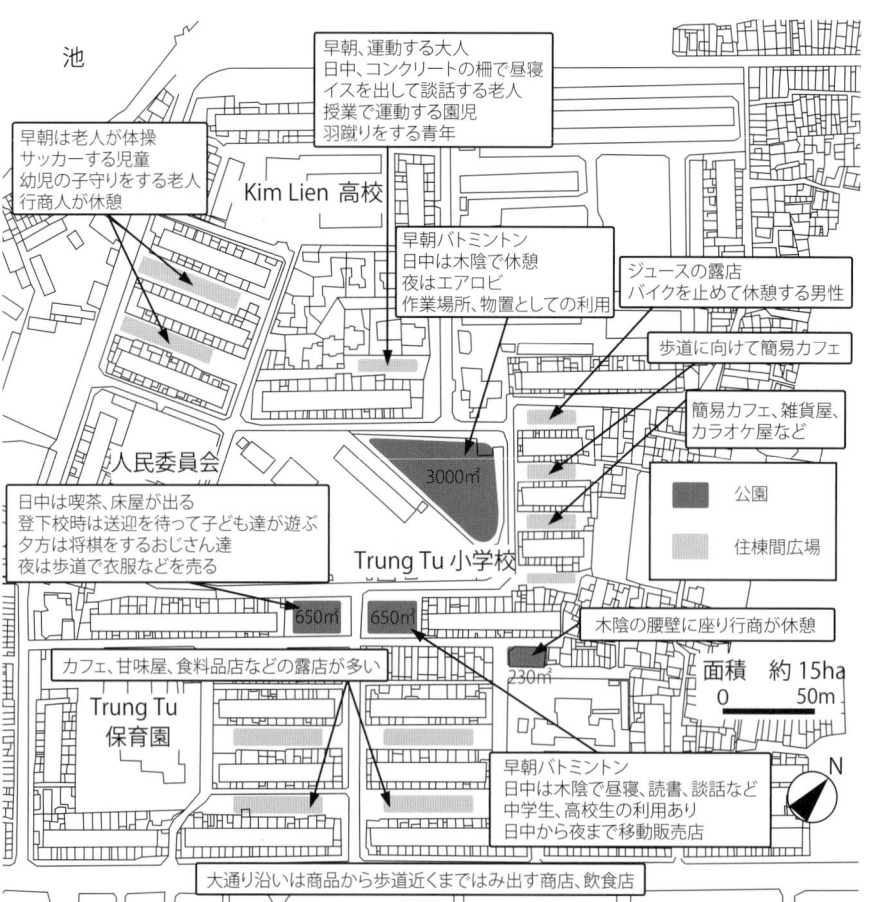

チュントゥ団地配置とオープンスペース利用例
一見、単純な配置計画に見えるが、居住者や商店主は外部空間の特性を読み取ってさまざまな活動に利用している。大通りの歩道沿い、路地（通り抜け、行き止まり、屈曲など）、住棟間広場、湖に面した歩道、大きさの異なる公園など思いのほか多様な外部空間が存在している。

●参考事例

チュンホア・ニャンチン団地
ハノイ郊外で開発中のニュータウン。高層集合住宅とともに戸建て住宅地も計画されている。住戸規模は100㎡超。近年のハノイで新規供給される集合住宅の典型の1つ。屋外空間の利用は管理規約で制限される傾向にある。

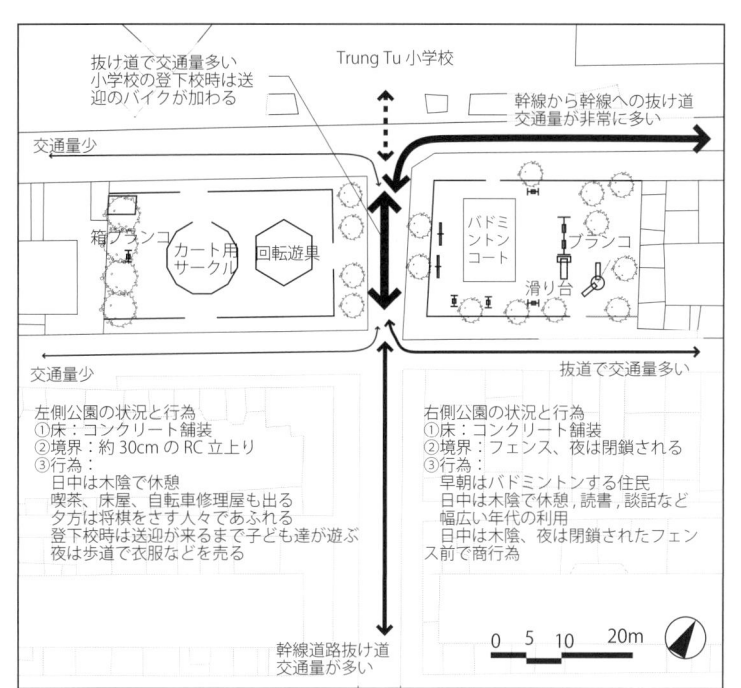

ある公園の利用状況（左）
面積、形状など類似した左右の公園であるが、置かれた遊具などの設えにより活動が異なってくる。時間により目的も利用者も異なるさまざまな活動が一日を通して行われている。日中は遊びや軽食の場として子どもや老人を中心に夕方以降は物販の場として成人を中心に利用されている。広い年齢層に利用される多目的なオープンスペースである。

異なる利用用途の混在（上）
住棟間広場はベトナムでは不可欠な交通手段であるバイクの駐輪場や物干し場としても利用される。腰壁が駐輪場を限定する役割を果たしているほか、ベランダや廊下の手すりと樹木は選択ヒモを架け渡すのに用いられている。

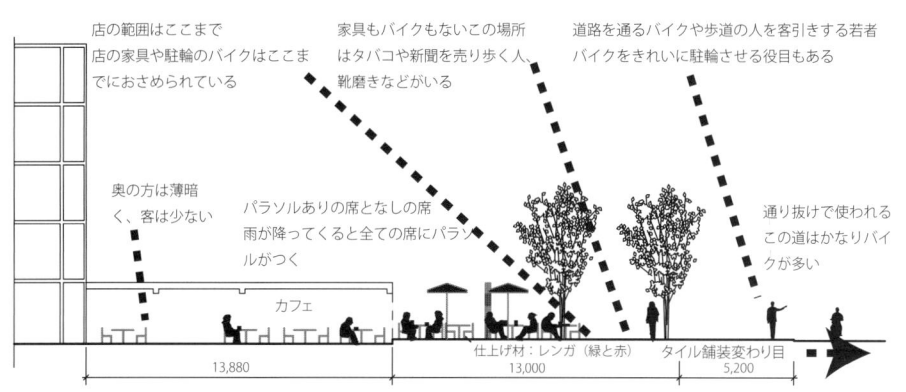

空間の特性にあわせたしつらえと活動（左）
オープンスペースの利用はその場の空間的特性を活かしながら行われる。ここでは池を望むことのできる立地、木陰、路面仕上げの違いなどが空間を設える手がかりとなっている。カフェに関連する複数の活動（新聞売り、靴磨きなど）が連鎖的に行われていることもわかる。オープンスペースの利用は無制限に行われているのではなく、通行人の障害にならないなどの居住者によるルールがあるようである。このような状況とニーズからなる店舗の構成についてはいくつかのパターンがある。住棟脇の空地は、もともとの狭小な住戸を補うための増築にも利用される。ここでは、カフェの屋内席として利用されている。

■チュントゥ団地に見る多様な屋外活動

チュントゥ団地内では、飲食店、店舗などの他にも青果・雑貨の露店や行商、屋台などさまざまな用途にオープンスペースが用いられ、多様な生活ニーズに応えている。同時に、オープンスペースでの活動が居住者間のインフォーマルな交流を促し、コミュニティ形成のきっかけとなることもうかがえる。居住者の多様なニーズを受け止めつつ自然なかたちでの居住者間交流を促進するには、スポーツや遊びのみに限らない共用空間の利用形態を許容することが有用な手法の1つと考えられる。

同じ場所でも、時間をずらして異なる活動が行われることもしばしば見られ、店舗主・露店主の存在もあり、団地内に常に人の目が存在することはセキュリティを高めることに役立つといえるのではないか。

あらかじめ計画された意図とは違ったかたちでの居住者による空間利用も多いが、1つの団地内でさまざまな活動が同時に、あるいは時間をずらしながら起こることが居住環境の悪化ではなく、居住者のさまざまな要求を満たすように実現されていることがチュントゥ団地での特徴といえる。

こういった現象を可能としている要因を以下に挙げるが、ベトナムに特有の要因ばかりとはいえず、日本の団地・住宅地においても居住者の生活ニーズへの対応・コミュニティ活動の促進、セキュリティの確保などへ示唆となるのではないか。

■適度な空間の分節と住棟による囲われ感

公園、路地など面積、形状、交通量の異なる外部空間がゆったりと団地全体に分布していることにより、活動の種類に合わせた外部空間の選択が可能となっている。

空間の広がりに大小はあるが、多くは住棟に挟まれ適度な囲われ感がある。これにより落ち着いて商品を広げることのできる状況や、静かに飲食できる雰囲気がつくられ、安定した活動の場を提供している。大きく成長した樹木も囲われ感を強めるとともに強い日差しを遮る木陰を提供している。

■居住者の積極的な空間への働きかけ

利便施設へのニーズを敏感に察知し、居住者自らが店舗などを積極的にオープンスペースへと展開している。さらには、個人レベルでできる副業により正規の給料の補填をする者が多いことも多くの商業的活動が存在することに関連していると思われる。

もともとは共用であったオープンスペースを専用として許しているのは、自主管理による隣組的なシステムにもとづいていると考えられる。現場の住民当事者間の判断により、かなり融通を効かせる管理体制となっている。ハノイの古い集合住宅団地ではよく見られる体制であるが、建替えを機として管理規約が改定され、共用空間を専用として利用することが難しくなっている。居住者の日常的に生ずる多様な要求を満たすうえで課題を残すことが危惧される。一時的または仮設的なかたちで、他の居住者にもサービスとなる専用的な利用をある程度の範囲で認める必要があるのではないか。

■ライフスタイルの影響

朝食を外食で済ませる人が多く、身近な場所で日用品・食品を購入する習慣があるといったライフスタイルも多様な活動が団地内に発生する大きな要因と考えられる。友人や家族とお茶を飲みながら語らう時間を多く持つ、亜熱帯気候では屋外空間で過ごす心地よさを求めるといったことも屋外での活動を促進する一因となっている。

【参考文献】
1) 山田幸正・藤江創・チャン・ティクエハーほか「ベトナム・ハノイの団地型集合住宅の改善手法に関する研究(1)～(9)」(『日本建築学会大会学術講演梗概集』2005-2008)
2) 篠崎正彦・内海佐和子・友田博通ほか「ベトナム・ハノイにおける都市住宅に関する研究その9～16」(『日本建築学会大会学術講演梗概集』2001-2005)

コラム06

仮設住宅のカスタマイズ

居住者によって改造された仮設住宅

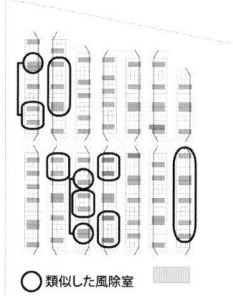

改造手法の偏在
仮設住宅団地で、風除室付近の改造を行っている住戸をその改造手法ごとにプロットしたものである。同じ改造手法が隣近所でも用いられていることがわかる。

応急仮設住宅

仮設 de 仮設カフェ

カフェの設営（搬入から組立て）

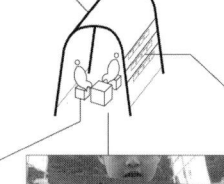

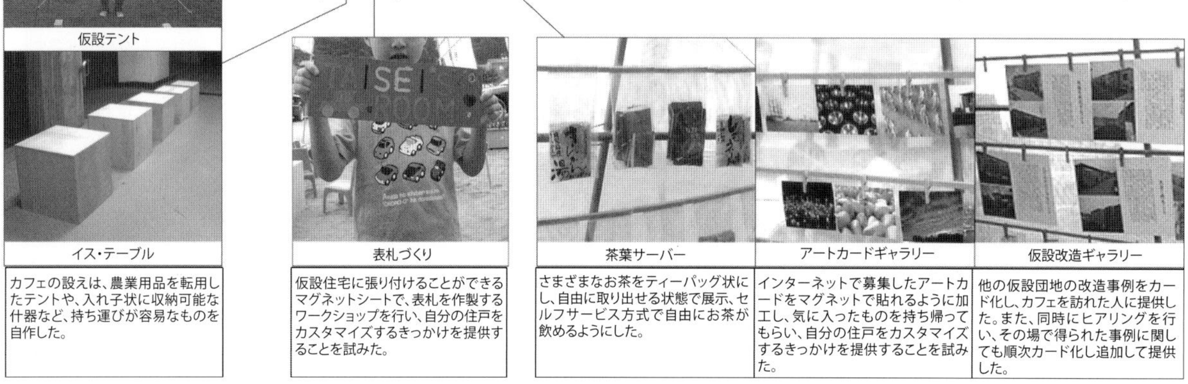

仮設テント

イス・テーブル
カフェの設えは、農業用品を転用したテントや、入れ子状に収納可能な什器など、持ち運びが容易なものを自作した。

表札づくり
仮設住宅に張り付けることができるマグネットシートで、表札を作製するワークショップを行い、自分の住戸をカスタマイズするきっかけを提供することを試みた。

茶葉サーバー
さまざまなお茶をティーバッグ状にし、自由に取り出せる状態で展示し、セルフサービス方式で自由にお茶が飲めるようにした。

アートカードギャラリー
インターネットで募集したアートカードをマグネットで貼れるように加工し、気に入ったものを持ち帰ってもらい、自分の住戸をカスタマイズするきっかけを提供することを試みた。

仮設改造ギャラリー
他の仮設団地の改造事例をカード化し、カフェを訪れた人に提供した。また、同時にヒアリングを行い、その場で得られた事例に関しても順次カード化し追加して提供した。

「仮設 de 仮設カフェ」概要

　2004年10月23日に発生した新潟県中越地震は、そこに住む人々に甚大な被害を与え、被災地には63か所、3,460戸の応急仮設住宅が建造された。

　仮設住宅団地では、居住者自らによる仮設住宅の改造が多く見られる。玄関回り部分の風除けパネルを活用し、囲いや戸を取り付けて玄関前を風除室にしたり、さらに拡大して物置を増築している住居や、日除けを兼ねた植物栽培など、居住者がそれぞれ暮らしやすいように工夫を凝らし、入居から半年が経過したころには、それが住棟間の街路にまで滲み出してきている仮設住宅団地が見られるようになった。しかし一方で、入居当時からまったく手が加えられず殺風景なままの仮設住戸団地もあり、被災地に点在する団地ごとでその状況には大きな差が生まれていた。

　いずれの住宅団地も居住者属性には大差はなく、提供されている仮設住宅の形状もほぼ同じである。こうした違いを生む要因は何なのか、さらに調査を進めて行くなかで、その団地内で共有される情報の違いがこの差を生んでいることが明らかになった。積極的に仮設住宅に手を加える居住者がいる団地では、それに触発されるように、隣近所でも似たような改造が行われている。一方「原状回復」のために釘一本打つことさえダメと信じてしまっている団地もあった。

　こうした状況を踏まえ、われわれは仮設住宅団地の居住者同士、または仮設住宅団地間の情報の橋渡しとなるような仕組みをつくれないかと考え、仮設団地を巡り、それぞれが独自でストックしている情報を広く流通させていくキャラバン隊のようなものを企画した。それが「仮設 de 仮設カフェ」※である。

　仮設 de 仮設カフェには多数の居住者が訪れ大盛況となった。仮設住宅の改造方法を展示した「仮設改造ギャラリー」でも「わが家はこんなふうに改造している」、「これよりもこっちのほうがやりやすい」、「この部材は近くのホームセンターで手に入る」など、さまざまな情報が寄せられ、カフェを運営していくうちに雪だるま式に情報が蓄積され、新しい循環を生むことができた。

　仮設住宅は住居再建までの数年を過ごす場所であるが、突如住まいのすべてを失うという危機に直面した被災者が、生活を回復し、その後の良好な居住環境へステップアップして行く場所であり、仮の住まいとはいえ、その居住環境は決して軽視できない。一方で、一気呵成に建造される仮設住宅に地域環境に沿った細やかなデザインを求めるべくもなく、建造後の居住者自らのカスタマイズ（バグフィックス）が不可欠である。この仮設 de 仮設カフェは情報流通を通じて、居住者自らによる居住環境改変を支援する試みといえる。

（岩佐明彦・長谷川崇）

※このプロジェクトには、新潟大学、長岡造形大学、東京理科大学、昭和女子大学の学生が参加した。

【参考文献】
1) 岩佐明彦『被災地の環境デザイン、環境とデザイン』朝倉書店、pp.25-41、2008
2) 長谷川崇・岩佐明彦・安武敦子・篠崎正彦ほか「応急仮設住宅における居住環境改変とその支援－「仮設カフェ」による実践的研究」『日本建築学会計画系論文集 No.622』pp.9-16、2007)

07 住戸・住棟の再生と活用

既存の集合住宅をストックとして活用するためには、壊さずに住み続けることができる工夫と技術が必要となる。それが建替えをせずに、集合住宅の再生の道へとつながる。単純なリニューアルだけでなく、デザインを付加価値として建築価値を高めるための、ソフトとハード両面からのアプローチが求められるが、事業手法にも工夫があることにも注目したい。

住戸の付加価値を高めることによるストック活用も増えてきている。シェア居住住戸への変更や、住戸空間の改変が容易な設備一体化のインフィル化、スケルトンリフォームなどさまざまである。住棟の再生と同じように、ハードだけでなくソフトな仕組みや事業手法を取り入れ、推進するところに特徴がある。また、住戸の再生と活用には、新たなルールづくりや集合住宅全体の空間マネジメントの中で実現される必要もあるため、こうした知恵を計画に組み込むことがこれからは求められる。

学生シェアによる団地ストック活用
有限責任事業組合(LLP)によるコミュニティビジネス

名称:西小中台住宅　所在地:千葉県千葉市　完成年:1972～1973年　敷地面積:90,226㎡　戸数:990戸

7-1 住戸・住棟の再生と活用

　高度経済成長期、大都市郊外に建設された分譲集合住宅団地では、現在、住戸価格の大幅な下落が進んでいる。住戸面積は50㎡弱程度と家族向けとしては狭いこと、5階建て階段室型の住棟には、エレベーターが設置されていないことなどから、特に4、5階の空き住戸の流通は停滞しがちである。住戸価格の極端な低下や長期間にわたる空き住戸の存在は、住民の高齢化と合わせ、今後の団地管理上の大きな懸念材料であり、新たな団地の空き住戸の活用方法が求められている。

　このような課題を踏まえ、千葉市内の分譲団地である西小中台住宅では、団地住民、大学教員、NPOの三者により、「西小中台団地再生LLP(有限責任事業組合)」を設立した。西小中台住宅は日本住宅公団(現・UR都市機構)により建設され、1972年に完成、入居が開始された分譲集合住宅団地である。団地は建設から30年以上を経過し、建物の老朽化の問題に加え、住民の高齢化、管理組合の担い手不足などへの対応等が課題となっている。

　LLPでは、団地の3DKの住戸を借上げたうえ改修し、シェア居住向け住戸として学生に分割貸しすることを事業化している。本事業により、学生は安く、安心な住宅に住むことが可能となり、団地にとっては空き住戸の解消、住民の若返りによる地域の活性化が期待できる。

　費用負担や合意形成が課題となる分譲団地の再生では、今後、ハード的な再生だけではなく、本事例のような空き住戸や団地経営の工夫がより重要となる。

(戸村達彦)

●参考事例

(提供:阿部菜穂美)

高島平再生プロジェクト
1972年に入居が開始された高島平団地においても、高齢化や空き家の増加への対応が課題となっている。2008年から近隣の大東文化大学により開始された高島平再生プロジェクトでは、URから大学が賃貸住宅を借上げ、学生にシェア住戸として賃貸している。
名称:高島平団地　所在地:東京都板橋区
完成年:1972年
戸数:10,170戸(賃貸:8,287戸　分譲:1,883戸)

シェア住戸の見学会の様子

共用空間で談笑するシェア居住者

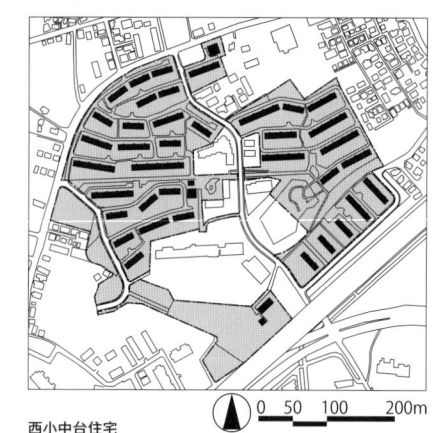

西小中台住宅

× ふすま固定　🔑 鍵の取付け　エアコン　(📶) 無線LAN

シェア住戸の間取り・設備および家賃設定

居室(北7畳) 23,500円/月
居室(南4.5畳) 21,500円/月
居室(南6畳) 21,000円/月

シェア居住ルール

■基本ルール
・他の2名に迷惑をかけないように心がけること
・住戸内(バルコニーを除く)は禁煙です。自室でも禁煙です
・夜10時以降の来客と宿泊は禁止です
・他の2人が了解した場合に限り、友人の宿泊・風呂の利用が認められます

■相談して決めていくルール
・共用場所の掃除やゴミ出し
・風呂等の利用時間の調整
・共用物品の購入方法
・テレビやステレオの音
・その他

■契約上の責任
・保護者の了解を得て契約を行ってください
・団地の自治会に加入していますので、自治会に関連する活動があります
・転貸借契約書を遵守してください
・他のシェア居住者との共同生活において問題が生じた場合は、誠意をもってその解決に努めてください

西小中台団地再生LLPのビジネスモデル

居室（南側4.5畳）

居室入口に取り付けた鍵

ふすまの前に洋服ダンスを設置（上）
居室間に防音用の壁を設置（下）
居室間の音漏れを緩和するための工夫

LLP（有限責任事業組合）とは？

LLP（有限責任事業組合）とは、2005年8月に施行された「有限責任事業組合契約に関する法律」にもとづく新しい組織形態である。LLP制度には、以下のような特徴がある。

①有限責任制

LLPは、株式会社等と同様、有限責任の組織であり、構成員は出資額までしか責任を負わない。本事例では大学教員、団地住民、リフォーム担当NPOが構成員となっており、それぞれの専門性を活かした役割を担っているが、有限責任であることにより組織への参加が容易になった。

②内部自治原則

LLPでは利益や権限の配分が出資比率に拘束されずに設定可能なため、事業の特徴に合わせた組織運営を行うことが可能である。本事例では、団地住民の役割を重視しているため、出資比率の割に利益の配分を高くするなどの工夫をしている。

③構成員課税

利益はLLPに課税されず、出資者に直接課税される。そのため、組織と構成員に二重に課税されることがない。

	株式会社	LLP	民法組合
構成員の責任	有限責任	有限責任	無限責任
組織	取締役会・監査役が必要	監視機関の設置不要	監視機関の設置不要
損益分配	出資額に比例	自由に設定可能	自由に設置可能
課税	法人課税	構成員課税	構成員課税

■空き住戸を活用したコミュニティビジネス

本事例は、団地住民有志、大学教員、NPOにより自主的に組織されたLLPによるコミュニティビジネスであることが特徴である。現在、事業主体である西小中台団地再生LLPは、団地の空き住戸を借上げ、シェア居住を希望する学生に分割してサブリース（転貸借）を行っているが、本事業の継続的な取組みは、補助金等に頼らない、不動産事業としての成立可能性の実践的な検証となる。現在は990戸からなる団地の2住戸を扱っているに過ぎず、あくまで実験的な取組みである。しかし、今後団地、マンションのような膨大な建築ストックの活用では、公的主体等に頼らずとも事業として成立する、自立した手法が求められている。

■LLP構成員は得意な役割を分担

LLPによる組織では、内部自治原則にもとづき、構成員の役割と利益の配分は組合契約書により自由に設定することが可能である。本事例では、不動産契約等、専門的な知識が必要な業務を大学教員が担当し、入居希望者への住宅の案内、入居後の入居者対応、団地との対応などを団地住民が担っている。また、シェア居住向けのリフォームを団地の住戸の特徴をよく知るNPOが担うなど、それぞれが持っている知識や技術を活かすことで、無理なく、迅速に事業を開始することができた。

■シェア住戸の居住評価

本事例では入居者に対し、定期的な居住性に関するインタビュー調査や、シェア住戸を訪問してのすまい方調査を行った。その結果、南側の6畳の居室については共用空間とふすま1枚で隣接し、空間の独立性にやや難があること、南4.5畳については狭いものの、周りが壁により囲まれていることから空間の独立性に優れることなどがわかった。これらの結果を踏まえ、各居室の家賃の設定を行った。また、2住戸共に、南側の6畳と北側の7畳の居室の間仕切りがふすまであることによる「音漏れ」の問題が指摘された。これに対応するため、一方の住戸ではふすまの前に洋服ダンスの設置、もう一方の住戸では防音用の壁を設置することにより緩和を図った。

■シェア居住ルールの設定と課題

シェア居住を開始するにあたり、LLPの決める「基本ルール」と入居者同士で決める「相談して決めていくルール」を設定した。相談して決めていくルールでは、ゴミ出しや風呂の利用方法などを決めることを想定したが、入居後のインタビュー調査では、特にルールを明文化しなくても問題ないという意見が多かった。一方、共益費（光熱費・通信料・保険料等）についてはLLPが家賃とは別に8,000円/月・人を徴収し、退去時に清算を行うこととしているが、ガス代等が嵩み、一時的に高額となる月が発生した。入居者ごとの使用量等を把握することは技術的に困難であるため、そのような場合でも費用は入居者で按分することになったが、不公平感を払しょくすることが今後の課題である。

■家守が入居者と団地をむすぶ

LLP構成員として、入居者との直接対応を担当する団地住民は「家守」と呼ばれている。家守とは、江戸時代に大家や地主に代わり、貸家の管理や賃料の集金、店子の世話などを行っていた職業を指す。一般に若者単身居住者は生活マナーの問題や、地域とのつながりが乏しいことから、「好ましくない居住者」とみなされることも少なくない。本事例における、現代版家守である団地住民は、これまで団地での生活やシェア居住といった住まい方に不慣れな入居者に対するアドバイスや、入居者の不注意により発生した問題への対応や、日本の生活習慣に不慣れな留学生へのサポートなど、重要な役割を担っている。また、入居者においても自治会役員を引き受ける、団地の清掃活動を行う、夏祭りへ参加するなど、しだいに自発的な地域活動への参加が見られるようになってきている。

【参考文献】
1）戸村逢彦・小林秀樹・鈴木雅之・丁志映「有限責任事業組合（LLP）によるコミュニティビジネス型団地再生事業実現可能性の検証－西小中台団地再生LLPによるシェア居住向け住宅サブリース事業の実践的研究」（『日本建築学会 学術講演梗概集 F-1 都市計画 建築経済・住宅問題』pp.1223-1224、2006）
2）小林秀樹ほか「特集：今なぜシェア居住か」（『すまいろん、No.82』住宅総合研究財団、2007）

設備一体型インフィルの可変実験
少子高齢化に対応した住まい

名称：実験集合住宅NEXT21「インフィル・ラボ GLASS CUBE」　所在地：大阪府大阪市天王寺区　完成年：2007年

わが国では少子高齢化、単身者の増大、家族の多様化が急速に進行し、nLDK型住宅に代表される核家族を単位とした住宅計画に限界が見え始めている。ここでは、少子高齢社会に対応した住まいのあり方を検討した事例として、実験集合住宅NEXT21の「インフィル・ラボ GLASS CUBE」におけるインフィル設置・変更実験を取り上げたい。

「インフィル・ラボ GLASS CUBE」では、1993年4月から1999年3月までの第1フェーズ居住実験、2000年4月から2005年4月までの第2フェーズ居住実験で得られた知見、およびわが国の社会背景などを踏まえたうえで、①子育てへの対応、②高齢小規模世帯への対応、③家族の個人化への対応、④子育て・介護・家事等のサービスへの対応、⑤多様なワークスタイルへの対応、⑥個人のネットワークへの対応、という6つの課題を少子高齢社会に対応した住宅計画を実現するための課題として設定し、その解決に向けたインフィル実験を展開している。　　　　　　　　（安枝英俊）

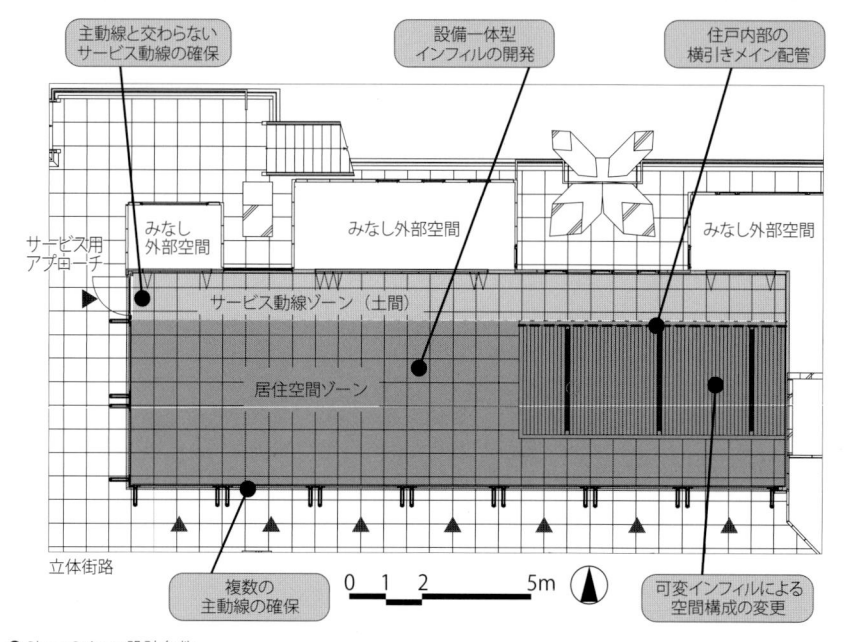

● 参考事例

求道學舎 301 住戸
既存のスケルトンに対して可変インフィルを設置・変更する際の施工性の評価、およびスケルトンの状態を活かした間仕切りのない空間に可変インフィルを設置した際の居住性の評価を行うため、天井高さに対応する突っ張り棒やキャスターが取り付けられた可動収納家具を用いて、可変インフィルの設置・変更実験が行われた。

● Glass Cubeの設計条件

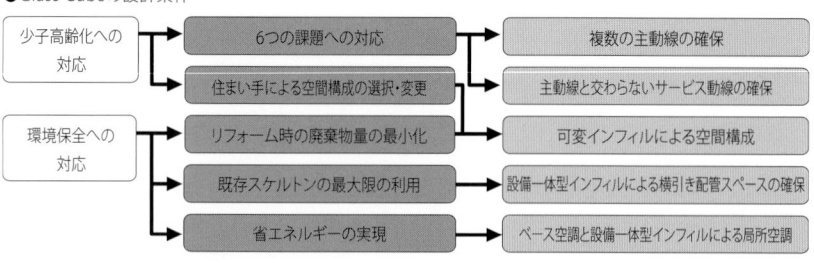

家族類型	単身者				夫婦のみ			夫婦と子				ひとり親と子		その他
家族モデル	中年単身・中年単身居住	若年・中年単身者の共同居住	高齢者の単身	高齢者の共同居住	DINKS	専業主婦の子供なし夫婦	エンプティネスト	子育て核家族	共働き子育て	熟年〜または高齢核家族	熟年共働き子育て同居	シングルファーザー	高齢者と子	三世帯同居
子育て環境								○	○			○		△
高齢小規模世帯			○	○			○			○			○	
家族の個人化		○		○	○		△							
サービス（子育て・介護等）			○	○				○	○	○			○	
多様なワークスタイル	○	○			△				△					
個人のネットワーク	○	○	△	○	○									

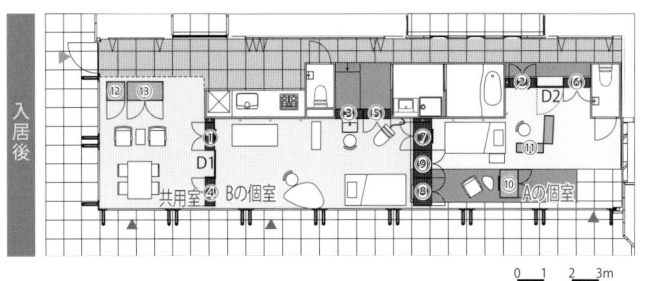

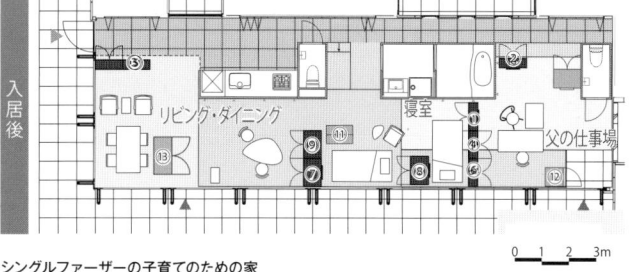

■「インフィル・ラボ Glass Cube」

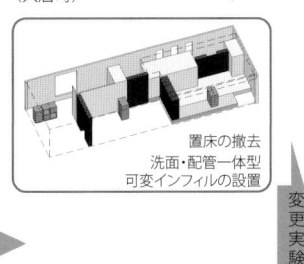

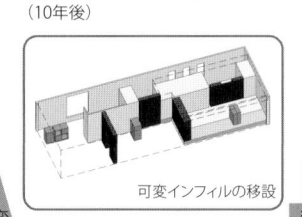

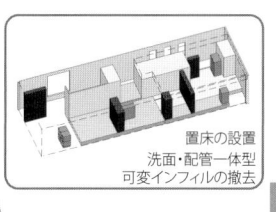

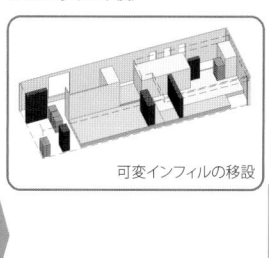

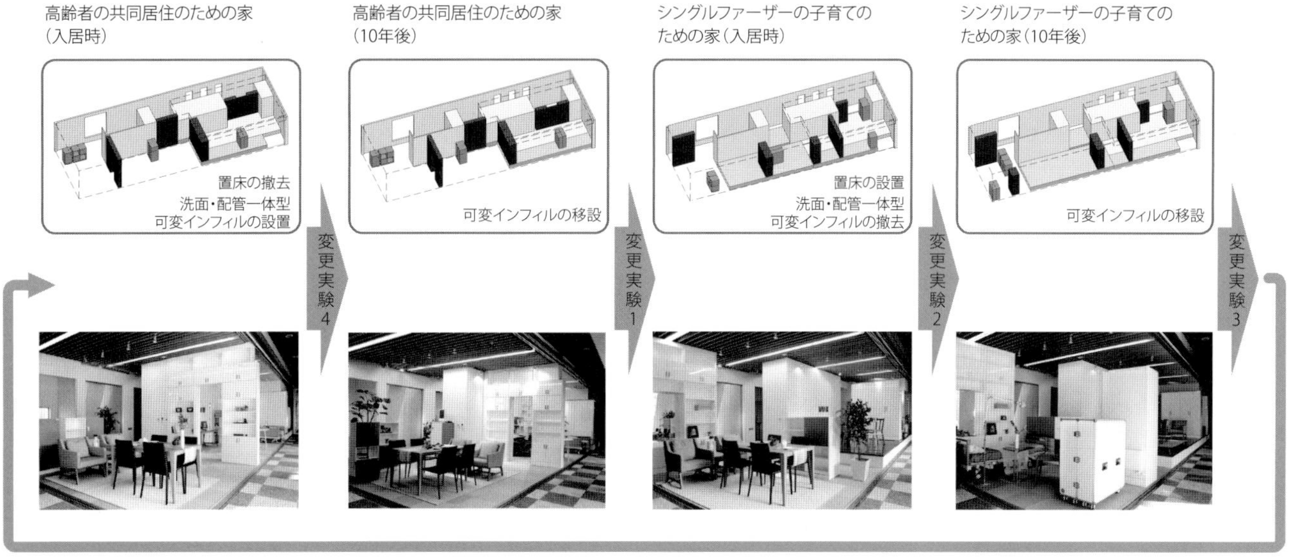

「インフィル・ラボ Glass Cube」（以下、インフィル・ラボ）では、前頁で述べた少子高齢社会における住宅計画の6つの課題に対応するために、住戸内空間の南側を居住空間ゾーンとし、住戸の南面に複数の主動線を確保したうえで、住戸内空間の北側に、主動線と交わらないサービス動線を確保した。

さらに、居住空間ゾーンの北端にメイン配管ルートを計画したうえで、キッチン、トイレ、ユニットバス等の設備インフィルをメイン配管上に設置している。

■家族モデルと4つのシナリオ

「高齢者の共同居住」「シングルファーザーの子育て」という2つの家族モデルのそれぞれに入居時、10年後という合計4つの生活シナリオを設定したうえで、入居者の入れ替わりや、10年後のシナリオの変化に対応したインフィルの設置・変更実験を行った。

■固定インフィルと可変インフィル

インフィル・ラボには、固定インフィルと可変インフィルという2種類のインフィルがある。設備をはじめとする固定インフィルの設置位置を変更することなく、可変インフィルのみを変更することで4つのシナリオに対応することとした。可変インフィルには、可動収納家具の他、設備一体型可変インフィルとして、温水ラジエーターを取り付けた可動収納家具、設備配管および洗面台を取り付けた可動収納家具がある。可動収納家具は、高さについては、2,100mm、1,500m、1,200mの3種類があり、高さ2,100mmのものについては、奥行きが600mmと300mmという2つのタイプがある。高さ2,100mmのものについては、天井と床に突っ張って固定するテンションタイプと、天井にビス止めするビス止めタイプの2種類がある。1,500mmと1,200mmのものは、固定が不要な自立型の可動収納家具である。

インフィル・ラボには、CH：3,000mmとCH：2,100mmという2つの天井高がある。CH：3,000mmに高さ2,100mmの可動収納家具を設置する場合には、900mmの上箱を置いて、テンションタイプもしくはビス留めタイプで天井に固定する実験と、900mmの上箱を置かず、天井で固定しない実験を行った。CH：2,100mmに対しては、本体のみのテンションタイプで固定する実験を行った。

■可変インフィル変更実験

インフィル・ラボでは、設置したシナリオに合わせて、2008年12月から2009年1月にかけて、4回の可変インフィル変更実験を行った。変更実験については、各シナリオにおける入居時から10年後への変更実験や、「高齢者の共同居住のための家」と「シングルファーザーの子育てのための家」というシナリオ間での変更実験といった、中長期的な変更ニーズに対応するためのものと、シナリオ内での短期的な変更ニーズを想定した居住者だけによるものを実施した。

■中長期ニーズに対応した変更実験

各シナリオにおける入居時から10年後への変更という変更実験2、4では、インフィルの専門業者による建具付き可動収納家具や、可動収納家具同士を連結したままでの変更実験を行った結果、天井や床の歪みが可動収納家具の設置位置の変更作業の精度や時間に影響を与えることがあり、ビス留めタイプだけでなくテンションタイプを用いた実験でも、天井に固定する可動収納家具の設置には時間を要する場合があることがわかった。

また、「高齢者の共同居住のための家」の中で、洗面台が取り付き、かつ、キッチンへの設備配管が貫通している可動収納家具については、変更実験1で撤去、変更実験3で設置を行った。その結果、可動収納家具内部に設備配管を貫通させることの実用性については、設備一体型インフィルは、水回りの配管スペースを確保する手段としては有効であるが、奥行き300mmの可動収納家具では、十分な配管スペースを確保することが困難であることがわかった。

■短期ニーズに対応した変更実験

可動収納家具を変更した経験のない被験者を選定し、工具を用いないテンションタイプを用いることで、天井固定が必要な場合でも成人男性2名以上で変更可能であった。しかし、可動収納家具を複数台連結した状態で移動する場合には、成人男性1名だけでは変更作業を実施するのが難しく、作業補助が必要となることがわかった。

住戸改造の空間マネジメント
箱でできたハビタ'67

名称：ハビタ'67　所在：モントリオール（カナダ）　事業主：カナダ万国博覧会協会　設計：モシェ・サフディ　構造設計：オーガスト・コマンダント
階数：地上11階・地下1階　構造：PSを用いたPCa造　ユニットの数：354個　ユニットの寸法：5.3×11.7×3m　完成年：1967年　払い下げ：1986年
戸数：158戸（建設当初）→148戸（現在）　用途：パビリオン→集合住宅（賃貸）→集合住宅（分譲）　敷地面積：33,000㎡　延床面積：21,600㎡

一般に、集合住宅では、それぞれの住戸の枠組みとなる壁・床・天井に各自が手を加えることはできない。それは、構造など技術面の問題、合意形成など制度面の問題があるからである。しかし、それらの問題に独自の対応をとり、柔軟な居住環境形成を果たしている集合住宅もある。そうした例の1つとして、ここでは「ハビタ'67」を取り上げたい。

ハビタ'67は、モントリオール万博のテーマ館として建設された、プレキャストコンクリート造のボックスユニットを有機的に積み重ねた集合住宅である。この箱が縦横に複数つながり、1つの住戸を構成する。互いにずらされた箱の上下左右には、性格や規模の異なる屋外空間が現れる。設計者のモシェ・サフディは、ここで工業化構法がもたらす新しい住居の集合形態を模索した。

万博での役目を終えた後、この建築作品はカナダ住宅金融公社の賃貸住宅として利用された。ところが当局は、やがて高額な維持費を理由に公的住宅としての経営を断念。住民に払い下げられたのは、開発からおよそ20年が過ぎた1986年のことである。

そしてハビタ'67は持ち家となった。居住者は住宅に改造の手を加えることが可能になる。中でも箱相互の連結は、この建築作品ならではの住みこなしの作法である。以来、変化を続ける居住環境は、住民と管理者が組織するパートナーシップ法人が管理している。

（森田芳朗）

今日のハビタ'67
設計者のモシェ・サフディは、戸建てにも積層型のフラットにもない新しい住居の集合形態を模索した。

モントリオール旧市街地から見た全景
354個の箱でかたちづくられた地形がセントローレンス川の中州に浮かび上がる。

●参考事例

レイクショアドライブ860-880（アメリカ・シカゴ）
ミース・ファン・デル・ローエの設計で知られる集合住宅。建設から半世紀以上を経たこの建築作品も、外観はオリジナルが忠実に守られているが、その内側では、独自の審査基準のもと、上下・左右の住戸統合が行われている。

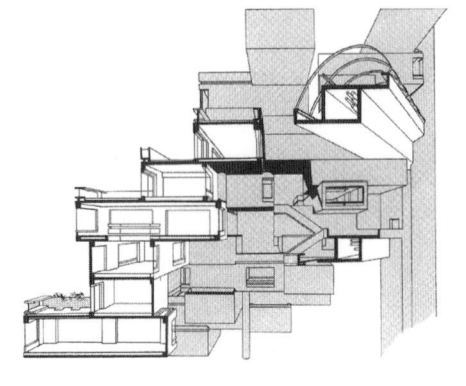

断面パース（参考文献2より引用）
プレキャストコンクリート造のボックスユニットが方向を変えながら11層分積み上がる。4階と8階のレベルには配管・配線のメインシャフトが架け渡され、その上が空中廊下となっている。

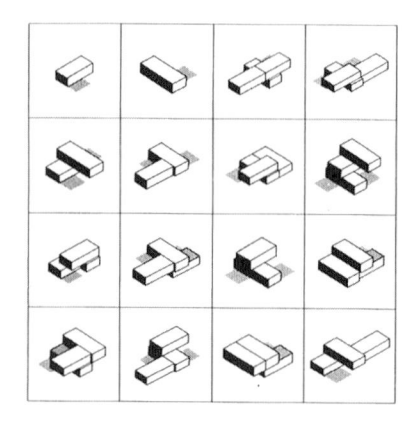

箱の組合せのバリエーション（参考文献1より引用）
1つの住戸は箱1～4個の組合せで計画されている。

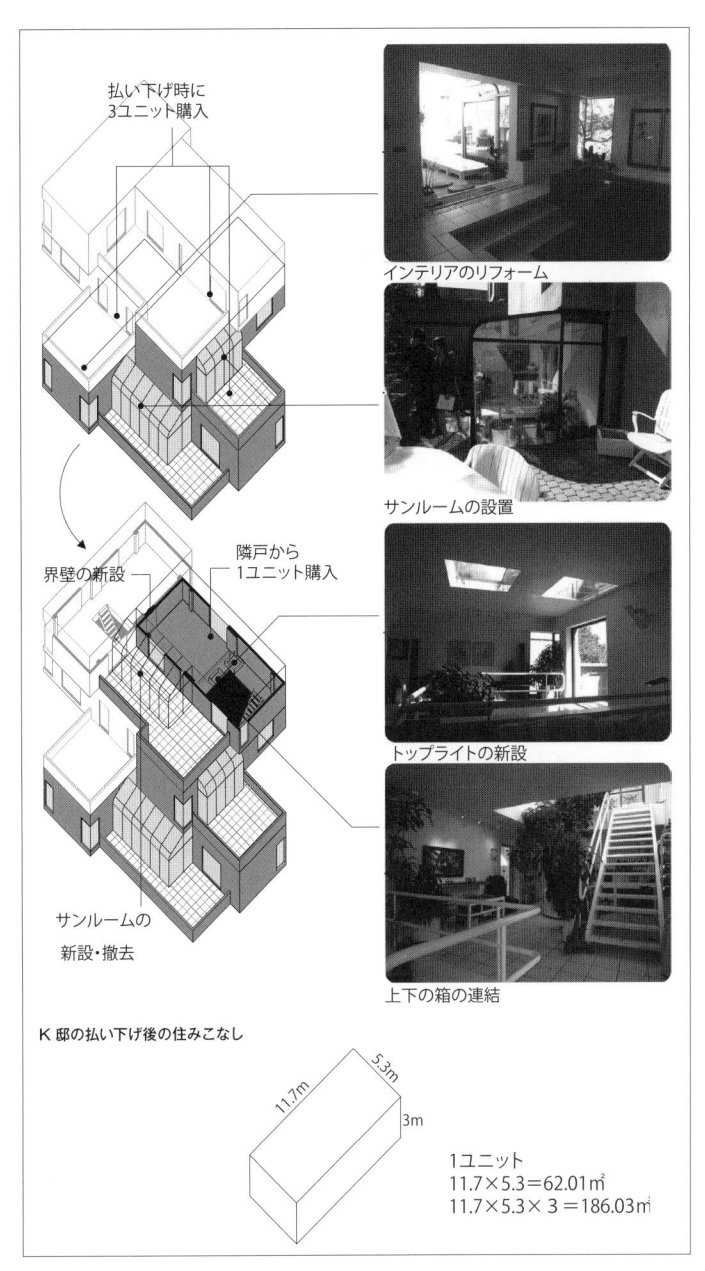

払い下げ時に
3ユニット購入

インテリアのリフォーム

界壁の新設

隣戸から
1ユニット購入

サンルームの設置

トップライトの新設

サンルームの
新設・撤去

上下の箱の連結

K邸の払い下げ後の住みこなし

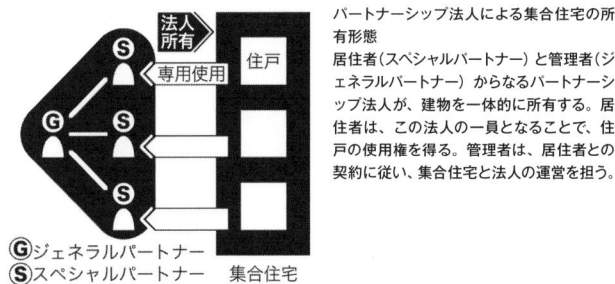

1ユニット
11.7×5.3＝62.01㎡
11.7×5.3×3＝186.03㎡

パートナーシップ法人による集合住宅の所有形態
居住者（スペシャルパートナー）と管理者（ジェネラルパートナー）からなるパートナーシップ法人が、建物を一体的に所有する。居住者は、この法人の一員となることで、住戸の使用権を得る。管理者は、居住者との契約に従い、集合住宅と法人の運営を担う。

Ⓖジェネラルパートナー
Ⓢスペシャルパートナー　集合住宅

ハビタ'67年表

1967	モントリオール万博のテーマ館として建設される
1968	カナダ住宅金融公社の賃貸住宅として利用される
1985	財政上の理由から払い下げが決定する
1986	居住者の3/4が出資者となり有限パートナーシップ法人を設立、建物を取得する（残りの1/4は賃借人となる）
1987	住戸改造のルールが定められる

住戸改造のルール（抜粋）

- 構造や設備に影響を与える工事は、ジェネラルパートナーの書面による承認を得る。ジェネラルパートナーは、建築コンサルタントとともに、これを審議する。
- 専用テラスにサンルームを設ける場合は、パートナーシップ法人が1987年に定めたデザインと配管・防水の仕様に従う。また、サンルームは他の住戸の眺望を妨げるものであってはならない。
- ユニット間の壁・床に開口部を設ける場合は、ジェネラルパートナーの書面による承認を得る。
- 外周部に開口部を新設してはならない。

ハビタ'67のジェネラルパートナー
住民とともにパートナーシップ法人を構成する管理のプロ。現在は、60年先まで見越した25年計画の環境改善プログラムの準備を進めている。当面、構造部材や設備機器の診断、外壁の清掃、窓の修繕・取替えを実施する予定。

■払い下げ後の住みこなし

ある住戸を例に、払い下げ後の空間の変化を見てみよう。

K氏は、当初からの住民の1人である。1986年の払い下げ時には、長年住んだ2階の2箱と3階の1箱、計3箱からなる住戸をそのまま購入している。箱の寸法は、幅5.3m、奥行き11.7m、高さ3m。これが縦横にセットバックしながら積層するハビタ'67では、下階の屋上がゆとりある上階の専用テラスとなる。K氏はここに、半屋外の暮らしを楽しむためのサンルームを設けた。

さらに数年後、K邸の箱は1つ増えた。子どもが成長して手狭になったこともあり、隣戸から4階の1箱を購入したからである（つまり、隣戸の箱は1つ減った）。その箱の床に開口部を設け、下の箱と連結することで、K氏の住まいは3層・4箱にまたがるものへと拡張している。

■改造のルール

こうした箱の単位を手がかりとする住戸領域の再編は、この建築作品固有の形態が誘発した住みこなしの一例といえる。実際、158戸だった住戸数はいま148戸に統合された。K邸のように住戸数の増減を伴わない事例も踏まえると、その手法の定着ぶりがうかがえる。中には、当初の3箱に2箱、さらに3箱を連結し、計8箱の規模にまで拡張した住戸もある。

もっとも、それは好き勝手には行えない。箱の連結には、建物を知るサフディや構造エンジニアのオーガスト・コマンダントらが定めたルールがあるし、実施にあたっては、彼らが指定する建築コンサルタントの審査が必要となる。今日ハビタ'67の外観を彩る専用テラスのサンルームも、払い下げを機にサフディ自身がデザインしたものである。建設から20年、原設計者の関与が再びあった。

■パートナーシップ法人による管理体制

建物の所有形態にも触れておこう。

ハビタ'67をいま所有するのは、払い下げの受け皿として設立された有限パートナーシップ法人である。この法人の構成員には、スペシャルパートナーと呼ばれる住民の他、ジェネラルパートナーと呼ばれる管理者が含まれる。この建物では、メンテナンスやセキュリティ、シャトルバスの運行などにおよそ18名のスタッフが雇用されているが、それらのチームを主導するのが管理者の役目である。住戸の改造計画に承認も与える。管理に関する権限と責任を、住民から一手に委ねられている。

そして住民の側には、それぞれが持つ箱の数に応じて、集会での議決権や管理費の負担義務が割り当てられる。ここでも、ものごとの基本は箱という単位である。

■空間変容を許容するデザイン

このように、ハビタ'67は2度デザインされた。払い下げ時に描かれた2度目のデザインは、空間変容を許容する仕組みのデザインである。それを一方で可能にしたのは、ベースビルが持つ変化へのキャパシティ、居住者と設計者双方のそれへの理解、専門性と権限が集約された居住環境の管理体制だったといえる。

【参考文献】
1）モシェ・サフディ『集住体のシステム』鹿島出版会、1974
2）彰国社（編）『プレストレストコンクリート造の設計と詳細』彰国社、1972
3）植田実『アパートメント―世界の夢の集合住宅』平凡社、2003
4）森田芳朗・山内紗子・菊地成朋・松村秀一「ハビタ'67の払い下げ後の居住環境マネジメント」（『日本建築学会技術報告集　第14巻第28号』2008）

歴史的建築物のリノベーション
定期借地権付きコーポラティブ方式による再生

名称：求道學舎リノベーション　所在地：東京都文京区　竣工：1926年　改修工事竣工：2006年　構造・規模：RC造3階建　用途：共同住宅（10戸）＋事務所（1戸）

　近年、改修によるストック再生は、より一層重要度を増している。特に、歴史的な価値が認められる近代建築が次々と建て替えられていく中で、具体的な実践を通したハード、ソフト両面にわたるストック再生の技術は非常に貴重であり、情報が蓄積され伝達されていく必要がある。

　求道學舎は、1926（大正15）年竣工の武田五一設計RC造3階建て学生寮を、日本初の本格的なストック活用型SI方式で再生した共同住宅である。現存する唯一の同潤会アパートである上野下アパート（1929年）よりさらに古い歴史的建築物を、文化財としてではなく現代の住宅として再生した点でも稀有な事例である。

　公道からは求道会館脇の細い路地からしかアプローチできず、接道する2本の私道のうち1本は閉鎖、もう一方は崖という敷地状況から、事業採算性の高い高容積の建物への建替えは現実的に不可能であった。

　必然的に選択された改修による再生には、躯体強度の確保というハードの技術と、事業として成立させるソフトの戦略が求められた。長い検討作業の末に、躯体に対しては、吹付けコンクリートを利用した工法を、事業手法としては、定期借地権とコーポラティブ方式を組み合わせた方式を採用することによって、再生が可能となった。

（森重幸子）

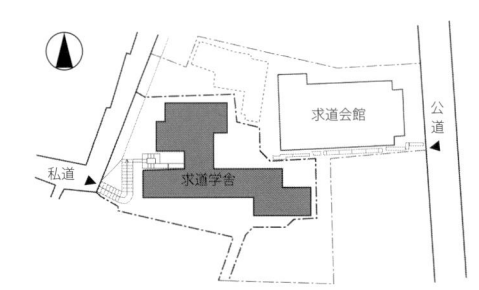

配置図

改修前エントランス

改修後エントランス（撮影：堀内広治）

求道会館脇の路地とヒマラヤ杉（撮影：堀内広治）

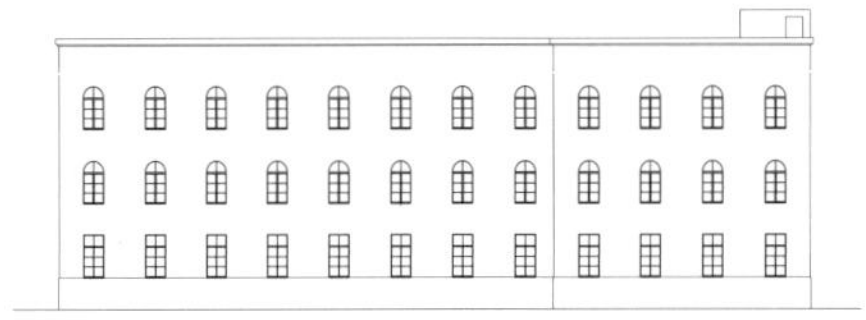

改修前南立面図

改修後南立面図

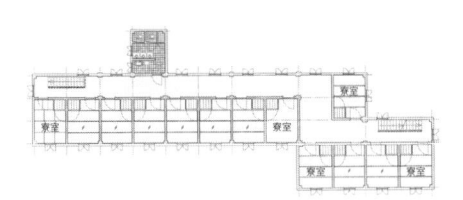

改修前3階平面図

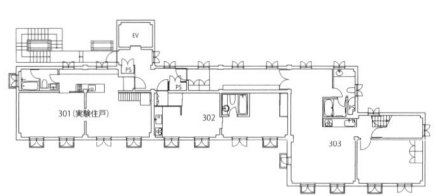

改修後3階平面図

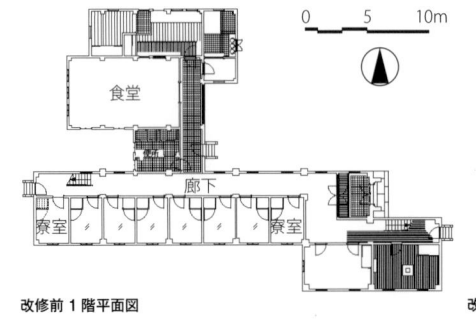

改修前1階平面図

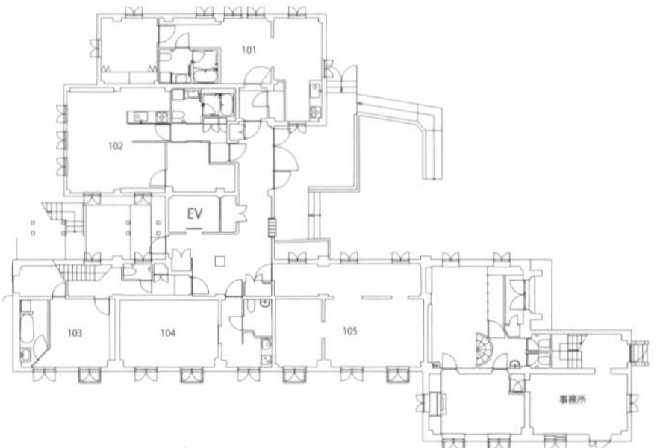

改修後1階平面図

（提供：改修前1、3階平面図＝東京理科大学旧大月研究室
その他の図面（配置図以外）＝近角建築設計事務所　集工舎建築都市デザイン研究所）

● 参考事例

求道会館（撮影：堀内広治）
同じく武田五一設計の仏教の教会堂。求道學舎に先行して復原工事が行われた。

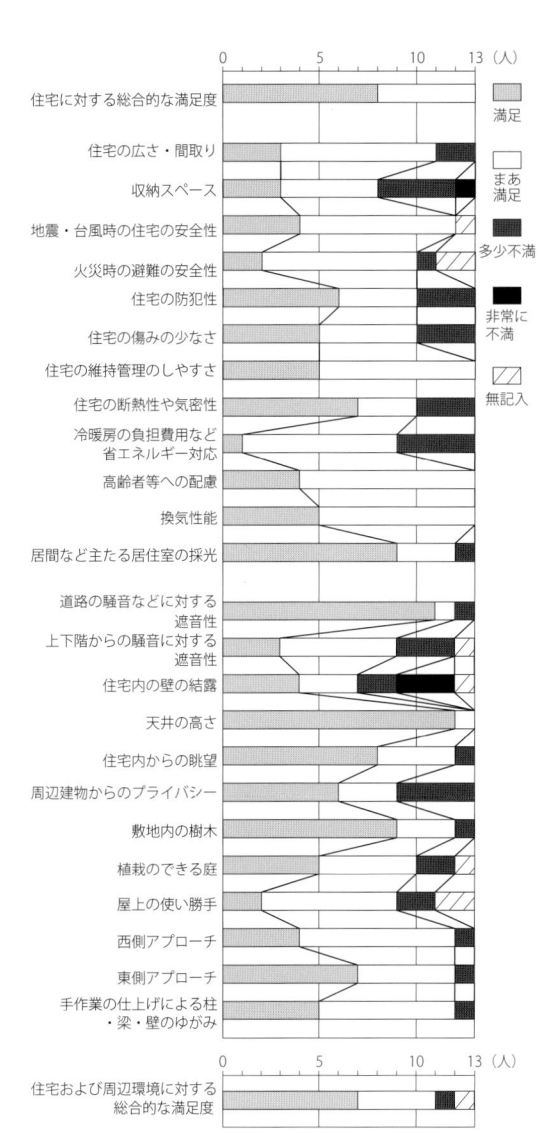

居住者アンケートの結果

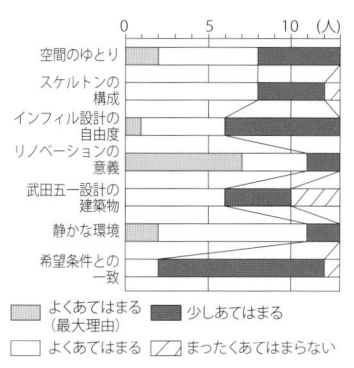

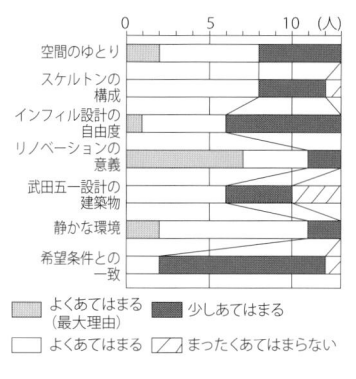

改修後断面図（提供：近角建築設計事務所　集工舎建築都市デザイン研究所）

■再生にかかわる設計上のジレンマ

再生工事の設計においては、歴史的建築物の保存と住宅としての性能の確保を、いかにして両立させるかという難しい判断が必要とされた。

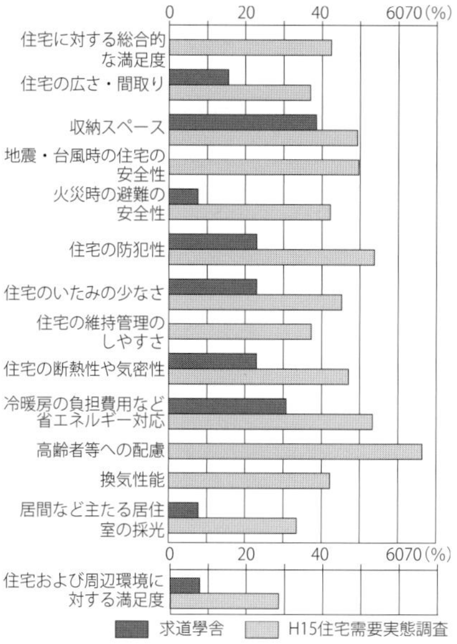

原則として外観の意匠は保存するよう設計が行われたが、一部居住性の確保のために改変が行われている。外観上の大きな改変の1つは、南側の外壁面である。改修前の南側外壁には、1階に長方形窓、2・3階にはアーチ窓が規則正しく配置されていた。しかし、南側からの採光、および避難バルコニーや室外機置き場としての寸法面での必要性から、幅900mmであったアーチ窓が幅1,200mmの長方形に変更されている。この点については、設計者自身も大いに判断に迷うところであったと著書で明かされている。

入居開始から約1年半経過した時点で行った居住者アンケートでは、南側外観に対する満足度として、13人中7人が満足、残る6人がまあ満足と回答しており、不満という回答はなかった。居住者へのヒアリングでは、普段見える場所ではないので気にならないという意見や、アーチ窓がなくなってしまったことは少し残念だが、生活することを考えるとこれでよかったという意見などが聞かれた。文化財としてのオリジナルの保存ではなく、現代の住まいとしての再生であるからこそ、必要となった決断である。

■居住者の満足度の高さ

アンケートでの住宅に対する満足度を見ると、項目ごとに多少のばらつきは見られるものの、全体としては非常に高い満足度を示していた。13人の回答者のうち満足と答えた人数がもっとも多かったのは「天井の高さ」である。1階の天井高は2,645mm、2階は2,600mm、3階は特に高く2,900mmとなっている。構造階高は、もっとも低い1階でも3,155mmある。この階高の高さは、天井高として居住者の満足度につながっているだけではなく、二重床として水回りの可変性の確保にもつながっている。

引き続き行った居住者インタビューにおいて、アンケートの回答内容について詳しく尋ねた。たとえば不満という回答が比較的多かった「冷暖房の費用負担などの省エネルギー対応」については、天井が高いのでしょうがないと思いながら「満足」、冬は相当寒いと覚悟していたが思っていたよりは暖かいので「満足」、もともと気密性・断熱性を家に求めていないので「まあ満足」というような声が聞かれ、単なる性能に対する評価ではない部分での満足の存在が認められた。

■廃墟状態の見学会で入居を決断

居住者が入居を決めた理由のうち、最大のものとして「築80年の建物を再生・活用するというリノベーションの意義」がもっとも多く選ばれた。一方で、「広さや間取り、立地などの条件と、自らの希望していた条件との合致」という項目に対して、「よくあてはまる」と答えた人は13人中2人にすぎず、1人は「まったくあてはまらない」と答えている。アンケート後のインタビューで、入居を決めるまでの経緯について詳しく尋ねると、もっと広い物件を探していたが、見学時に気に入ってしまいすぐに申し込みを決めたという話や、家を買うことをまったく考えていなかったが冷やかしで見に来て気に入り申し込みを決めたなど、建物自体の魅力に強く惹きつけられ、入居を決断している様子がうかがえた。また、インタビューの中では、もともと古い建物が好きだったというような声が多く聞かれた。

10戸の募集に半年以上の長い時間が必要であったが、単なる中古マンションではない「価値」を認める人との出会いが、このプロジェクトの実現を可能としている。そういった価値観を持つ居住者たちに、愛されて住まわれていることは、このプロジェクトの何よりの成功の証である。

【参考文献】
1) 近角曜子ほか『求道学舎再生－集合住宅に甦った武田五一の大正建築』、学芸出版社、2008
2) 高田光雄ほか「再生集合住宅の居住者による入居後の居住性評価－求道學舎リノベーションを対象として」（『日本建築学会　住宅系研究報告会論文集』2008）

分譲マンションのリモデリング
デザイン価値を付け加えた再生

名称：ヨンガンアパート　所在地：韓国ソウル市マポ区　建設年度：1971年10月　構造：鉄筋コンクリート・ラーメン　工事規模：地上5階、1、2棟18坪型60世帯
工事期間：2002年6月～2003年7月（13ヶ月）　各住戸は5.57坪の増加

日本では老朽化した分譲集合住宅を建て替える事例は多く見られるが、大規模に改修する例はほとんどない。資源を有効活用する観点から、建替えではなく再生としての「リモデリング」が今後は重要になると思われる。

2000年以降の韓国住宅市場を主導してきた建替えは、個人投資家やマンション所有者たちの過剰な投機により住宅価格の高騰を呼ぶなど、多くの問題を引き起こしたため、前政権では厳しい建替え規制策を行った。その代わり、住宅普及率の継続的な増加により、新規住宅の供給に劣らず、維持管理およびリモデリングの重要性が強調され始めた。しかし、韓国のマンションのリモデリング事業はまだ初期段階であり、本格的にリモデリングを適用した事例は2007年5月現在、12件程度である。

韓国でのリモデリング（Remodeling）とは、建築物の老朽化の抑制または、機能向上などのために大修繕または一部増築する行為である（韓国の建築法第2条10）。すべての建築物のリモデリング関連法令は「建築法」、共同住宅のリモデリング関連法令は別途「住宅法」に定められている。

1971年建設された「ヨンガンアパート団地」は、2001年共同住宅リモデリング制度が導入されて以降、リモデリング許可を得て施工された韓国最初の民間分譲マンションである。　　　　　（丁 志映・金 洙岩）

リモデリング後の外観

リモデリング前の外観

既存バルコニーの拡張：
リモデリング前（左）と
リモデリング後（右）

共用部分の階段室の増築：リモデリング前（左）とリモデリング後（右）

住棟のエントランスの階段設置（下）

●参考事例

リモデリング前のクンジョンアパート　　リモデリング工事中

●クンジョンアパート
・ソウル市ソチョ区
・建設年度：1978年
・構造：鉄筋コンクリートラーメン
・工事規模：地上12階、地下1階
・住戸増築：7坪～11坪（既存規模の30%増加）
・工事期間：2005年7月～2006年12月

リモデリング後

住棟間の地下駐車場の新設
（クンジョンアパート）

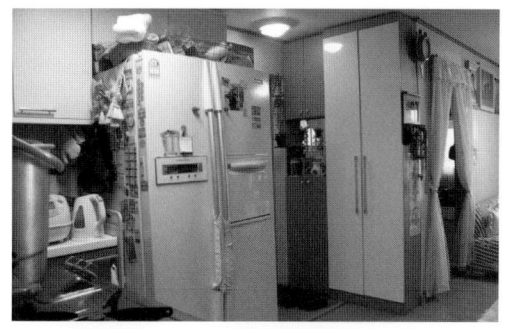

トイレの位置が変更され、厨房と食堂が広くなった 　　シャワーができるようになった

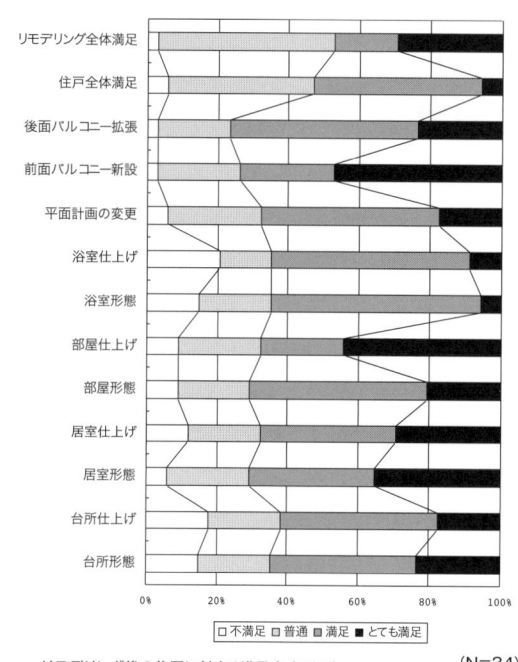

増築されたバルコニー 　　新設された前面バルコニーにはタンスや化粧台が置かれている

リモデリング後の住戸に対する満足度（POE）　　（N=34）

●住戸の平面計画の変更

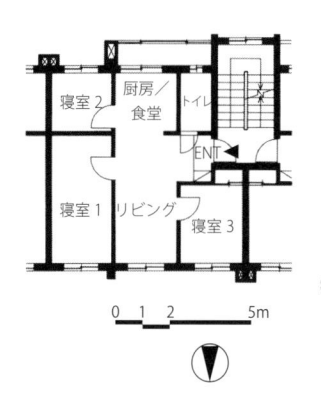

【Aタイプの平面計画】

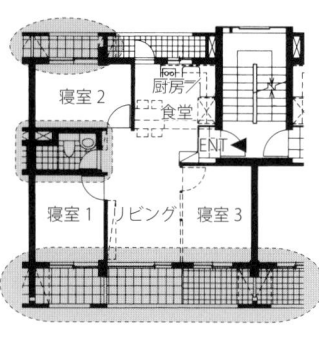

【Bタイプの平面計画】

【Cタイプの平面計画】

46住戸の変更平面：
トイレの位置変更、寝室2を拡張、前面バルコニーの新設、既存バルコニーの増築など

2住戸の変更平面：
トイレの位置変更、厨房と食堂を拡張、前面バルコニーの新設、既存バルコニーの増築など

12住戸の変更平面：
トイレの位置変更、既存の寝室3をなくしてリビングを拡張、全面バルコニーの新設、既存バルコニーの増築など

■容積率の余裕はないが、改善後の住宅価格の上昇が期待できる

　リモデリング実施地域は、ソウル市中心部に位置し、家の値段が高く、建替えの推進が難しい団地である。これらの地域は、容積率が180～200%か200%を超え、建替えで増やす容積率の余裕が少なく、建替え時の中・小規模坪型の義務比率と賃貸アパートの義務化などの開発利益還収制の負担が発生する。その一方で、1～3棟で構成された団地が多いため、短時間で住民合意を得やすいメリットもあり、リモデリングの改善に必要な費用より改善後の価額の上昇が期待される地域である。

　リモデリング事業は、1棟単位から複数の棟（団地概念）まで多様である。事業を行った民間分譲マンション事例は、ともにRCラーメン構造になっている。工事内容は、住戸内部の平面計画の変更以外にも、地下駐車場の新設、エレベーター増設、バルコニー増築、構造物の補修・補強、片廊下型を階段型へと改良するなど、事例によってさまざまである。

■室内面積の増加

　ヨンガンアパートのリモデリング対象棟は、全体9棟（300世帯）中2棟（60世帯）であり、地上5階建てである。工事期間は、2002年6月末に着工し、2003年7月末に完了（13ヵ月）した。住戸は、3つの平面計画が実施されたが、Aタイプ（トイレの位置変更、寝室2の拡張）が住民にもっとも好まれた。室内の使用面積はバルコニーの増築（5.57坪）により23.57坪へと拡大された。

■居住者の満足度

　2005年6月に筆者が実施したヨンガンアパートの居住者に対するアンケート調査では、リモデリングを選んだ理由として、「建物・設備の老朽改善」がもっとも多かったが、次いで「建替えが不可能」や「資産価値」の向上が多かった。住戸の全項目に関しては、6割以上の居住者が満足しており、特に既存バルコニーの拡張や前面バルコニーの新設については約8割近くの人が満足している結果が得られた。居住者の64.6%が「他人にもリモデリングを勧めたい」と回答しており、ヒアリング調査でも「きれいなところで住み続けることができてよかった」、「韓国で初めてリモデリングを行ったので、誇りに思う」など、リモデリング事業を評価している人は多かった。しかしながら、「建替えが可能だったら、建替えがよかった」の回答者が85.7%で、そのほとんどの理由は、「（ソウルの中心部を流れる）漢江が近くて眺望がよいため、超高層マンションを建てたら資産価値をより高めることができる」からであった。

■事業成功のキーはコアメンバーの存在

　ヨンガンアパート事業が成功した理由には、事業認・許可後、1か月余りで居住者の引っ越しを実現したリモデリング組合長を含む議員たちの努力、民間銀行による工事費や移住費の特別融資、特に組合解散までの5年間、現制度を含む問題に立ち向かって戦い続けたコアメンバーの存在が一番大きかったと思う。とはいえ、当時制度上100%の住民同意が得られず、リモデリングが実現できなかった残りの7棟の課題が残っている。

　今後、リモデリング事業を活性化していくためには住民の合意形成以外にも、法的・制度的な問題、金融支援対策の問題、住民の工事費用の追加負担など、さまざまな課題があるが、その中でも、住民の意識が「資産価値」から「居住（利用）価値」へと転換するのがもっとも大事だと思われる。

【参考文献】
1）丁 志映「韓国における集合住宅リモデリングの最前線と評価」（『日本建築学会研究協議会資料集』pp.15-19、2007）
2）丁 志映「韓国のマンション事情—建替えとリモデリング制度の変遷と最新事例調査」（『マンション学31号』pp.42-47、2008）
3）丁 志映「韓国の民間分譲集合住宅におけるリモデリングと建替えの事情」（『Evaluation No.32』pp.70-71、2009）

コラム 07

英国の建築遺産である集合住宅の再生

改修配置図　新たなゾーニングが行われ、緑豊かな環境に変わる

改修前の住棟（空中歩廊）

改修後の廊下のイメージ

改修住棟イメージ

英国遺産（English Heritage）　登録建築物（Listed Building）

グレード	内容	集合住宅の例示
グレードⅠ 全体の約2%	歴史的あるいは建築的にもっとも高い価値を有する建物	なし （教会、城などにはない）
グレードⅡ* （ツースター） 全体の約4%	歴史的あるいは建築的に特別な価値を有する建物	アレクサンドラ・ロード（Alexandra Road）、クレセント・ハウス（Crescent House）、トレリック・タワー（Trellick Tower）、アルトン団地（Alton Estate）、バウンダリー・ストリート（Boundary Street）、リリントン・ストリート（Lillington Street）、パーク・ヒル（Park Hill）
グレードⅡ	歴史的あるいは建築的に重要な建物	ゴールデン・レーン（Golden Lane）、パークレイズ（Parkleys）、チャーチル・ガーデンズ団地（Churchill Gardens Estate）、ザ・ローンズ（The Lawns）、ウェルウィン・ガーデンシティ（Welwyn Garden City）

　パークヒルは、1961年にイギリス中部の人口50万のシェフィールド市が、シェフィールド駅の直近に設計・開発した約1,000戸の団地である。この団地の建築的な特徴は、空中歩廊と幅の広い廊下であり、この建築的特徴をもって、英国遺産（English Heritage）グレードⅡ*（ツースター）に登録されている。

　英国遺産は、築後30年超の建築物が対象で、重要度の高い順に3段階に分かれ、第2次世界大戦後の集合住宅も登録されてきている。登録されると自治体の管理下に置かれ、自由な変更ができなくなる。

　パークヒルは、イギリスの他の多くの団地と同じように、低所得者・移民の集中、犯罪の多発、失業率の増加、建物の老朽化などの原因により荒廃し、多くの住民が悪条件のもとで暮らしていた。

　シェフィールド市は、コミュニティ再生を含むパークヒルの再生に挑むようになる。立地が駅近という魅力ある場所であったため、都市再生の枠組の中で捉えられていた。しかし、相当な投資額が必要であり、民間デベロッパーであるアーバン・スプラッシュ社とのパートナーシップで再生が進められている。

　パークヒルは英国遺産であり、保存指定がされているため、取り壊して建て替えることができない。そこで、アーバン・スプラッシュ社は、住棟の改修と住棟回りの改善による魅力アップを目指した。

　住棟の改修は、断熱性の悪い壁をすべて取り払い、床・柱・梁のフレームのみの躯体状態とし、新たな間取りとファサードにつくりかえるものである。この団地の特徴である空中歩廊と幅の広い廊下という骨格は継承され、活かされることになる。空中歩廊の計画当初の考えは、コミュニティを醸成するためのものであったが、共用廊下をオートバイが走ったり、犯罪が行われたり、逆に危険な場所になってしまっていた。そのため、計画では、質のよい素材を用いた高いデザイン性と、照明をより明るくした共用空間につくり替えようとしている。

　住棟回りの改善は、パークヒルと街の中心を結ぶブリッジに、レストランや店舗などの施設を配置し、来訪者を暖かく迎え入れるような雰囲気のあるストリートに変える計画である。団地へのアプローチには、スケートボードやウォールクライミングのためのスペースなどを設け、コミュニティを誘導し、質の高い外部空間に整備する計画がある。　　（鈴木雅之）

08
過去と今をつなぐ建替え

　建て替えられた団地や集合住宅には、優れたなものがあまり多くはないといわれている。単に高容積化、高層化されただけで、それまでに培われてきた居住資源が失われ、コミュニティも壊れたという評価がつきものである。では、建替えで、資源を継承して、過去と今をつなぐ計画の工夫ができないだろうか。
　住民による空間への働きかけを計画することで、コミュニティを継承させようとする試みがある。そのような建築計画的な装置は、従前のネットワーク、愛着、住みこなしなどを、建替えの要素に組み込んで建築計画に活かされている。居住資源の継承は、物理的な環境の継承、人の継承などさまざまなレベルで考えられる。
　居住資源やコミュニティを継承するために、コーポラティブ方式が使われることがある。それを実現する計画的、事業的手法が大きな条件となるが、中には確実に居住資源が継承された建替えの例がある。

セミパブリック空間を継承した団地建替え
公と私をつなぐ「生活の庭づくり」

名称：岡山県営中庄団地（第1期）　所在地：岡山県倉敷市　完成年：1993年〜　計画戸数：9棟、88戸（公営1種40戸、2種48戸）

公営住宅づくりのマニュアルに従えば、団地内のすべての空間は公共空間か私的空間のいずれかに属することになる。しかし、1960年代初頭に建設された低層公営住宅の建替えプロジェクトである「岡山県営中庄団地第1期」において、設計者である丹田悦雄は、建替え計画の重要なデザインコンセプトとして、公共空間と私的空間の間に曖昧な中間領域としての「セミパブリックな空間」を可能な限り多種多様な表情を持つように配置した。

これは、敷地周辺の里山集落の庭先や建替え前の各専用庭で見られた、畑づくり、子どもたちの遊び場や近所の人々の立ち話の場といった身近な生活領域を居住者がつくり出すような「生活の庭」づくりの継承を意図して計画されたもので、公共空間と私的空間の間にさまざまな空間的仕掛けを設け、居住者によるセミパブリックな空間づくりを促す工夫が取り組まれた。

ここでは、中庄団地第1期の具体的な空間的工夫と建替え後の居住実態などについて紹介したい。　　　　　　（原田陽子）

中庄団地1期の外観風景

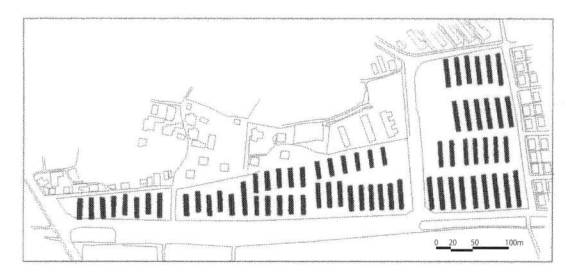

建替え前の住棟配置

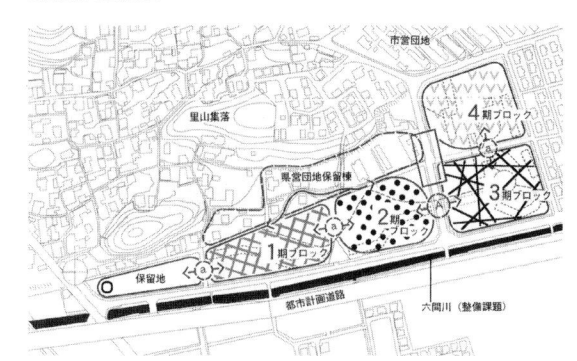

建替構想段階の全体ブロック計画（1期〜4期）

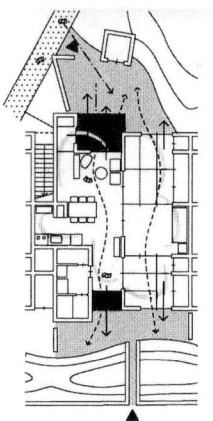

リニア棟　接地タイプ　1/500

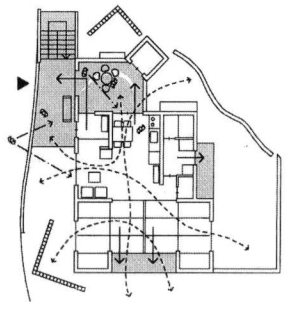

ポイント棟　準接地タイプ　1/500

1階平面図（1期）　1/1800

● 参考事例

島団地
和歌山県御坊市の日高川沿いに位置し、総戸数226戸の市内ではもっとも大きな規模の団地である。地区改良事業などとして、1959年〜1969年にかけて建設された。しかし年月を経る間に建物の老朽化は進み、入居者の生活は困窮を深める状況となっていた。
1996年から10年間で合計240戸を建設したこの建替え計画では、公営賃貸住宅ではあるが、コーポラティブ型で入居者とともに議論していく方式が採用された。

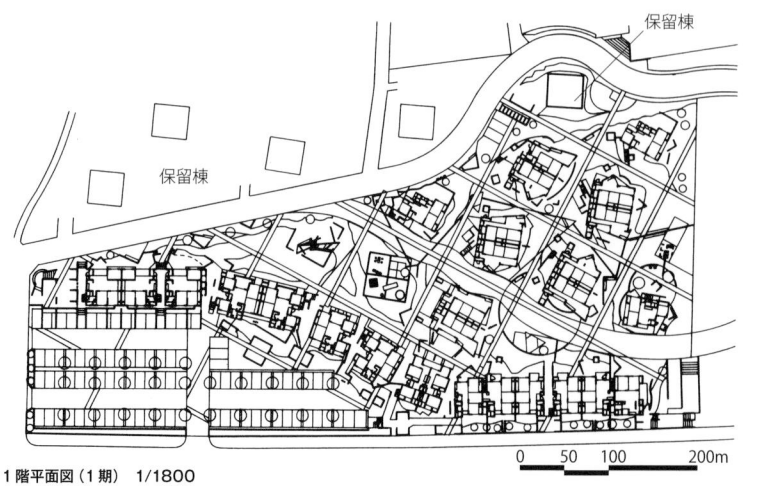

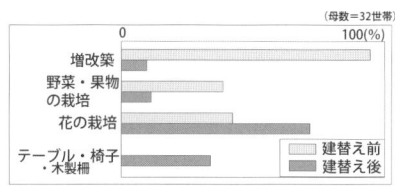

居住者による空間面での働きかけの「内容」の変化

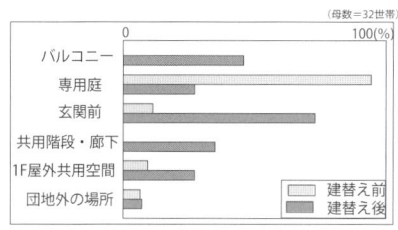

居住者による空間面での働きかけの「場所」の変化

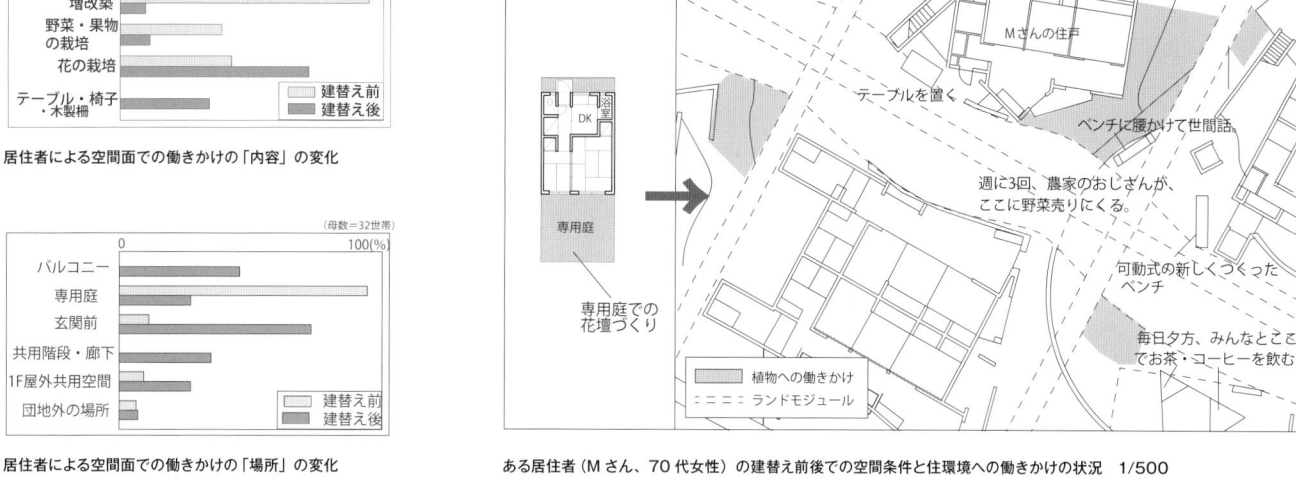

ある居住者（Mさん、70代女性）の建替え前後での空間条件と住環境への働きかけの状況　1/500

〈建替え前〉
平屋建の各戸の専用庭では畑や花壇づくりが活発に行われていた。

〈建替え後〉
2階共用廊下のランドモジュール沿いいっぱいまで置かれた植物が複数の住戸前で連鎖している様子。

〈建替え後〉
既存のベンチの他に居住者によってベンチが追加され、この場所は日常的に交流の場となっている。

■周辺地域との関係性のデザイン

わが国における集合住宅地はこれまで、敷地内のみで計画・調査し、周辺地域とは切り離されたかたちで考えられることが多かった。しかし、中庄団地第1期の建替え計画にあたって設計者である丹田は、この地域の持つ地理的風土状況との連続性を引き継ぎながらも、同時に新しい地域風景をつくり出すことを目標にした。

具体的には、都市計画道路の整備が予定されていた西側では、一定程度の住戸密度を確保する必要から最高部で5階建ての都市的ボリュームとスケール感を持つリニア棟を配する一方で、東側では敷地に隣接する里山集落やボックス型の既存の公営住宅から流れ込む、ゆったりとした密度感を受け止めて面的な環境の中にポイント棟を点在させた。

また、このポイント棟の空間形態は、隣接する既存の公営住宅棟との融合を意図し、新しく計画された部分が際立って見えないよう景観的に一体化を図っている。つまり、隣接する既存の公営住宅棟と今回の敷地である建替え前の平屋群を分けていた直線的な構内道路をやめて、既存の公営住宅の1棟を敷地内に取り込むように道路を湾曲させ、周辺地域と計画敷地を融合させるというユニークな取組みが行われた。

■セミパブリックな生活の庭づくり

そして前述の「セミパブリックな生活の庭」づくりのための具体的な空間的な仕掛けとしては、屋外共用通路に多様性と領域化の目安として施された木製柵やランドモジュール（公的空間と私的空間の間に施された直線と曲線によって構成されたラインのことで、床上上げの色や素材を場所ごとに変化させている）、居住者による植物育成や空間づくりを意図した玄関前や住戸回りでのアルコーブ、居住者交流を意図して屋外共用空間に点在して配置されたベンチ、居住者が植物を植えたくなるようあえて土の状態のままにした築山や1階住戸回りの設えなどである。

■建替え前後での働きかけの継続性

それでは、このような設計者による意図によって取り組まれた空間的工夫は、建替え後、居住者によってどのように使われているのだろうか。

筆者の調査結果によると、1階の住戸回りだけでなく、接地性のない2階以上の住戸においても、玄関前や住戸回りのアルコーブ、バルコニー、共用階段・廊下といったさまざまな場所で、植物の栽培、テーブルやベンチ、木製棚の設置が見られるなど、居住者による多様な「生活の庭づくり」が行われている。

また、設計者によって設けられたランドモジュールや木製柵は、セミパブリックな空間づくりの領域化の目安として効果を発揮しており、そのほかベンチや築山など設計者によるさまざまな空間的仕掛けは、植物の栽培など居住者による空間面での働きかけだけでなく、立ち話など交流面での働きかけも促していることがわかった。

■公と私をつなぐ「生活の庭」の意義

このように、中庄団地1期のセミパブリック空間における居住者による自律的住環境形成の様子を見ると、計画者は、人間が本来持つ住環境との動態的な相互作用を重視し、設計者が空間を完成品としてつくってしまうのではなく、居住者が日常生活の中で継続的に住環境をつくり上げていくための素地を提供することに価値を置くべきであることに気付かされる。

さらに、居住者が主体的に自らの住環境づくりに参加する仕掛けである「セミパブリックな生活の庭づくり」は、個人専用空間ではないため自ずと開かれたものとなり、常に他者の目を意識した行為となる。それは結果的に空間づくりの「共有」や「連鎖」、居住者同士の「交流」を促し、集合体としての住環境づくりやまちづくりにもつながる重要な取組みである。

これまでの集合住宅地計画では、公私を2つの領域に分けてしまい、それをつなぐ中間領域を欠いている場合が圧倒的であった。そうした中、ここで紹介した岡山県営中庄団地1期の計画における「生活の庭づくり」は、公と私をつなぐ試みとしてとても示唆に富む事例である。

【参考文献】
1) 丹田悦雄「身近な生活の庭-セミパブリック・スペース」（『GA JAPAN 10号』1994
2) 「65.公営住宅建て替え」、建築思潮研究所、建築資料研究社、1998
3) 原田陽子「建替更新を経た集合住宅地における住人の働きかけの継続性と誘発要因に関する研究-集合住宅地における住人の自主的住環境形成に関する研究」（『日本建築学会計画系論文集 第587号』pp.9-16、2005

記憶を引き継ぐ団地建替え
ネットワーク・愛着・住みこなし

名称：ヌーヴェル赤羽台　所在地：東京都北区　完成年：2006年〜　設計者：A工区 A・W・A設計共同体（architecture WORKSHOP＋ワークステーション＋設計組織ADH）みのべ建築設計　B1工区 NASCA＋空間研究所＋日東設計共同体　B2工区　市浦＋CAt設計共同体　C工区 山本・堀アーキテクツ＋みのべ設計共同体
階数：A工区2棟（10階）、B工区2棟（10階）、B2工区1棟（11階）＋集会所棟（平屋）、C工区2棟（10階）

1962年から入居が開始された赤羽台団地は、当時郊外型が主流となりつつあった日本住宅公団の団地開発の中でも、「都市型高層高密度モデル」と位置付けられた特別な団地であった。旧陸軍の被服廠の跡地に計画された赤羽台団地は、都心には数少ないまとまった規模の団地用地であり、この計画は、創成期の日本住宅公団において試見られた配置計画や住戸プランの成果を盛り込む好機となった。

40年以上の歳月は最先端であった生活環境をさまざまに変化させた。建物の老朽化や高齢化する居住者への対応など、建替えを機に更新、改変されるべき状況だけでなく、長い年月の間に培われた居住者間のネットワークや住まわれることによって見出された共用空間の使われ方など、新たな計画の中に引き継がれるべき、資産を見出すこともできた。

こうした資産の継承は、主として、3つの要素に分けられる。まずは、「ネットワーク」である。入居当初に結成され、牛乳の共同購入や幼児教室の自主運営など居住者の生活の重要なネットワークとなってきた自治会が、建替え後も住棟ごとに解体されるのではなく、一体的な組織として継続されることが望まれた。次に、「花木園」のように場所それ自体が残された部分もあり、これは「愛着」の継承ともいえるだろう。そして最後に、居住者による「住みこなし」である。これは、特に接地階において見られた領域化を接地階住戸では、デザインに発展的に織り込んでいる。　（篠原聡子・田野耕平）

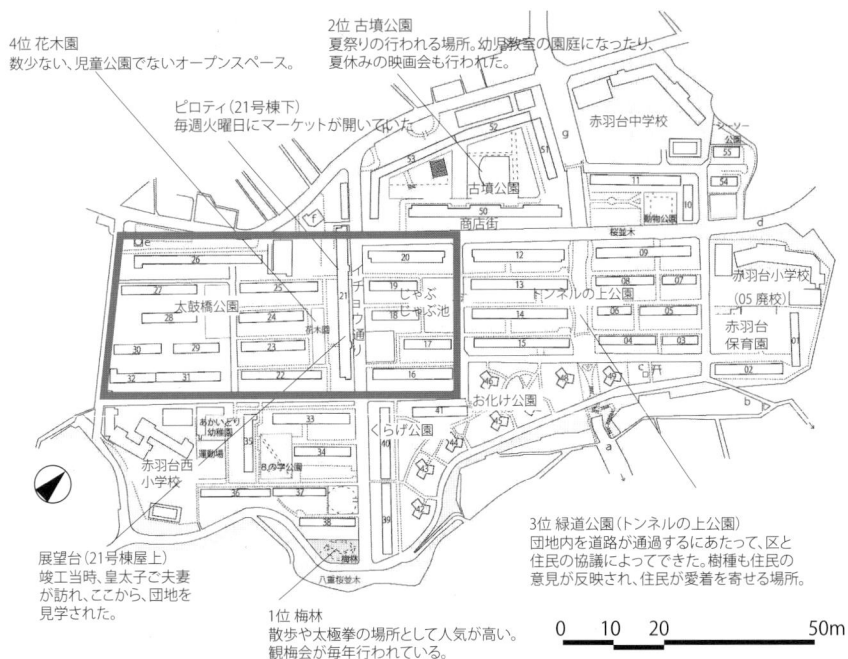

お気に入りの場所（建替え前配置図）

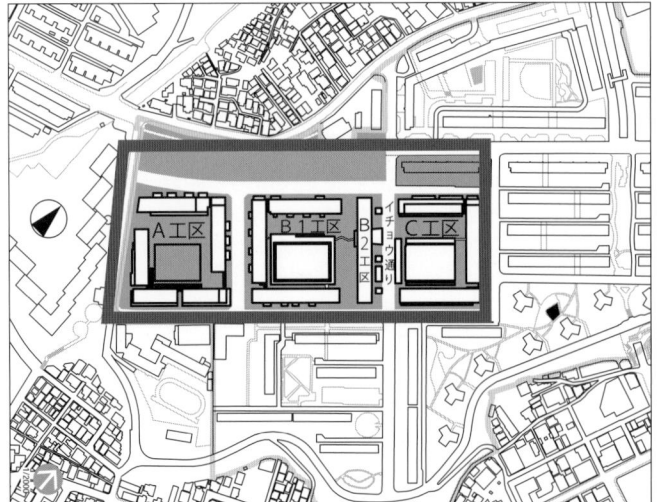

配置図－建替え後

赤羽台団地の建替え計画専門家を交えた赤羽台活性化委員会によるコンセプトの検討や自治会との協議、また事前の赤羽台団地の「住みこなし」調査が、研究と設計の連携によって新規計画に反映されるなど、多角的に資産の継承が図られた。

● 参考事例

サンヴァリエ桜堤（UR都市機構）
竣工：平成11年10月〜平成17年11月
居住者との協働で建替え計画づくりを行う。オープンスペースを確保した配置計画や豊かな緑環境の継承、ラウンジやデッキ付きの集会所など居住者の意向が反映された共用施設などが実現した。公共賃貸住宅の建替えに住民参加が導入される契機となった。

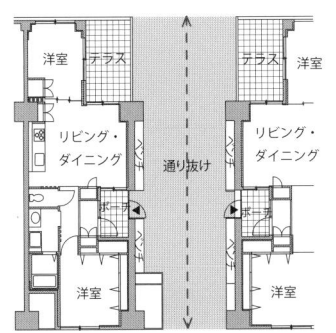

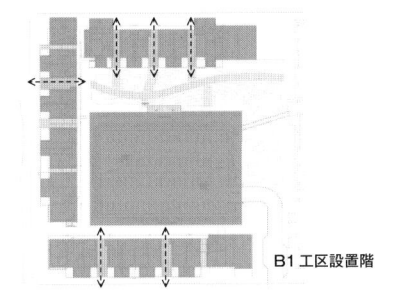

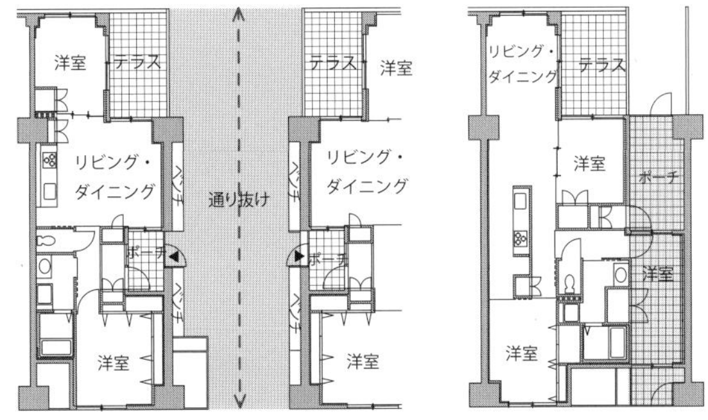

赤羽台団地年表

	1955 S30	1959	1960	1962	1963	1964 S40	1965	1967	1968	1970	1971	1972	1973	1974	1976	1981	1984	1987	1989 H01	1990	1991	1993	1994	1995	1996	1997	1998 H10	1999	2000	2001	2002	2003	2004	2005	2006
赤羽台団地	日本住宅公団設立	跡地を住宅公団に払い下げ	赤羽台団地建設開始	西小学校、赤羽台中学校全体学校・管理開始	西小学校・赤羽台保育園開設	東中学校開校、都営桐ヶ丘団地完成・入居	空家賃値上げ	家賃値上げ	共同建値上げ	自転車置き場設置		新入居者大量空家発生	第二次空家賃値上げ	公団住宅・都市整備公団発表	昭和30年代大量公団住宅の建替方針発表	第三次空家賃値上げ	家賃値上げ	赤羽台トンネル築造工事開始	公団が三十年代建設団地建替期に入る	家賃一斉値上げ	トンネル躯体工事竣工	団地建替計画検討調査	団地建替計画基礎調査	空家募集中止	補助157号線のトンネル工事完了	樹木保存計画検討調査	周辺市街地整備等検討調査	地区計画検討調査	都市基盤整備公団発足	第一期建替事業着手	第二期地区再開発検討	商業施設等検討	活性化検討委員会スタート	独立行政法人都市再生機構設立	第一ブロック戻り入居
自治会				自治会発足、赤羽幼稚園開校、赤羽一番街商店街完成	第二団地祭	第二幼児教室開講	火事発生、50号棟階段下に完成「欅の会」発足	牛乳配布所、世帯全焼・世帯漫水	老人部発足	牛乳センター	家賃値上げ反対特別対策委員会発足	住宅変更運動	家賃値上げ反対特別対策委員会発足	第四回家賃値上げ反対特別対策委員会発足	集会所料金値上げ	第七十一回団地弁論	自治会誕生二十五周年	第一回幼児教室開講	空家賃値上げ問題		リサイクル特別対策委員会発足		家賃値上げ特別対策委員会発足	建替特別対策委員会発足	第二回リサイクルフェスタ開催						生活事業部開設				赤羽台東小学校廃校

■住棟配置からまちなみ形成へ

従前の計画は、平行配置を基本にそれに直交する住棟があったが、新規の計画では、街路に面した囲み型が採用されて、住棟による街区の形成が図られている。中庭には、住戸総数の40%の自走式の駐車場が設置される。中庭の大部分が駐車場となることが、当初から中庭空間の計画を難しいものとしている。B1工区ではその周辺に駐輪場を設け、その屋上に中庭からのぼれるテラスを設置し、利用可能な中庭部分を広げる工夫をしている。

また、従前の団地は建物高さが中層であり、ゆとりある配置によって中庭で大空を堪能することが可能であった。建替えによる高層化でこの特徴が犠牲とならないよう高さのある駐車場の周囲に高さを抑えたテラスを巡らせることで空への連続感をつくり出している。

中庭を囲む住棟立面は金属パネルによって片廊下の単調な風景にリズムをつくり、バルコニーや中庭からの眺望に配慮している。

■団地祭りは中庭からイチョウ通りへ

古墳公園で行われていた団地祭りは、イチョウ通りへと移動する予定である。現在は、古墳公園を中心として、一部商店街前の通りも利用するため、その通りを交通規制して行われて、イチョウ通りは、車の通行のない歩行専用の通りとなる。イチョウ通りは、新しい赤羽台団地の中心的な広場とも位置付けられており、集会所や牛乳センターもこの通りに移転する。

■ピロティから通り抜けへ

もともとの赤羽台団地では、平行配置の接地階の住戸がところどころ抜かれていて、ピロティとなり、住棟間に歩行者専用の通路ができていた。今回の囲み型の配置では、中庭と通りを積極的につなぐ動線を確保するため、やはり住戸と住戸の間に通り抜けの通路を配している。さらに、その通り抜けに面して、ベンチを設け、その空間を生活空間として継承した。

■ダイレクトアクセスからテラスアクセスへ

商店街に面したダイレクトアクセスの住戸は、住戸と街路の間の空間に植物を植えるなどして、個人の庭のように領域化していた。今回の接地階の住戸は、基本的に提案型の平面を持ち、上階とは異なるプランが採用されている。特に街路との関係をとるため、多くの住戸が街路からのアクセスが可能となっており、同時にパブリックな街路との間にテラスを挟み、バッファーゾーンをとっている。B1工区ではテラスは花台となるフェンスによって囲まれ、住民によるプランターとしての利用など生活行為のあふれ出しを積極的に計画に取り込んでいる。

	A工区	B1工区	B2工区	C工区
戻り住戸数	220	337	161	253
新規住戸数	182	66	53	78
戸数	402	403	214	331

注：戻り住戸：建替え後も引き続き居住する住戸のこと。

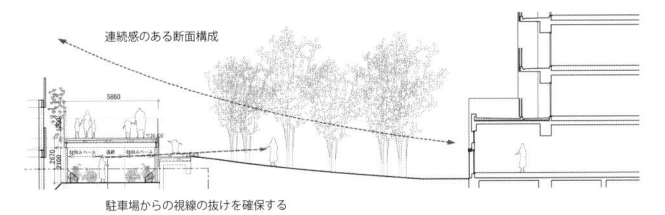

【参考文献】
1)「miscellanea 赤羽台団地1960-2007」（日本女子大学篠原研究室）、海老原珠絵「赤羽台団地におけるコミュニティの変遷と空間使用に関する考察」（『日本女子大学修士論文』、2004）

人と空間をつなぐ建替え
同潤会アパートにおける居住資源の継承

名称：アトラス江戸川アパートメント　所在地：東京都新宿区　完成年：2005年　規模：地下1階・地上11階建　戸数：232戸
敷地面積：6,865㎡　延床面積：20,212㎡　設計：NEXT ARCHITECT&ASSOCIATE　施工：竹中工務店

　日本におけるマンションのストックは528万戸（2007年末）、うち築30年を経過したストックは約63万戸にのぼる。これらのストックは今後、建替えを迫られる。それに対して国は、2002年、マンションの建替えの円滑化等に関する法律（以下「円滑化法」）の成立や、2003年の建物の区分所有等に関する法律の改正により、建替えのネックであった合意形成や、資産の移行等がスムーズに行えるよう整備し、建替えを誘導するよう進めている。

　このとき「建替え」は、居住という長い歩みのなかの1つの断面であり、古い建物を単に取り去ることではない、とまず認識しなくてはいけない。居住者がその地で住み続けたいと願えば、それをかなえるための選択肢を持つことが必要となるし、空間や歴史の文脈が絶たれないよう配慮する必要がある。

　ここでは対象として同潤会アパートを取り上げる。関東大震災後に東京と横浜に15アパートが建設され、「上野下アパート」を除いて建替えが完了もしくは進行している。建替え時期や使われた補助・助成制度など恵まれた点が多いが、共有されるべき経験は多い。すでに法律に活かされているものもあるが、特に人や組織の継承と、空間の継承に着目し、到達点と課題を整理したい。

（安武敦子）

アトラス江戸川アパートメントの中庭
中庭空間を残したいという声は大きかった。建替えの制約の中、最大限の中庭が試見られたが従来通りの再現は難しい。

同潤会江戸川アパートの中庭
2つの棟に囲まれた中庭には居住者が植えた花木や遊具があり、外部とは別世界をつくっていた。

アトラス江戸川アパートメントの屋上庭園
棟を縫うように屋上庭園がつくられた。昔の中庭は屋上で再現されるか。

●参考事例

参考事例：オーベルグランディオ萩中
設計施工：長谷工コーポレーション
東京都大田区
東京都住宅供給公社が1968年に分譲したマンションである萩中住宅は、区分所有法の改正によって建替えが可能となり、その後「マンション建替え円滑化法」にもとづいて建替組合を設立し、総合設計制度等を組み合わせ建替え事業を行った。居住継続のための小規模住宅の用意や自治会運営継続のための柳島アパートのヒアリングなど先行事例のエッセンスを吸収しながら2006年完成した。

再利用された同潤会江戸川アパートのパーツ類
江戸川アパートでは最大限、部品の継承が図られた。

同潤会清砂通アパートの再開発における記憶の継承
イーストコモンズ清澄白河では同潤会メモリアルスクエアが計画され、壁面レリーフの複製や、平面図や1号館の階段手すりをモチーフにした床などがデザインされている。

名称	事業手法	建替竣工(年)	建替発意(年)	従前戸数(戸)	従後戸数(戸)	従前容積率(%)	従後容積率(%)	建替所用年数
三田アパートメント	任意・等価交換	1978	1971	68	329	-	-	7
平沼町アパートメント	任意建替事業	1984	-	118				
山下町アパートメント	任意建替事業	1989		158				
中之郷アパートメント	市街地再開発事業	1990	1979	92	161	107	374	11
住吉(猿江)共同住宅	市街地再開発事業	1994	1982	251+18	444	122	399	12
東町アパートメント								
柳島アパートメント	市街地再開発事業	1996	1988	170	264	114	398	9
代官山アパートメント	市街地再開発事業	2000	1978	337	530	71	450	22
鶯谷アパートメント	市街地再開発事業	2001	1964/1983	94	298	135	512	37/18
虎ノ門アパートメント	任意建替事業	2003	1974	64	事務所	-	-	
江戸川アパートメント	旧区分所有法	2005	1968	257	232	180	300	31
青山アパートメント	市街地再開発事業	2006	1988	137	38	100	454	38
清砂通りアパートメント	市街地再開発事業	2006		624	266+692	130	670/467	17/18

同潤会アパートの建替えが完了した12地区の概要
竣工順に記載。中之郷アパート以降は市街地再開発事業が主流である。継続的居住を阻むものとして合意形成に要する時間の長さが挙げられる。同潤会アパートの合意形成は早いものでも約10年、江戸川アパートや青山アパートでは30年近くを要している。合意形成までの間に高齢化や、ローンの借り入れが難しくなり転出したという居住者もいる。これに対しては今後、円滑化法や区分所有法改正、高齢者向け返済特例(リバースモゲージ)といった制度がどう功を奏するか見ていく必要がある。

土地	建物	権利者数	権利変換	(%)	転出	(%)
○	○	117	83	71	34	29
	○	31	20	65	11	35
○		3	1	33	2	67
		33	1	3	28	85

清砂通アパートにおける権利別 権利変換状況
最下段の借家人は借家継続ができたのは1戸のみであった。借家人の総数が合わないのは権利者のなかに借家していた者がいるためである。

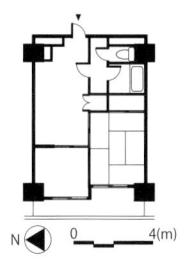

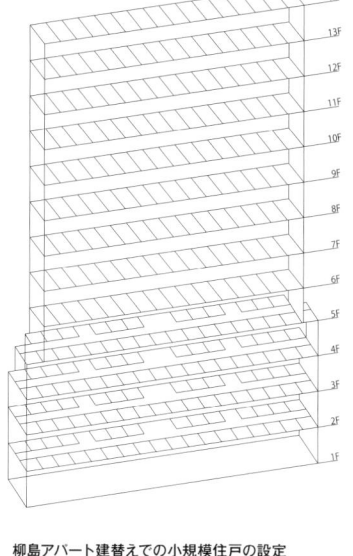

柳島アパート建替えでの小規模住戸の設定
増床を希望しない世帯向けに小規模の住戸(2DK、42.7㎡)が低層部に設定された。

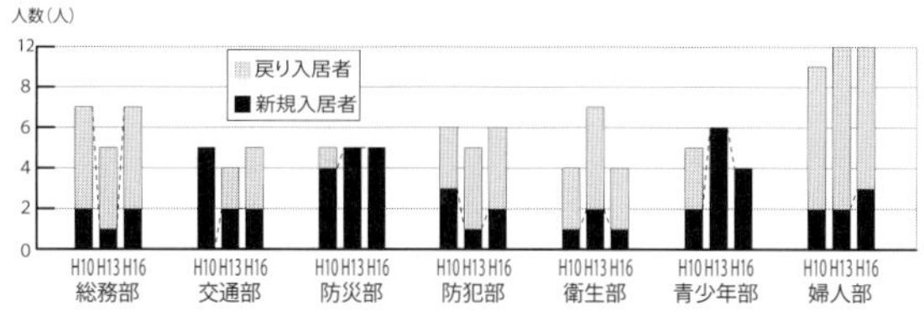

清砂通アパートの建替え時の世帯主年齢

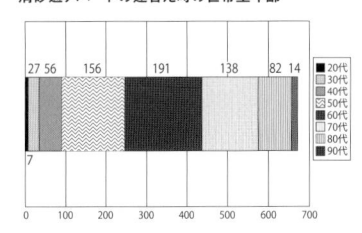

清砂通アパートの建替え時の家族人数

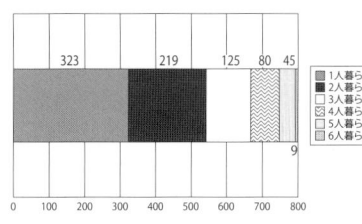

建替え時には高齢化が進み、1人暮らしもしくは夫婦の2人暮らしが多くなる。清砂通アパートでは高層棟と中層棟で構成され、中層棟に権利床が多く設定されたため、高齢者ばかりの中層棟が発生した。町会運営も建物の管理も大変だといい、配置のバランスや新規居住者とのミックスが必要である。

プリメール柳島の役員構成
柳島アパートは建替え後も管理組合とは別に町会が継続し、地域活動、新規居住者との関係もうまくいっている例である。ここでは仮住まい中においても集会所を隣地仮店舗の上階に配置して顔を合わせたり、祭礼には継続して参加したり、新年会を実施したり、仮住まい先を訪問したりさまざまな策を講じていた。また竣工前から新規居住予定者との運営の打合せを行うなど新旧居住者の融和も相互に意識されていた。コミュニティが無意識的なものではなく意識的なものであることがわかる。

8-3 人と空間をつなぐ建替え

■マンション建替えは始まったばかり

2009年までに建替えが終わった分譲マンションは138件であり、建替えの蓄積はまだ少ない。初期の建替えは等価交換方式、つまり居住者は従前の資産(主に土地)と建替え後の住戸と住戸相応分の土地を交換し、開発業者は余った住戸の売却で採算をとった。初期の集合住宅は容積率に余裕があり、立地も良いため、保留床の確保やその販売に心配が少なかった。1990年に建替えた「中之郷アパート」でも当初等価交換方式が検討されたが、居住者負担ゼロとはいかず、そこで採用されたが第1種市街地再開発事業である。円滑化法適用の建替えが完了する2005年まで、同潤会アパートを中心に市街地再開発事業が7件実施され、事例は少ないながら権利変換方式や仮住まい費用の補填が建替えの手法として確立した。また2005年に竣工した江戸川アパートは旧区分所有法によって建て替えられ、区分所有法改正に影響を与えた。同潤会アパートの建替えの経験から、円滑化法(2002)や区分所有法改正(2003)が整備され、新しいスキームで建替えが始まっている。

■人が住み続ける

居住資源には、居住者、建物が持っていた雰囲気、建物の歴史的・文化的な価値、心象風景など考えられる。しかしいざ建替えとなると経済的側面が大きくクローズアップされ、その尺度の前に居住資源の継承などははかないものになる。

特に建替え時期になると、高齢者が増え、地区外権利者が増え、相続等による権利の細分化、借家人の増加などにより、資金的ポテンシャルの減少に加えて複雑性が増す。そのため従前居住者の継続性は、「清砂通アパート」では、居住者×所有者の戻り率は88%(地区外居住者×所有者は46%)と所有者であれば居住は継続できるが、借家人となるとほとんどが転出である。転出世帯へのアンケート調査では、7割以上が同一区内、それも大半が500m圏内に引っ越しており、生活の持続は希望している。一方で借家人の継続居住に努めた例もある。「柳島アパート」は小規模住宅を用意した。「鶯谷アパート」は特定分譲や区の高齢者家賃補助を受けて借家人が住み続けている。「江戸川アパート」は独自に終身定期借家制度を設けた。管理組合が住戸を所有し、長期居住していた建替え弱者向けに生涯にわたって借家権で住戸を貸すという仕組みである。建替え後の建物にすべての人が住み続けることは困難だが、地域(町内)で暮らし続けられるように公営住宅を連動させるなどの施策も必要である。

新規入居者にとっても継続する居住者がいることはプラス面が多い。新規入居者は従前居住者を手がかりに、イベント等を通して地域生活を獲得しており、新しいマンションが孤立した島にはなっていない。

■空間を残す

同潤会アパートの初期の建替えでは空間の継承はあまり議論にならなかった。比較的建替えに余裕のあった「代官山アパート」で集会室に従前の食堂のパーツが使われ雰囲気が再現された。これ以降、従前のデザインの継承が設計に取り入れられ始めた(左頁下段)。青山アパートで1/2棟の復元が行われたが、これは建築家・安藤忠雄氏の主張が認められた特異な例と位置付けられる。

「江戸川アパート」ではパーツだけではなく、当初は建物の一部保存も検討された。また中庭を再現したいという声も大きかった。しかしその思いはかなってはいない。樹木や建物の一部を残すこと、パーツを残すこと、これらの保存には賛否両論あるが、人の心象風景に働きかけることは間違いない。手がかりというだけでも残すことには意味がある。さらに通路や中庭などの空間構成を残すこと、また建物そのものを残すことが経済尺度と同等に図られるようになったとき、持続的居住環境は実現するのではないだろうか。

【参考文献】
1) 近藤安代・大月敏雄・深見かほり・安武敦子「同潤会柳島アパートの建替事業前後における町会組織活動の持続性に関する研究」(『日本建築学会計画系論文集 NO.628』pp.1181-1188、2008)
2) 大月敏雄・安武敦子「旧同潤会アパートの建替経緯の類型化と居住の持続性の側面から見た従後環境の検証」(『科学研究費補助金研究成果報告書』2006)
3) 中村誠・大月敏雄・安武敦子「同潤会清砂通りアパートメント市街地再開発事業における転出者の動向とその要因に関する考察－旧同潤会アパートの建替え事業に関する研究 その2－」(『日本建築学会大会梗概集E-2分冊』pp.223-224、2005)

コミュニティをつむぐコーポラティブ
団地再生まちづくりにおける多様な住宅供給

名称：現代長屋TEN　所在地：大阪府大阪市東淀川区　完成年：2003年　構造・規模：RC造3階長屋建　戸数：10戸　敷地面積：923.87㎡　延床面積：1,322.98㎡

1960年代以降、関西ではクリアランス型の住環境整備によって、大規模に公営・改良住宅供給が行われた経緯がある。現在、建物の老朽化と同時に生活困窮世帯が増加している中で、これらの団地コミュニティでは、再び環境を悪化させない定住型の魅力ある校区まちづくりを目指した協議会が設立されている。そして、環境再生・安心居住・定住共生・自律自治などを主要テーマに、周辺地域を巻き込むまちづくりを展開し、特に団地再生を契機に地域と行政が協働し、さまざまな世代や世帯が共存できる「多様な住宅供給」が推進されている。

中でも、コーポラティブ住宅事業としては「現代長屋TEN」（大阪市）をはじめ、これまでに4棟が竣工している。これらは地域の若年・中堅所得世帯の定住を促す持家供給事業として、地域価値創出と生活の質を意識した都市居住を目指している。いわばコーポラティブ的手法を用いた住まい・ひと・まちをつなげるコレクティブタウン※の試みでもある。

現在、この経験をもとに、コミュニティが参画する団地の建替改修事業をはじめ市有地分譲コーポラティブ、ケア付き住宅など地域独自のコミュニティマネジメント事業へとつながりつつある。
（寺川政司）

※コレクティブタウン
まちの人々が、ゆるやかな人間関係や空間の中でまちを感じ、支えながら成長する、地域が住まいの続きのような機能を充たす協同居住のまちと位置づける。

・コーポラティブ住宅事業（左の地図）
「日之出北住宅」は、市営住宅の建替事業として、2008年に竣工。まちづくり協議会がコーディネートして居住者参画型のデザインワークショップを開催。
「リベルタ」は、銭湯の建替えに伴って実施された共同住宅型の定期借地権付コーポラティブ住宅。

●参考事例

「ミルノール」（京都市北区）
市営住宅建替事業における分譲更新住宅で、市街地を60年間定期借地したコーポラティブ住宅（PFI的な住宅供給事業）。RC造3階建て6戸からなり、各戸プランは、ワンフロア型、メゾネット型や「離れ」を持つ住戸もあり、共用サロンは組合が事業運営している。
（敷地面積：660.25㎡、延床面積：773.1㎡）

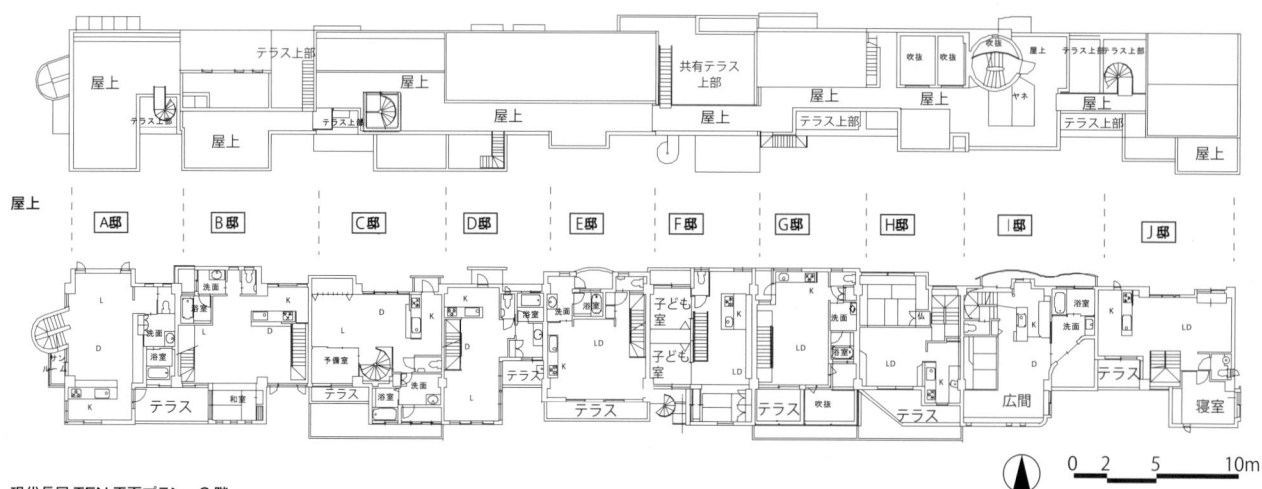

現代長屋TEN 平面プラン 2階

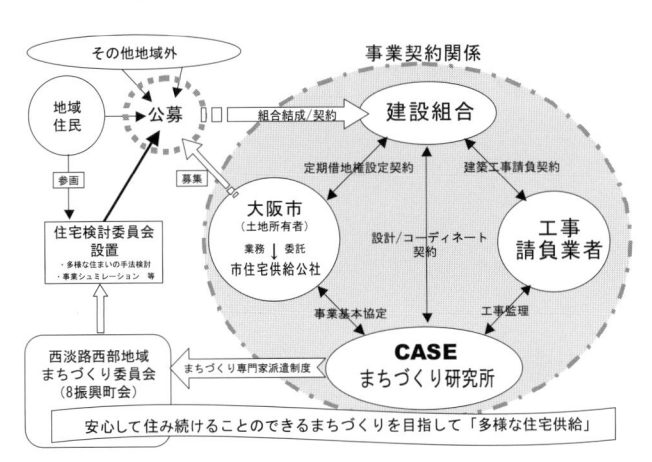

「現代長屋TEN」の事業関係図

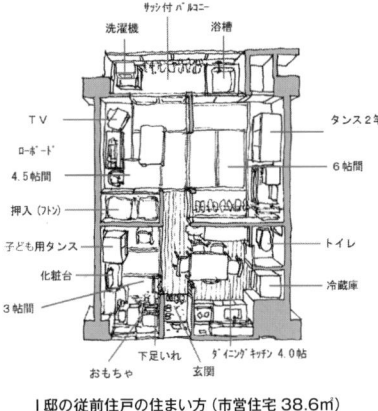

I邸の従前住戸の住まい方（市営住宅38.6㎡）

I邸（専有面積126㎡、延床面積170.2㎡）

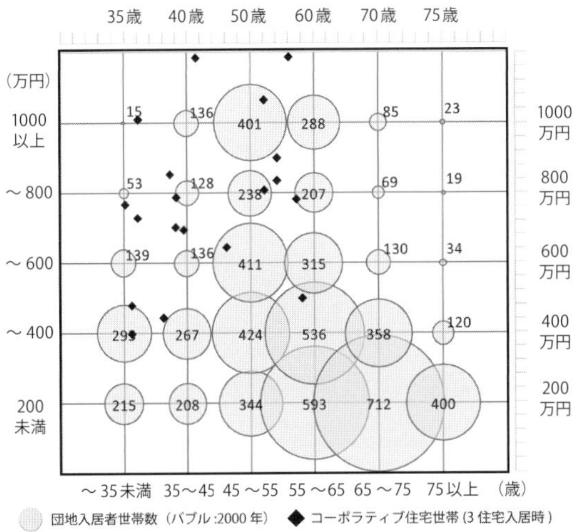

1階平面図
2階平面図

大阪府下の公営・改良住宅団地地域の世帯特性と
コーポラティブ住宅入居世帯の状況

リビングでの寺子屋の様子

共用ベランダのビニールプール

隣接住戸の共用ベランダでバーベキュー

■現代長屋TEN

大阪市のコーポラティブ住宅事業は、市有地を50年定期借地（賃貸借／地代一括支払い）による事業として、2001年にスタートし、2003年にRC造3階（一部2階）建て長屋住宅10戸が竣工した。

設計に際しては、南接する住宅の影響を緩和する通風日照空間の設定、間口を基準とした取得費用設定、立体的な路地と溜まりの設定など、個別住戸から隣居、屋上、住宅前道路そしてまちへと段階的に意識をつなぐコレクティブタウンの様相を呈している。

■関係を深めすぎると長続きしない

「現代長屋TEN」のプロジェクトに集まったメンバーは地域の団地居住者が多く、すでに密度の高いつながりがあるものの、当初から「コーポラティブ」を求めて集まったわけではない。そこで、コーポラティブの共同性や協働を強調せず、あくまで居住者の思いを全体につむぐ作業を繰り返した。そうした中で、彼らはプライバシーを確保した煩わしさのない意識的つながりを重視し、選んだのが「長屋」形式であった。

この住宅の特徴でもある屋上の路地とサロンは、コーポラティブ融資（旧住宅金融公庫）に共用空間の確保が必要であったために、融資上困難な世帯の住戸屋上に配置し、地代の一部を全員でシェアした。ここには「WIN－WIN」にこだわるクールな暖かさがある。「関係を深めすぎると長続きしな

い」というメンバーの言葉に、地域で暮らし続けてきたコミュニティのリアリティがある。

■ニーズがゆるやかにつながる活動

入居から7年が経過した。この住宅には、共同ルームがなく毎月の組合会議は各住戸のリビングが持ち回りで利用されていた（日常的に出会う機会があり、現在は減少）。また同年代の子どもが多く、夏になると屋上路地3か所に出されるビニールプールをはしごし、親たちは共用バルコニーでバーベキューに勤しんでいた。その後、ここに住む大学生が寺子屋を始め、卒業後教育NPOを設立している。子どもたちが大きくなり今度は、リタイヤ層の動きが活発化。外注していた植栽管理を引き継ぐ者、屋上緑化を検討する世帯など臨機応変で形式張らない活動へとつながっている。

■多様な世帯に向けた新たな住まい

2001年以降、関西では、このような定期借地権を活用したコーポラティブ住宅が4棟竣工している。この方式が採用された主な理由として、定期借地については①所有するには地価が高い、②対象世帯を広げたい、③地主が公共で安心を挙げ、コーポラティブについては、①安心できる近隣関係の構築、②責任感と愛着心が創出、③まちとのつながりが構築、④質の高い住まいが所有可能、等がある。その他、設計においては、各世帯に専属建築家を配置し、ワークショップを積み重ねながらデザインしている。

■そしてコレクティブタウンへ

本事業の課題としては、①団地ではすでに対象世帯がいない、②事業イメージが湧きにくい、③契約終了後の更地返還、④市場が未整備で金融サービスが限定的、等検討すべき点も多い。しかし、まちづくり組織がコーディネーターとして、現実性のある事業を契機に居住者が主体的に参画する機会をつむいでいることに展望がある。住民が各々に生活や住み方を語り、まちの環境や居場所を自主的に考え、協働しながらつくり上げていくプロセスは、まさにコーポラティブ的手法によるまちづくりの成果であるといえる。

現在、コーポラティブ的な手法を取り入れた団地再生事業をはじめ、市有地分譲型戸建コーポラティブの試みやケア付き高齢者住宅整備など、多様な住宅供給を実現するコミュニティマネジメントの実践がコレクティブタウンというかたちで広がりつつある（2010年6月に大阪・八尾市で、西郡コーポラティブ住宅「える」が竣工した）。

これらは、さまざまな問題を抱えて試行錯誤の最中にある。これもプロセスの一部であるとすれば、コーポラティブという手法は目的ではなく、まちづくりの手段としての可能性があるといえよう。

【参考文献】
1)「建築設計資料96コーポラティブハウス-参加してつくる集合住宅」（編集：建築思潮研究所、2004）
2) 寺川政司「公営・改良住宅団地における多様な住宅供給に関する実践研究報告」（『日本建築学会第3回住宅系研究報告会論文集』2008）
3) 篠原聡子『住まいの境界を読む 新版 人・場・建築のフィールドノート』彰国社、2008

コーポラティブ方式による共同建替え
小さな単位での既成市街地の更新

名称：Jコートハウス　所在地：東京都北区上十条3丁目　完成年：2007年　戸数：27戸

　密集市街地等の整備がなかなか進まない現状では、合意形成の可能性の高いところから小さな単位での更新を行う共同建替えが注目される。

　「Jコートハウス」は、密集市街地において、コーポラティブ方式による共同建替えを行った事例である。東京都の重点整備地域に指定されている東京都北区上十条3、4丁目。北区からの呼びかけで共同建替えの検討が開始され、3年近い年月を経て、地権者9名（底地権者1名、借地権者8名）による共同建替えの合意に至った。地権者集団により新たに募集された参加者15名とともに組合を結成し、組合が土地の取得、建物の設計、工事発注等を行い、住宅を取得する「コーポラティブ方式」による住まいづくりが行われた。

　密集市街地の共同建替えにより、建物の不燃化と狭い道路の拡幅、借地権等の複雑な権利関係を解消し、地権者参加型のコーポラティブハウスとして再生した、数少ない事例といえる。コーポラティブ方式による共同建替えは、地権者がまちに住み続け、新規参加者とともに地域コミュニティの継承を可能にする手法として、今後さらなる普及が期待される。　　　（五十嵐敦子）

Jコートハウス（南面）

建替え前の様子

Jコートハウス（中庭）

● **参考事例**

上：COMS HOUSE（東京都千代田区神田東松下町）
下：神田祭り（コーポラティブハウス入居者が参加）
都心部におけるコーポラティブ方式による共同建替えの事例。過疎化した都心に住む人を呼び戻し、新たな入居者が地域行事や町会活動に積極的にかかわっている。

事業概要

事業主体	上十条コーポラティブハウス建設組合 底地権者 1 名 借地権者 8 名 新規参加者 15 名　　組合員数　計 24 名		
敷地面積	927.08 ㎡	建築面積	404.25 ㎡
建ぺい率	43.6%	延床面積	2025.87 ㎡
容積率	202.2%	規模	地上 6 階建
地域地区	近隣商業地域 80／400		防火地域
	第一種住居地域 60／200		準防火地域
構造	鉄筋コンクリート造		
住戸数	27 戸	用途	共同住宅
土地所有	共有	建物所有	区分所有
住戸区分	自己用住宅 21 戸、賃貸住宅 6 戸		
設計・監理	㈱象地域設計		
コーディネート	共同建替え事業：㈱象地域設計 コーポラティブ住宅：㈱象地域設計＋ＮＰＯ都市住宅とまちづくり研究会		
適用制度	まちづくり合意形成支援事業（（財）東京都防災建築まちづくりセンター） 密集住宅市街地整備促進事業（北区・東京都・国庫） 都市居住再生融資、フラット35 等（独）住宅金融支援機構		

共同建替え勉強会 　花見で我が家紹介

組合員による地鎮祭  　入居後の餅つき会

Jコート　完成予想模型

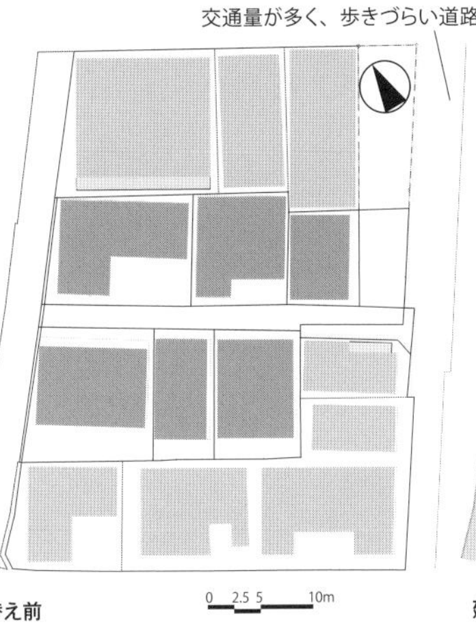

建替え前　建替え後　配置図

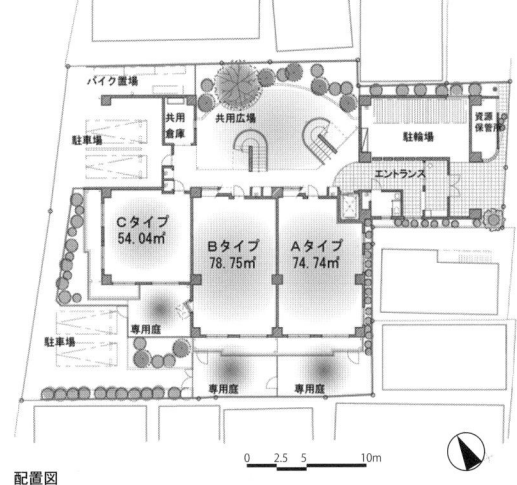

事業経緯

2002.6	北区から「共同建替えの懇談会」の呼びかけ
2003.5	「共同での土地利用と建替えを検討する会」発足
2005.3	「共同建替え準備合意」調印（底地権者1名＋借地権者1名）
2005.7	事業手法をコーポラティブ方式と決定
2005.9	「上十条コーポラティブハウス建設準備組合」発足（9名）
2005.11	新規参加者の募集説明会
2006.2	「上十条コーポラティブハウス建設組合」発足（24名）
2006.7	仮住居への移転、開発許可・建築確認の取得
2006.8	新築工事請負工事契約、起工式、着工
2007.5	上棟、建物内覧会
2007.8	竣工・引渡し、入居開始

■共同の土地利用による密集市街地の整備・改善

このプロジェクトの区域は、築40〜50年という老朽化した住宅が多く密集しており、借地権等の複雑な権利関係などの課題も抱えていた。2002年に、北区の呼びかけで地権者による「共同建替えの懇談会」がスタートし、懇談会、検討会や行政・コーディネーターとの個別協議が重ねられた。協議の中では、借地関係の解消、バリアフリーの住まいづくり、処分しやすい資産形態にして子世代にも継承しやすくすること、良質な賃貸住宅への建替えなど、それぞれの地権者の住まいと暮らしをどうしたいか、目標が明らかになっていった。地権者には高齢者も多く、当初は引っ越しや生活の変化に不安もあったが、共同での土地利用への理解を深め、2005年に地権者9名による共同建替えの合意に至った。

個別での建替えがむずかしい密集市街地で、共同建替えを行うことにより、住まいの不燃化、狭い道路の拡幅などを実現し、安全で安心なまちづくりにもつながったといえる。建築計画においても、高さを6階に抑え、建物の真ん中に中庭を設けるなど、コミュニティや周辺環境への配慮がされている。

■コーポラティブ方式による共同建替え

地権者が建設準備組合を設立し、共同建替えの計画段階で15戸分の新たな参加者を募集し、地権者と新規参加者が組合を設立して事業を進める「コーポラティブ方式」が採用された。この方式では、地権者も新たな参加者も、同じ立場の組合員となり、組合が土地の取得、建物の設計、工事発注等を行い、いっしょに住まいづくりにかかわることが特徴である。組合では、共用部検討委員会、管理検討委員会、植栽委員会、イベント委員会を立ち上げ、毎月のように会合を開き、建物の仕様や植栽計画のこと、入居後の管理のことなどの話し合いが行われた。また、地鎮祭、上棟式、竣工パーティ等のイベントも行われた。こうした中で入居前から地権者と新規参加者が互いに知り合い、安心して暮らせる、愛着ある住まいが完成した。

住戸内も自由設計で、住む人の暮らし方や希望にあわせた住まいが実現した。

■地権者参加型コーポラティブハウスによるコミュニティ再生

十条は、昔ながらの商店街が元気で、地域活動も活発な地域である。本事業では、新規参加者15名のうち、9名が「十条に住み続けたい」という徒歩圏からの参加であった。建設段階では、もともと計画区域に住んでいた地権者を中心に近隣へのあいさつまわりを行ったり、起工式や竣工パーティーには町会や商店会の方も招待するなど、周辺住民との関係づくりも行われた。

Jコートハウスでは、入居後も、消防訓練、忘年会・新年会など活発な活動が行われている。住民からは、「入居前からお互いの顔がわかって安心」「前より近所付合いがよくなった」「子どもの声が聞こえてうれしい」などの声が聞かれる。高齢者の多かった計画区域に、十条のまちに住みたい子育て世代、単身者などの若い世代が加わり、地域活動の新たな担い手となることで、コミュニティの継承・再生につながった事例ということができる。

【参考文献】
1) 江国智洋「密集地での共同建替えと地域密着型コーポラティブハウス」（『コーポラティブハウジング Vol.31』2009）
2) 杉山昇「コーポラティブ方式による小規模再開発事業―密集市街地での活用」（(社)再開発コーディネーター協会『再開発研究24号』、2008）
3) 特定非営利活動法人都市住宅とまちづくり研究会『コーポラティブハウスのつくり方』清文社、2006
4) 五十嵐敦子・丁志映・小林秀樹「住民主体の住まいづくりにおけるNPOの支援とその可能性―コーポラティブ方式による共同建替え（東京都北区）の事例をもとに」（『日本建築学会　住宅系研究報告会論文集』、2007）

コラム08

環境資源を継承する団地の再生計画

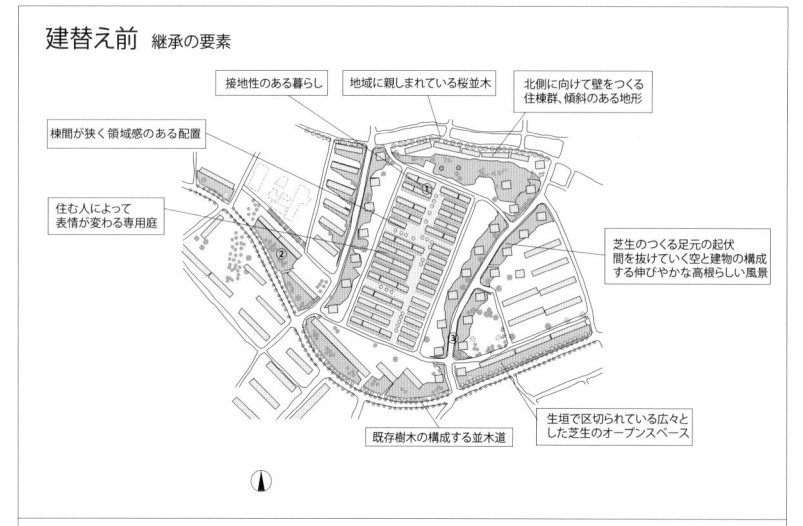

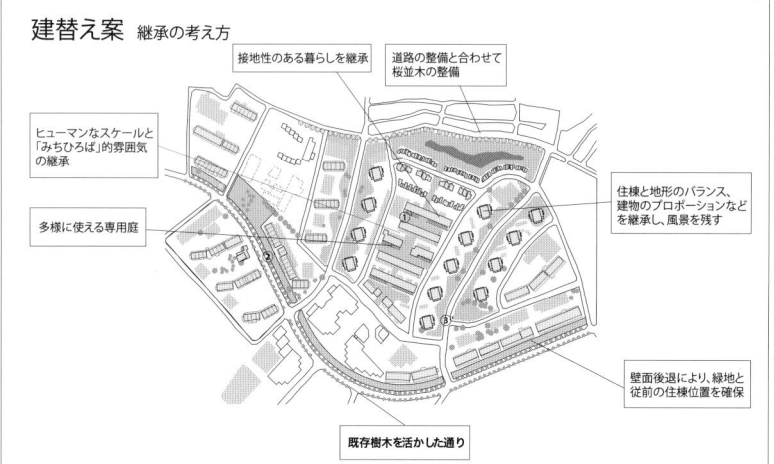

建替え前 継承の要素

- 棟間が狭く領域感のある配置
- 住む人によって表情が変わる専用庭
- 接地性のある暮らし
- 地域に親しまれている桜並木
- 北側に向けて壁をつくる住棟群、傾斜のある地形
- 芝生のつくる足元の起伏、間を抜けていく空と建物の構成する伸びやかな高根らしい風景
- 既存樹木の構成する並木道
- 生垣で区切られている広々とした芝生のオープンスペース

建替え案 継承の考え方

- ヒューマンなスケールと「みちひろば」的雰囲気の継承
- 多様に使える専用庭
- 接地性のある暮らしを継承
- 道路の整備と合わせて桜並木の整備
- 住棟と地形のバランス、建物のプロポーションなどを継承し、風景を残す
- 壁面後退により、緑地と従前の住棟位置を確保
- 既存樹木を活かした通り

プラン作成当時の考え方

建替えられた棟

既存棟

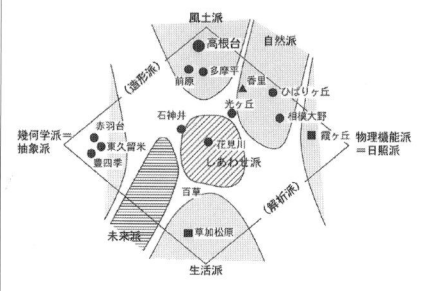

ポジショニング・マップ（杉浦 進「団地設計の傾向分類の試み」（『カラム』、八幡製鐵、1967）より作図）

　高根台団地の再生グランドプランは、高根台団地の地形や環境特性、空間構成の特徴を読み解き、事業経営条件を取り込みながら、地形を活かした原風景や空間構成を受け継ぐことを前提としてつくられている。再生グランドプランは、土地のていねいな読み解き作業に加え、「高根台団地再生デザイン会議（2003年）」等、多くの学識経験者・研究者による提言がベースとなって作成された。

　高根台の原風景は、尾根や谷筋の地形、自然の良さ・大木・季節感、シンプルモダンな建物デザイン、個性的な空間構成である。その空間構成は、丘の上の稠密な「テラス住棟」、谷筋斜面の低建ペイで開放的な「ポイント住棟」、標準的な「中層住棟」が、住棟タイプを明確に使い分け、地形に添わせて配置されることで、「丘と谷」の構成がさらに強調され、秩序のある団地空間がつくられている。

　高根台団地は、1960年代の団地のポジショニング・マップ（杉浦進氏作成）の中では、"風土派"と位置付けられ、その代表的名作団地といわれている。風土派は、風土や地形から造形のテーマを見出し、団地を構成する手法である。当時の設計資料には「谷戸地形に沿って大きくうねる幹線道路と、南北の谷筋を通る支線道路で仕切られたいくつかの穏やかな丘を構成」と記されている。

　このような団地の空間構成や景観を資産として捉え、環境資産を資産として捉え残す視点が団地再生の計画に生きている。

　いま現在、建替えは段階的に進んでいる。計画ができた直後の東地区の建替えでは、谷戸の風景を継承するための、短めの住棟である「ヴィラ型住棟」が考案され、谷戸の景観をつくるようにリズム良く並ぶ住棟ファサードで、開放的な住棟のつくり方がかつての空間構成と景観の要素として蘇っている。

　環境資源を継承するべくつくられたグランドプランであったが、その後の建替えによる空間構成や住棟は、当初イメージされたものからかたちを変えてきているという。確かに、大規模団地では、建替え事業は長期にわたるため、社会情勢の変化や関連する計画や事業条件の変化、事業の進捗状況等によって見直しは必要になるだろう。

　ただ、この高根台団地の持っている環境資産を残していくという理念は消えないでもらいたい。長く続く建替え事業の中で、グランドプランが連続的につながって実現されていくような仕組みづくりも重要になる。

（鈴木雅之）

あとがきに代えて
集合住宅デザインを支える価値の再編

本書で見てきた集合住宅デザインの動向は、住宅にかかわる近年の価値再編の過程を反映したものであるということができるだろう。その過程を、私自身の経験に即して、もう少しさかのぼってながめてみたい。

■イチキュウナナサン

第2次世界大戦後、わが国の住宅をとりまく社会環境がもっとも大きく変化したのは1973年前後であった。1973年は、5年に1度の住宅統計調査が行われた年であるが、この年の調査で、すべての都道府県で住宅数が世帯数を上回ったことが確認されている。これによって、住宅供給や住宅政策の課題が「量から質」に移行したといわれはじめたのである。また、住宅の問題を捉える眼差しが「フローからストック」へと転換していくことにもなった。さらに、住宅産業の成長と公共住宅供給の課題の蓄積から、住宅供給における公と民の役割の見直しが求められるようになった。

一方、1973年は、資源・エネルギー問題を一般市民が肌で感じ、あらゆる領域で価値観の転換が迫られる契機となった第1次石油ショックの起こった年でもある。ローマクラブが「成長の限界」を発表したわずか1年後のことである。当時はまだ「地球環境問題」という言葉は使われておらず、化石燃料を中心とした資源・エネルギーの限界から、スクラップ・アンド・ビルドを繰り返してきた日本の住宅建設のあり方に警告が発せられた。

もっとも、その直後から、住宅の質の向上や、ストック重視、省資源・省エネルギーなどの動きが本格化したわけではない。社会の仕組みと一体化したスクラップ・アンド・ビルドの体質の改善は容易ではなく、景気の変動や人口・世帯の動向、地球温暖化の進行など、さまざまな要因が相互に関連して変化する中で、こうした動きが徐々に進行してきたのである。

■ハウジングシステム論

とはいえ、住宅研究の現場では、1970年代後半になると、限られた資源を有効に活用して質の高い住宅ストックを形成するデザイン手法の検討や、従来の公共住宅、民間住宅という2分法を超えた、ハウジングにおける公と民の役割分担の議論が活発に行われるようになった。当時、私は、京都大学巽研究室で、生活的社会資本としての住宅ストック形成と多様な居住ニーズ対応による住宅の質向上を目的とした二段階供給(スケルトン・インフィル)方式の開発や適用に従事し、公共経済学を援用して、住宅の私的価値と社会的価値の関係を解明する研究や、価値実現のための技術開発を行っていた。この技術開発の中で、私的価値と社会的価値の関係は、住宅を単一の財であると考えてしまわずに、性質の異なる多様な要素の複合体、つまり「システム」として把握することにより合理的に調整ができることが確認された。また、このハウジングシステム論にそって、多様な公と民の役割分担が可能であることが検証された。

この考え方は、四半世紀が過ぎた現代の集合住宅デザインやストック再生デザインに確実に浸透しているといえるだろう。しかし、同時に、ハウジングシステム論や公民役割分担論では解ききれない問題が積み残されることになった。ここでは、積み残された問題の中から以下の2つを取り上げ、集合住宅デザインにおける価値再編の今後の課題としたい。第1は、「住みごこち」に対する「住みごたえ」など、住まい手と住まいの関係を問う問題である。第2は、「まち」という生活空間や地域コミュニティ等の共同体の役割に関する問題である。

■住みごたえ、あるいは愛着

ハウジングシステム論においては、住宅部品の商品化が進んだ社会を前提に、私的財的性質の強いインフィルは、市場により供給されることが基本であると考える。この場合、住まい手に理解されにくい性能・品質情報等の表示や相談・助言の仕組みづくりを通じて情報の非対称性を解消し、市場メカニズムを機能させ、入居者とインフィルとの適合性を高めることが重要となる。

しかし、住まい手の満足は、客観的な性能・品質の高さ、つまり「住みごこち」のみに依存するわけではない。住まい手が常に受動的であると考え、性能・品質を高めても、満足には限界がある。一方、住まいづくりへの入居者参加や住みこなしのプロセスなどを通じて、住まいに多義性や愛着を付与することが可能である。住まいが住まい手に一方的にサービスを提供すると考えるのではなく、住まいと住まい手の相互浸透が「住みごこち」という手段的価値とは異なる価値を生み出す可能性もある。こうした価値を「住みごたえ」と呼びたい。

「住みごたえ」の議論は、ハウジングシステム論と矛盾するものではない。しかし、住まい手と住まいの関係は、必ずしもその中心的課題ではなく、適切な居場所を見出すことはできなかった。この議論は、システムの問題としてではなく、居住、あるいは住まい方の本質を問う議論として深めなければならない。住宅ストックの再生や活用が住宅研究の中心となってきた今日、「住みごたえ」の議論は重要性を高めているように思われる。

「住みごたえ」は、住宅に対する「愛着(attachment)」と強く関係している。子どもと養育者の間に形成される情緒的結びつきを研究したボウルヴィ(J.Bowlby)の愛着理論(attachment theory)は、今日では、たとえば、場所愛(Vaske & Kobrin : place attachment)のように、まちや地域に対しても適用されている。住宅ストックの価値の持続・継承は住まい手

の「愛着」の有無に大きく左右される。住まい手と住まいの関係を愛着理論から読み解き、「住み継ぐ」という住まい方を展望することの重要性が高まっている。

■コモンズ論の示唆

ハウジングシステム論や公民役割分担論で十分扱いきれなかったもう1つの問題は、地域コミュニティなどの共同体の役割である。言い換えれば、「いえに住む」価値ではなく「まちに住む」価値の議論である。この議論は、住まい・まちづくり活動の成熟やその研究的取組みとも関係があり、やはり、適切な居場所を見出せなかったものである。

この問題に関しては、入会地などの仕組みを扱ったコモンズ（commons）論からさまざまな示唆を得ることができる。歴史的に存在してきたコモンズは、共同使用されている財であるだけでなく、さまざまなルールを持つ「制度」であり、適切な管理・運営が行われた場合には、資源の持続的使用が可能となっている。こうした知見をもとに、たとえば、政治学者オストロム（E. Ostrom）らは、持続可能なコモンズの実証的研究と理論化を重ね、共同的な資源管理・運営の可能性を指摘した。

また、農学者の井上真らは、コモンズ概念が環境マネジメントに有効であることを、熱帯林におけるフィールドワークと森林政策の検討から検証している。井上らは、地球環境のようなグローバル・コモンズと地域的なローカル・コモンズを区別したうえで、後者について、タイトなコモンズの管理・運営制度を活用しつつ、その閉鎖的管理・運営組織を再編し、協働とネットワークを基礎とする「協治」のシステムを構築することにより持続可能性の高い現代的コモンズを確立することを提案している。

こうした考え方は、単純に住宅や居住地域に当てはめることが難しい側面もあるが、明らかに近年の住まい・まちづくりの動きに通じ、今後の集合住宅デザインと管理・運営のあり方に大きな示唆を与えるものである。

これらの視点から本書で取り上げた事例をもう一度振り返ると、少なくとも1970年代から続けられてきた集合住宅デザインの深化と、それを超えようとする多様な価値再編の動きを読み取ることができる。本書が、次の世代を担う研究者や実務家が、集合住宅デザインを取り巻く状況を理解し、今後進むべき方向を自ら展望する一助となることを切に願うものである。

2010年8月

髙田光雄

■出版コアメンバー
髙田光雄（京都大学教授）あとがきに代えて
鈴木雅之（千葉大学助教）6-1、コラム07、08、各章扉文章
佐々木 誠（日本工業大学准教授）序、1-4、コラム03
安武敦子（長崎大学准教授）8-3
杉山文香（昭和女子大学助手）1-5、2-4

■執筆者
五十嵐敦子（都市住宅とまちづくり研究会）8-5
井関和朗（都市再生機構）4-3、コラム04①、コラム04②
稲葉その子（丸三老舗）2-1
岩佐明彦（新潟大学准教授）コラム06
江川紀美子（日本女子大学博士課程後期）3-1
大崎 元（建築工房匠屋）コラム02
大塚順子（日本女子大学学術研究員）3-2
大月敏雄（東京大学准教授）1-3
大橋寿美子（湘北短期大学准教授）2-3
小野田泰明（東北大学教授）4-4
北野 央（東北大学博士後期課程）4-4
金 洙岩（韓国建設技術研究院）7-5
小池孝子（日本女子大学助教）3-1
小林秀樹（千葉大学教授）2-1、2-2、5-2
佐々木智司（NTT都市開発）5-2
定行まり子（日本女子大学教授）3-1、3-2
沢田知子（文化女子大学教授）2-5
篠崎正彦（東洋大学准教授）6-4
篠原聡子（日本女子大学教授）8-2
渋田一彦（日建ハウジングシステム）コラム01
陶守奈津子（ちば地域再生リサーチ）6-1
曽根里子（文化女子大学助教）2-5
園田眞理子（明治大学教授）3-3
高井宏之（名城大学教授）5-1
高橋正樹（都市再生機構）4-3
田中友章（明治大学准教授）4-1
田中麻里（群馬大学准教授）6-2
田野耕平（空間研究所）8-2
丁 志映（千葉大学助教）2-1、2-2、5-2、7-5
寺川政司（CASEまちづくり研究所）8-4
戸村達彦（千葉大学博士後期課程）7-1
中林由行（綜建築研究所）3-5
温井達也（プレイスメイキング研究所）4-2
長谷川崇（新潟大学大学院博士後期課程）コラム06
花里俊廣（筑波大学准教授）4-5
原田陽子（福井大学助教）8-1
藤江 創（アーバン・ファクトリー）6-4
藤岡泰寛（横浜国立大学准教授）1-1、2-6、6-3
南 一誠（芝浦工業大学教授）5-4
森重幸子（京都大学研究員）7-4
森田芳朗（東京工芸大学准教授）7-3
森永良丙（千葉大学准教授）5-3
安枝英俊（京都大学助教）7-2
山口健太郎（近畿大学講師）3-4
吉里裕也（SPEAC）コラム05
脇田祥尚（近畿大学准教授）コラム04③
渡辺江里子（東急建設）1-2

現代集合住宅のリ・デザイン 事例で読む[ひと・時間・空間]の計画

2010年9月10日 第1版 発 行

著作権者との協定により検印省略	編 者 日 本 建 築 学 会
	発行者 後 藤 武
	発行所 株式会社 彰 国 社
自然科学書協会会員 工学書協会会員	160-0002 東京都新宿区坂町25
	電話 03-3359-3231（大代表）
Printed in Japan	振替口座 00160-2-173401
©日本建築学会 2010年	印刷：壮光舎 製本：中尾製本

ISBN 978-4-395-00809-4 C 3052　　http://www.shokokusha.co.jp

本書の内容の一部あるいは全部を、無断で複写（コピー）、複製、および磁気または光記録媒体等への入力を禁止します。許諾については小社あてご照会ください。